JN088511

教師へのとびら（第3版）

小学校教師の基礎・基本

〈編著〉 群馬大学共同教育学部附属小学校教育研究会

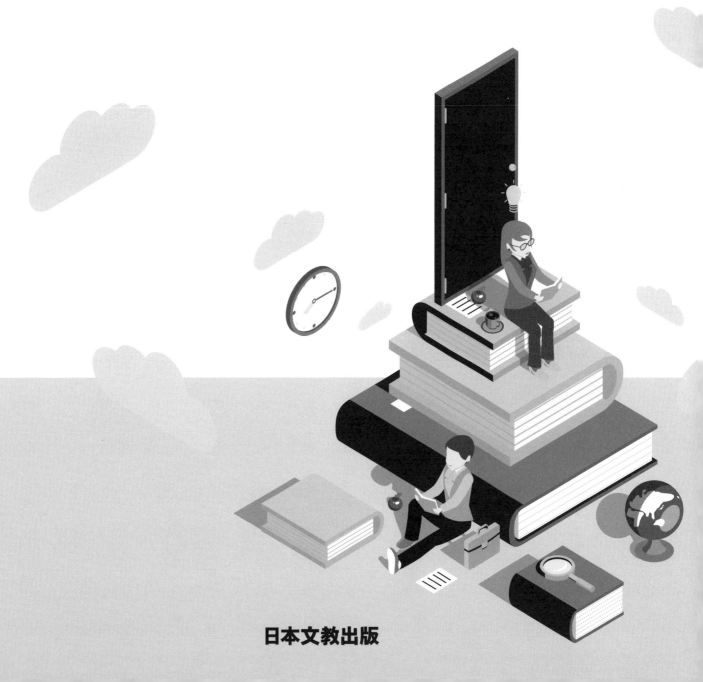

日本文教出版

は じ め に

今，まさに「教師へのとびら」を開こうとしているみなさんに

　最初に，教師へのとびらを，今，開こうとしている方へ，私たち執筆者は，まず，みなさんを心から歓迎したいと思います。そして，本書を手にとったみなさんが，一人でも多く，教育の世界に進まれることを願っております。教育という仕事は，とても大切な仕事です。しかし，人を育てることは難しく，簡単に人の師になることはできません。私たちは教員採用試験に合格すれば，教室の子どもたちの前に教師として立つことができます。でも，子どもたちの前に立った瞬間に，教師になれるわけでもありません。子どもたちや同僚の教師たち，保護者のみなさん，あるいは地域のみなさんといった，みなさんを取り巻くすべての人々から，信頼と尊敬の念をもって，「先生」と呼ばれてこそ，人は，誰かの教師になることができるのです。ですから，教育という仕事は，まず，教師を育てることから始まります。教師を育てるということは，簡単にできることではないのです。子どもたちを育てるのと同じくらい，あるいはもっと長い年月が必要かも知れません。たとえ，どのような優れた環境を用意しても，校舎も机も教科書もない野原の上で行われる優れた教師の静かな語りに勝る授業をするのは，並大抵のことではありません。これから教師を目指すみなさんにお願いしたいこと，それは，一にも二にも，自分磨きです。自分を磨くことには，当然，知識や経験を積み重ねることも含まれています。人間性が大切だとしても，広い見識がなければ，ただのお人好しにしかなれないのです。

　私たちがただのお人好しではなく，教育のプロになるためには，教育上の具体的な問題の一つ一つに対し，瞬時の解答を導く力を身に付けなければなりません。なぜなら教師の仕事は，まさに，意思決定の連続だからです。そして，私たちの仕事は，常に現実的な問題の解決です。目の前で生きている「○○くん，○○さん」が抱える問題に対して，最善の方策と具体的な手立てを考えて，指導に当たらなければなりません。みなさんの教師としての直観力を高めてください。なぜならば，プロとしての直観は，素人の直感とは全く異なるものだからです。

　教育の本質はテクニックではありません。ですが，最低限，自分の担当する授業が成立していなければ，教育のプロにはなれません。これから教師を目指すみなさんにとっての大きな課題は，どのように教材研究を行い，どのように学習指導案を書き，どのように授業をすればよいのかということでしょう。私たち執筆者は，そうしたみなさんの手引き書となることを目的に本書を編纂いたしました。また，すでに教師として活躍されている方にとっても，有意義なものとなるよう最新の教育事情に合わせ，2度目となる大幅な改訂を施しました。

　最後に，本書を手にしている方へ，みなさん自身が教師になる，或いは教師になった意味について考えてほしいと願っています。教師は，代替不可能な仕事です。他ならぬ，あなたが子どもたちの前に立つ意味を考えてください。子どもたちに何を語りたいのか，自分自身のよさを見付けてください。あなたの教育観を磨くこと，これこそが，「先生」と呼ばれるために，みなさんがやるべきことだと思います。本書が，そんなみなさんの努力に少しでもお役に立てることを祈念しています。一緒に頑張りましょう！

校長　吉田　秀文

目 次

◎水先案内のキャラクター「くすのきーな」

附属小学校の校庭で，子どもたちを見守っている
くすの木の妖精の「くすのきーな」です。
本文の中でたびたび登場し，ポイントを伝えます。

◎参照を促すアイテム（例）

☞ 学習指導については，「第5章　学習指導」を参照

▶ 少し離れたページへ誘導します。

22　「学校教育法」⇨ 巻末資料へ

▶ ページの下部に配して，巻末資料へ誘導します。

第1章
教育実習の概要

この章は，教育実習生や
教育実習生を担当する先生に向けた内容です。

教育実習の目的って，何？
教育実習に向けて，必要な心構えは？

この章を読むと，教育実習の様子が分かります。
実習が始まるまでには，事前指導もあるので，
実習に向けた準備をしていきましょう！

I 教育実習の目的

　教育実習は，教育職員免許状の取得を目指す者が，教育現場において，児童・生徒及び教職員との関わりを通して，教師として必要な資質・能力を培うことを目的としている。教育現場では，高度な専門的能力が要求される。そのため，教職に就く以前の準備段階において，教師に必要とされる資質・能力は，最低限度は修得しておかなければならない。

　平成27年12月の中央教育審議会の答申「これからの学校教育を担う教員の資質能力の向上について」では，教師には，以下の資質・能力が必要とされている。（（※）は引用者が付した。）

◆　これまで教員として不易とされてきた資質能力（※）に加え，自律的に学ぶ姿勢を持ち，時代の変化や自らのキャリアステージに応じて求められる資質能力を生涯にわたって高めていくことのできる力や，情報を適切に収集し，選択し，活用する能力や知識を有機的に結びつけ構造化する力などが必要である。

◆　アクティブ・ラーニングの視点からの授業改善，道徳教育の充実，小学校における外国語教育の早期化・教科化，ICTの活用，発達障害を含む特別な支援を必要とする児童生徒等への対応などの新たな課題に対応できる力量を高めることが必要である。

◆　「チーム学校」の考えの下，多様な専門性を持つ人材と効果的に連携・分担し，組織的・協働的に諸課題の解決に取り組む力の醸成が必要である。

※使命感や責任感，教育的愛情，教科や教職に関する専門的知識，実践的指導力，総合的人間力，コミュニケーション能力等

　そこで，本書では，上記の求められる資質・能力の基礎を培うべく，教育実習の具体目標を以下の3点とした。

(1) 教育目標の達成に向けて，その基礎となる児童の発達特性を捉え，適切な指導に努めながら，児童への理解と愛情に基づく人間関係を形成すること。

(2) 学部での学修成果を統合しながら，学校教育の実践を通じて，教育目標の具現化を図ったり，自身の指導上の課題を的確に捉えたりして，指導力を高めること。

(3) 教育現場での体験を通して，学校教育の社会的役割を捉えるとともに，教職への自覚をもち，自己の資質・能力の形成に向けた意欲と態度を形成すること。

教育実習の様子

Ⅱ　教育実習上の心得

　教育実習生は，学校現場における様々な体験を通して，教育への深い理解と強い熱意を培い，よりよい教育者となるよう努力することが求められる。実習生といえども教職員同様，児童に与える影響は大きい。そのため，教職に関する法令及び，大学や実習校の注意事項を遵守し，積極的かつ慎重に行動するようにしたい。そこで，以下を教育実習上の心得として示す。

1　教師としての自覚

　児童の成長を支えることが教師の仕事である。教師が児童に与える影響の大きさを認識し，教師としてふさわしい服装・態度・言葉遣いで実習に臨むこととする。また，教師は限られた時間の中で多様な職務の責任を全うしなければならない。そのため，自らの健康管理を十分に行い，計画的に準備を進めることが求められる。

2　勤務に関する基本事項

　教育活動は組織で行う。また，学校は児童や保護者，地域住民からの信頼によって支えられていることを忘れてはならない。実習生も学校組織の一員かつ社会人としての自覚と責任をもち，以下の基本事項に留意して勤務する。

(1) 守秘義務を厳守する
　○公務員は，「職務上知り得た秘密は，これを漏らしてはいけない」とされている。実習生も厳守する。
　○SNS等を介してインターネット上に学校名や児童名，その様子を掲載することは厳禁とする。また，公共の場（飲食店等）で，学校名や児童名，児童の様子について絶対に口にしない。
　○児童と，連絡先（住所や電話番号等）の交換は絶対に行わない。

(2) 出勤時刻，退勤時刻を守る
　○出勤後直ちに出勤簿に押印する。
　○余裕をもって出勤し，児童との交流を図るようにする。
　○やむを得ず，欠勤，遅刻，早退をする場合には，速やかに実習校と大学に連絡する。

(3) 体調管理に努める
　○検温等による健康観察を行う。体調不良の際には，必要に応じて欠勤等を判断し休養する。

(4) 通勤方法を事前に届け出て，地域住民に対する迷惑行為を行わない
　○歩道では，大声で話をしたり横に広がって歩いたりしない。
　○自転車，バイク，自家用車は，所定の場所に駐車する。
　○学校周辺への無断駐車，店舗や施設を利用した送迎等は絶対にしない。

「地方公務員法第34条」 ⇨ 巻末資料へ

(5) 予定を把握し，計画に従って規則正しく行動する

　○実習に関わる資料や計画表，校内掲示板，メール等には毎日必ず目を通す。

　○定められた時刻に活動を始められるように，事前準備を入念に行う。

(6) 教員としてふさわしい身だしなみで勤務する

　○基本的にスーツを着用する。

　○運動時は，動きやすく華美でない服を着用する。

　○頭髪を着色している者は元に戻す。

　○名札を常時着用する。

(7) 指導教諭に報告，連絡，相談をする

　例として，以下のようなことが挙げられる。

　○児童に指導したことや児童のけがに関すること。

　○指導教諭以外から指導を受けた内容。

　○教室を離れる際の校内での所在。

　○児童の言動で気になることやその後の対応。

実習生が児童に個別指導をする様子

(8) ルールやマナーを守って学校内の物品を使用する

　○コピー機や印刷機，消耗品（コピー用紙や画用紙等）を使用する場合は，指定されたものを使う。また，それらの整理・整頓を心がける。

　○校内に設置してあるパソコンやタブレット端末は，指導教諭の許可を得て使用する。

　○個人の物品は，整理・整頓し，所定の場所に置く。

(9) 学習指導，学習参観に当たっての注意事項を守る

　○事前に十分な教材研究をして学習指導案を作成し，指導教諭の指導を受ける。

　○板書等の文字については，常に正確で正しい字形や筆順で書くように心がける。また，言葉遣いにも十分気を付け，児童を呼名する際は，必ず「さん」や「くん」を付ける。

　○実習校の教材・教具を利用する際は，指導教諭に申し出て，許可を得る。また，返却についても責任をもって行う。

　○学習参観は，その授業の妨げにならないように努め，私語は厳に慎む。

(10) その他

　○携帯電話の使用は原則禁止とするが，外部と連絡を取る必要がある場合は指導教諭の許可を得て使用する。

　○外出しなければならない場合は，指導教諭を通して管理職の許可を受ける。

　○敷地内での喫煙は厳禁とする。

実習生の授業の様子

教育実習の様子

1 教育実習中の生活

実習期間中は，教育課程に基づいて作成されている週の予定表や校時表に従って実習を行う。

附属小学校における1週間の予定の例

月	火	水	木	金
全校朝会・児童朝会 運動朝会・音楽集会		学習の時間 読み聞かせ		異年齢集団活動 学年朝会
朝　の　会				
1・2　校　時				
休　み　時　間				
3・4　校　時				
給　　食				
清　掃	（委員会）	清　掃		清　掃
昼　休　み				
5・6校時（木曜日の6校時に年間10回程度のクラブ活動を行う。）				
帰　り　の　会				

2 1日の生活の流れ

　余裕をもって1日の生活を送るためには，勤務開始時刻より前に出勤し，学習指導案を提出したり，学習指導等の準備をしたりすることが大切である。出勤後は出勤簿への押印を忘れないようにする。その際，校内掲示板の連絡事項を確認し，「教育実習だより」等の配付物を受け取る。出勤後は，配属学級で過ごすことになるので，児童の登校時の様子を観察しながら交流を図れるとよい。

（1）朝の活動

　1日の生活は，「朝の活動」から始まる。朝の活動には，全校朝会や学年朝会等があり，教師が主導で行う活動もあれば，児童が主体となって行う活動もある。

朝の活動内容の例

活動の名称	主　な　活　動　内　容
全　校　朝　会	学校長の講話のほか，全校児童を対象にして，連絡や指導，表彰等を行う。
児　童　朝　会	児童会が中心となって企画し，全校児童を対象にして，児童会活動の紹介をしたり，みんなで楽しんだりする自治的な活動を行う。
運　動　朝　会	体育委員会が中心となって企画し，全校児童を対象にして，ラジオ体操や体づくり運動，縄跳び，持久走等の運動を行う。
音　楽　集　会	音楽団が中心となって企画し，全校児童を対象にして，歌を歌ったり演奏を聞いたりする活動を行う。
学　習　の　時　間	学習の基礎的・基本的事項の習熟を目的とし，ドリル等を計画的に行う。
読　み　聞　か　せ	ボランティアの方による絵本の読み聞かせを行う。
異年齢集団活動	「縦割り活動」と呼ぶこともある。高学年児童が中心となり，1～6年生が入り交じったグループごとに，遊んだり奉仕作業をしたりする。
学　年　朝　会	学年を単位として，生徒指導的な活動や学年内の児童の親睦を深める活動等を計画的に行う。

(2) 朝の会

　1日の学校生活のスタートに当たるのが，朝の会である。朝の会は学級の日直が進行する。日直がスピーチをしたり，「今日のめあて」を決めたり，各係が連絡等を行ったりする。実習生も輪番制で担任の役割を担い，「健康観察」「1日を始めるに当たっての言葉」「生活指導」「その日の連絡事項の伝達」等を行う。

　一方的な連絡だけの機会にならないように，その日の見通しや，めあて等にも触れる。開始時刻や終了時刻を守るとともに，担任との連絡を密に取り，同一歩調で指導に当たることが大切である。

朝の会の様子

(3) 学習参観・参加，学習指導

　学習参観では，教師が提示する教材や発問，板書の仕方等を学び，実習用のノート（本書では以降「実習録」とする）に記録する。また，児童一人一人の様子や反応を細かく観察し，記録することも大切である。配属学級だけではなく，他学年の授業を参観することもできるため，指導教諭とよく相談して予定を決めるとよい。

　学習参加では，1単位時間を通して，担任等の補助や行事等の運営を担う一員として参加し，様々な教育活動を経験する。

☞ 学習指導については，「第5章　学習指導」を参照

学習参観の様子

(4) 休み時間，昼休み

　休み時間や昼休みの時間は，原則として児童と一緒に過ごす。安全面に留意して，できるだけ校庭で活動するようにする。児童と過ごす時間が長いほど，児童理解を深めることができる。

　実習生に対して，「一緒に遊ぼう」と，自分から積極的に声をかけられる児童がいる反面，なかなか自分からは声をかけられない児童もいる。そのような児童にもしっかりと目を向けて，一緒に活動できるように配慮していくことが大切である。

☞ 児童理解については，「第2章　学校・学年・学級経営」の「Ⅳ　児童の発達と理解」を参照

休み時間，昼休みの様子

(5) 給食

　給食の時間になると，給食当番が準備を始める。給食当番は輪番制が一般的で，実習生はエプロン・マスク等の身支度をし，児童と一緒に準備をしながら指導する。給食当番以外の児童は，座って待つことになっているので，児童が出歩いたり，余計なおしゃべりをしたりすることがないよう指導する。給食の準備や後片付けの細かな流れは指導教諭に指示を仰ぐ。

　給食後は，歯磨き指導を行うので，実習生も歯ブラシ等を準備する。

☞ 給食指導については，「第4章　教科横断的な教育活動」の「Ⅴ　食育・給食指導」を参照

給食指導の様子

(6) 清掃

　児童と一緒に清掃しながら指導を行う。正しいほうきの持ち方・使い方，雑巾の絞り方・拭き方等の清掃の仕方が指導できるとよい。児童はスモック等を身に付けて清掃を行うので，実習生はエプロン等を持参し，着用する。清掃終了時には反省会を行う。身支度や清掃の仕方を指導するだけでなく，児童の清掃活動のよさを価値付けたり，称賛したりすることも大切である。

清掃指導の様子

(7) 帰りの会

　1日の学校生活を締めくくるのが，帰りの会である。帰りの会も日直が進行するが，朝の会と同様に，実習生も輪番制で担任の役割を担う。次の日の連絡事項を伝えたり，配付物を配ったりする。また，児童の1日の生活の様子から，称賛の言葉をかけたり，反省を促したりと，指導者として，児童が次の日も元気に登校できるような指導をする。また，安全に下校できるように，交通ルールやマナーについても指導する。

帰りの会の様子

(8) 下校指導

　学校のルールをしっかりと身に付けること及び守ることの大切さ等を理解できるように，下校時刻をしっかりと守ることを指導する。下校指導は実習生も行い，積極的に声かけをする。

実習生が児童と関わっている様子

第1章

教育実習の事前指導

　教育実習が始まる前に，指導教諭との事前の打合せが行われる。事前指導では，実習への取り組み方，配属学級の経営方針の説明，学習指導を行う教科等の決定，児童に接する上での留意事項等，多岐にわたる指導が行われる。以下では，本校の事前指導の内容を示す。実習校によって内容に多少の違いがある。

1 内容

(1) 指導講話

　教育実習を行う上で必要となる基礎的な内容を教員が解説する。実習録に記録を取りながら講話を聞くようにする。

(2) 指導教諭（担任・専科教諭）との打合せ

　＜打合せ内容の例＞
　○実習の心構え
　○学級の児童の実態や学級経営の概略
　○学習指導の教科等や授業日時の決定（個人別計画表作成）
　○指導書の配付（借用書に記入し，指導教諭に提出）
　○児童名簿，基本校時表の配付

(3) 各種資料の受領

　事前指導では，次の資料を受け取り，指導教諭から学習指導について指導を受ける。
○教育実習指導資料（年間指導計画や単元計画表等）
　指導教諭との打合せで，実習期間中に行う教科の学習指導時間を決定する。なお，学年によっては，実習生が学習指導を行うことができない教科等がある。
○個人別計画表
　実習中の指導教科と内容が決まったら，指導教諭の指示を受けて，次ページに示す「個人別計画表」を確認し，計画的に準備を進めるようにする。

指導教諭との打合せ

個人別計画表の例

資料　　令和○年度　教育実習　個人別計画表（案）　　第３年○組 学年　　　配当学級　　３年　　○　　組

月／日	9月2日	9月3日	9月4日	9月5日	9月6日	9月9日	9月10日	9月11日	9月12日	9月13日	9月17日	9月18日	9月19日	9月20日	9月24日	9月25日	9月26日	9月27日	9月28日	10月1日	10月2日	10月3日	10月4日
曜日	月	火	水	木	金	月	火	水	木	金	火	水	木	金	火	水	木	金	土	火	水	木	金
朝活動	教生就務式	朝の会	学習の時間 読み聞かせ	朝の会	朝の会	運動朝会	朝の会	学習の時間	学年の時間	朝の会	学習の時間 読み聞かせ	朝の会		おはよう活動 （応援練習）	朝の会	学習の時間 読み聞かせ	朝の会	おはよう活動	朝の会	朝の会	学習の時間 読み聞かせ	朝の会	教生解務式
1校時				校内クリーン作戦						運動会 全体練習		運動会 全体練習	社会科現場学習		運動会 全体練習	予備	予備		運動会		外国語 プレイルーム △△教生		
2校時	教科別示範 音楽 3年3組 第2音楽室 ●●教諭	教科別示範 英語活動 3年2組 プレイルーム ●●教諭	教科別示範 国語 3年1組 教室 ●●教諭									運動会 全体練習		運動会 総合練習	予備	予備				音楽 第1音楽室 ☆☆教生	研究授業 低学年 高学年 参観	
3校時	学年別示範 算数 3年2組 教室 ●●教諭	学級活動 3年3組 教室 ●●教諭	教科別示範 社会 3年1組 教室 ●●教諭	算数 教室 ○○教生	算数 教室 △△教生	運動会 学年練習	算数 教室 ☆☆教生		道徳 教室 △△教生		国語 教室 □□教生			国語 教室 ☆☆教生	運動会 応援練習	運動会 学年練習	国語 教室 ◇◇教生					研究授業 中学年 低学年 参観	
4校時	教科別示範 理科 3年1組 第2理科室 ●●教諭	教科別示範 体育 3年1組 校庭 ●●教諭	教科別示範 道徳 3年2組 教室 ●●教諭			運動会 学年練習			運動会 学年練習						運動会 学年練習							研究授業 高学年 中学年 参観	
5校時			図工 3年3組 第2図工室 ●●教諭		算数 教室 □□教生	算数 教室 ☆☆教生						（体育予備）		運動会 学年練習		社会 教室 ○○教生				図工 第2図工室 □□教生	社会 教室 ◇◇教生	
6校時							体育 校庭 ○○教生					（体育予備）			運動会 前日準備 5・6年生								
メモ	示範授業 学年顔合わせ	示範授業	示範授業	教生学習 指導開始		授業実践 基礎学習 Ⅰ	授業実践 基礎学習 Ⅰ	授業実践 基礎学習 Ⅱ 研究授業者 話合い・決定	授業実践 基礎学習 Ⅱ			特支参観		教生研究 授業指導 案印刷・ 綴じ込み 特支参観	運動会 前日準備	教生研究 授業指導 案説明会	教生研究 授業事前 説明会	教生研究 授業 授業研究会	後片付け 南校舎 ワックス がけ等
日直	1年1組	1年2組	1年3組	2年1組	2年2組	2年3組	3年1組	3年2組	3年3組	4年1組	4年2組	4年3組	5年1組	5年2組	5年3組	6年1組	6年2組	6年3組		1年1組	1年2組	1年3組	2年2組	2年2組
区分	観察実習			基本実習Ⅰ（1名1授業）						基本実習Ⅱ						応用実習（1名1授業）			
備考				実習録 提出 プール納め						実習録 提出			※月曜校時	実習録 提出 わくわくランチ ぴかぴかクリーン		実習録 提出 放課後指導を 行わない日			衣替え

○○	全指導案提出	算数模擬授業		算数授業				体育提出	体育模擬授業	体育授業			社会提出	社会模擬授業	社会授業					
◇◇	全指導案提出		算数提出	算数模擬授業	算数授業					国語提出	国語模擬授業	国語授業			図工提出	図工模擬授業		社会授業
☆☆	全指導案提出			算数提出	算数模擬授業	算数授業				国語提出	国語模擬授業	国語授業		音楽提出	音楽模擬授業		社会提出	社会模擬授業	音楽授業
□□	全指導案提出		算数提出	算数模擬授業	算数授業			国語提出	国語模擬授業	国語授業				図工提出	図工模擬授業			図工授業
△△	全指導案提出	算数提出	算数模擬授業	算数授業		道徳提出	道徳模擬授業	道徳授業								英語提出	英語模擬授業	英語授業

（4）書類の提出

　事前指導では，次の書類を受け取り，実習初日に提出する。

○教科書等借用書

　学校が所有する教科書や教師用指導書等を借用することになるので，教科書等借用書に記載したものについては，実習生が責任をもって管理する。

○緊急連絡カード

　体調を崩したり，事故が起こったりした場合のために，緊急時の連絡先や，かかりつけの病院等を報告する。このカードは，保健室で管理される。

○通勤方法並びに駐車場借用報告書

　実習生の通勤方法を把握することが目的である。通勤に自家用車を利用する場合，駐車場の所在地を詳しく記載する。

指導教諭からの指導の様子

教育実習の内容

以下では，本校の教育実習の内容を示す。実習校によって内容に多少の違いがある。

1 学習参観

学習参観の目的は，大学での講話や演習を通じて学んだ，児童の成長発達の理論や指導法を，現場の教育活動を見ることで実際に確かめることである。教育活動をしている教師の諸活動も観察の対象である。参観する内容が偏ることなく各教科にわたるようにして，学習参観の時数確保に努める。

(1) 参観・参加

実習中は，基本的に配属学級の学習指導を参観することとなる。同じ配属学級の実習生が行う学習指導は必ず参観する。運動会等の練習や学年行事等では，必要に応じて学習指導へ参加をする場合もあるため，事前に担任・専科教諭と打合せを行う。また，実習中は，児童理解や多様な指導方法の理解を目的として，他学年の授業を参観することができる。参観したい他の学級を決め，指導教諭に相談をする。なお，実習期間中は教材研究の時間を確保するため，参観時数の上限がある。そのため，計画的に参観する。

学習参観の様子

(2) 児童会活動・クラブ活動の参観

児童会活動には，各学級の代表委員や各専門委員会の委員長が集まり，生活上の諸問題の解決に向けて話し合う「学校委員会」や，各専門委員会での活動計画，実施，反省等を行う「専門委員会」，「異年齢集団活動」及びその活動内容を考える「異年齢集団活動計画作り」等がある。高学年児童が自治的な活動に取り組む様子を参観することで，児童期の発達の様子を実感することができる。

また，学年を越えて共通の興味・関心をもつ仲間が集まり活動する「クラブ活動」を参観することで，自主性や社会性を養ったり，個性の伸長を図ったりする教育活動の意義を感じ取ることができる。

2 教材研究

実習期間中，実習生は所定の場所で教材研究の時間を取ることができる。模造紙や色画用紙等の消耗品を使用する際は，「物品使用簿」等の所定の書類に使用枚数等を記入して使用する。

教材研究の様子

3 実習録の作成

　実習録とは，事前指導や事後指導の内容も含め，教育実習中の事実や感想を記録するものである。実習録を作成することで，児童や授業に対する見方・考え方を深めていくことができる。実習録は，準公簿の扱いとなるので，黒のボールペンか万年筆を使用して記述する。大学ノート（A4判）を用意し，以下の（1）～（7）について，できるだけ詳しく記録する。なお，実習録は毎週金曜日に指導教諭に提出し，1週間の活動内容を報告する。

（1）指導講話の記録

　指導講話は，教育課程や生徒指導，学習指導等，実習中に必要となる基礎的な知識や基本的態度等について学ぶものである。講話主題，教諭名を明記し，その後の実習に生かしていく。

（2）参観授業の記録

　参観授業の記録は，以下に示したように，学習の流れに従って「教師の活動欄」と「児童の活動欄」に客観的な事実を記入する。また，「所見欄」には参観した感想や自分なりの考えを記入する。授業を参観した記録を丁寧にとることは，自分自身の授業構想にもつながる。

　以下に記入上の留意点を述べる。

・教師の活動・・・教師の発問を中心に学習内容について記録する。板書等の工夫を記述する。

・児童の活動・・・児童の発言・反応や様子等を事実に基づいて記録する。教師の活動に対しての反応だけでなく，児童が試行錯誤している様子も記述する。

・所　　　見・・・児童の動きや教師の支援等について，自分が授業者だったと仮定し，感じたことや意見を記述する。代案も記述する。

実習録の記入例

○月○日（○）　第○校時　体育科　　　指導者○○○○教諭（教生）		
教師の活動	児童の活動	所　　　見
○示範の動画を見せて「この跳び方と自分の跳び方と，どんなところが違いますか。」と発問する。	・示範の動画を真剣に見ている。 ・2人の児童が「かっこいい。」「腰の位置が高い。」と発表する。	・示範の動画の活用は，自分の跳び方を高めるために効果的だと思う。また，動画を見せる時に，自分の跳び方と比較させているので見る観点がはっきりとした。
○跳び箱の横にもマットを敷いている。 ○各グループを巡視し，前方に着手している児童や腰の位置が高い児童を称賛する。	・思い切り踏み切る児童が多い。 ・友達の試技を見て，「手を着くのは，ジャンプした後がいいよ」とアドバイスをしている。 ・アドバイスを基に，着手のタイミングを変えている児童もいる。	・マットがあることで安心感が生まれ，思い切って踏み切りができると思う。 ・「着手のタイミング」という視点が明確であるので，児童はアドバイスをしやすいと感じた。 ・試技をしている児童自身が言葉以外で自分の動きを自覚できるようにするには，撮影した動画を見る活動が有効であると考える。

(3) 児童観察の記録

　参観授業の記録だけでなく，休み時間や給食，清掃，放課後等で見られる児童の様子を観察し，実習録に記述する。様々な場面での児童の様子を多角的に観察することで，児童理解を深めることができる。また，実習中の授業づくりにも役立つ。

(4) 授業研究会及び打合せの記録

　実習生が授業を行った際には，配属学級の実習生と授業研究会を行う。授業研究会には，実習録に記述した事実をもって臨み，授業について気付いたことや自分なりに考えたことを発言する。なお，授業は児童の学びの場であるため，発言の際は，児童の姿を根拠にする。また，指導教諭からの指導事項についてもしっかりと記述し，次に行う授業に生かす。

　実習期間中は，日常的に指導教諭から多くの連絡事項や指導事項が伝えられる。細かいことでもしっかりと実習録に記述する。

(5) 1日の振り返り，1週間の振り返り

　1日を振り返って，学んだことやこれからの実習に生かしていきたいこと等を記述する。指導したことの成果や反省を記述することで，自らの成長を自覚し，次の授業や翌日の実習に生かす。

　また，毎週金曜日には，蓄積した1日の振り返りを基に，1週間を通しての感想や意見を記述する。この時，自らの活動を批判的に振り返るだけでなく，1週間の成果という視点でも記述することが大切である。それによって，次週の自らの課題や到達目標が明確になり，見通しをもって主体的に実習に臨むことができる。

(6) 実習全体の振り返り

　実習終了後に，教育実習を振り返っての感想を記述する。実習で学んだこと，実習前後で変容したこと，これからの学生生活で実現していくこと等を詳しく記述する。

(7) 児童一人一人の所見

　配属学級の児童一人一人について，実習を通して見取った事実を基に記述する。(3)の記録を踏まえ，以下の例のように，「児童の具体的な姿」，「指導内容」，「今後の成長に向けた指導方針」の順で記述するとよい。

　休み時間には，○○さんたちと校庭でボール遊びを行うことが多かった。活動中に積極的に発言することは多くなかったが，ボールを持っていない友達に空いているスペースへの移動を的確に指示する様子が見られた。そのことを称賛すると，これまでよりも大きな声で友達に指示を出すようになった。今後も自信をもって活動できるように，様々な場面で言動のよさを価値付けていくことが必要だと考える。

所見の記入例

4　学習指導　（詳しくは ☞「第5章　学習指導」を参照）

　学習指導は，これまで大学で学んできた指導法や教授理論を基に，児童の実態や指導講話，示範授業等から，自分なりの指導法を考えたり，実践を通してよりよい学習指導の在り方について検討したりすることを目的としている。指導する教科や時間数は，先に述べた「事前指導」で決定する。小学校での教育実習であることから，実習生の専門教科に偏ることなく，様々な教科を選択することが望ましい。

(1) 学習指導案の作成

　学習指導案は，全案，もしくは略案で作成する。略案では「考察」を省略するが，これは記述を略しているということであって，指導に当たって必要な内容については，指導教諭に説明をできるようにしておかなくてはならない。

　学習指導案を書くための基本的な考え方や留意事項，具体的な書き方については，☞「第5章　学習指導」や，☞「第6章　各教科等の特色と学習指導案の書き方」を参照する。

(2) 発問計画・板書計画の作成

　実習生は，学習指導を行う際に，学習指導案の提出に合わせて，発問計画と板書計画を提出する。発問計画は，授業の流れに沿って，発問場面や発問内容が分かるように，具体的に作成する。

発問計画の例

○発問計画　「わり算のひっ算」（3時間目／全9時間）		
発問等	予想される児童の反応	時間
・72枚のおり紙提示 ・問題場面板書 〈72まいのおり紙を3人で分ける〉 ・「前回は何を使って求めましたか？」 ・筆算板書 ・「本当に2でいいですか？」前時の筆算（46÷2）を提示し，比較を促す。 ・めあて板書 『位ごとではわり切れないわり算のひっ算の仕方を考えよう』 ・「筆算以外に何を使えば，商を確認できそうですか？」	・今日はこれを分けるのか。1人分は，何枚になるのかなあ。 ・筆算で求めたね。 ・十の位には，2が立つよ。 ・いいと思うよ。／ちょっと自信ないな。 ・前は，十の位が4で割り切れたけれど，今日は十の位が割り切れないね。 ・束カード！ ・算数ブロック！	10分
・束カード配付。72枚出すよう指示。 ・算数ブロックで考える児童には，ブロックの準備を促す。 ・できた児童には分け方を説明するよう促す。 ・「上手に分けられましたね。何枚ずつになりましたか？」 ・「どうして，そうやって分けたのですか？」 ・できない児童には，束カードを三つに分けるよう助言する。	・分け始める。（10のまとまりから or 1のばらから） ・3人で分けると24枚ずつだよ。 ・10のまとまりを先に分けると，10余って，2と合わせて12を三つに分ければできたよ。	5分

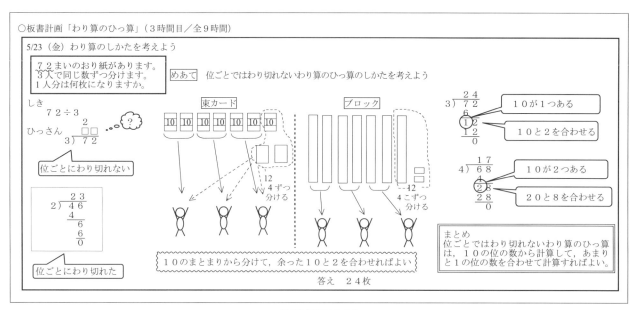

板書計画の例

（3）教材・教具の作成

　以下のような教材・教具を，単元・題材等の目標や本時のねらいを達成するための必要性を検討した上で，準備する。

・学習プリント　・実物　・標本　・作品見本　・動画　・写真　・グラフ等の資料　・絵
・見学資料　・児童の作品　・立体模型　・拡大図　・場面絵　・前時の記録　　等

（4）模擬授業の実施

　実習生は，学習指導を行う前に模擬授業を行い，自分で立てた計画に無理がないか，また不明瞭な点がないかを確認する。模擬授業では，「学習指導案」「発問計画」「板書計画」「教材・教具」を用いて，実際と同じように授業を行う。同じ学級に配属された実習生や指導教諭が児童役となって参加し，問題点を見いだしていく。その後の話合いでは，指導内容や教材・教具の問題点を指摘するだけでなく，児童がねらいの達成に向かえるように，必ず代案を提示することが大切である。

（5）授業研究会（詳しくは ☞「第5章　学習指導」の「Ⅳ　研究授業」を参照 ）

　実習生は，授業を行った後に必ず授業研究会を行う。授業者が授業説明を行い，参観者からの質問を受ける。授業の内容や進め方，教師の支援の在り方等について討議を行い，授業力を高めることがその目的である。指導教諭からの指導内容は，これからの授業づくりに生かしていく。

授業研究会の様子

第2章
学校・学年・学級経営

この章は，教育実習生だけでなく，
小学校教育に携わる全ての人に向けた内容です。

小学校って何をするところ？
学校・学年・学級を経営するとは？
小学校における教師の役割は？
小学生の様子は？

この章を読むと，これらの「そもそも…」が分かり，
小学校教育への理解が深まります！

I　小学校教育の本質

1　小学校教育の目的・目標

目的：学校教育法29条「小学校は，心身の発達に応じて，義務教育として行われる普通教育のうち基礎的なものを施すことを目的とする」

目標：学校教育法21条「学校内外における社会的活動を促進し，自主，自律及び協同の精神，規範意識，公正な判断力並びに公共の精神に基づき主体的に社会の形成に参画し，その発展に寄与する態度を養うこと」等の1～10項

　これらを法的根拠とし，各小学校では，学習指導要領を基盤として，各校の特色を生かした教育課程（カリキュラム）を編成している。

2　育成を目指す資質・能力

　学校教育が長年育成を目指してきた「生きる力」（知・徳・体のバランスのとれた力）を育むために，学校教育全体並びに各教科等の学習を通して育成を目指す資質・能力を明確にしながら，教育活動の充実を図る。以下の図に示す資質・能力の三つの柱をバランスよく育成することが，「生きる力」を育むことになる。

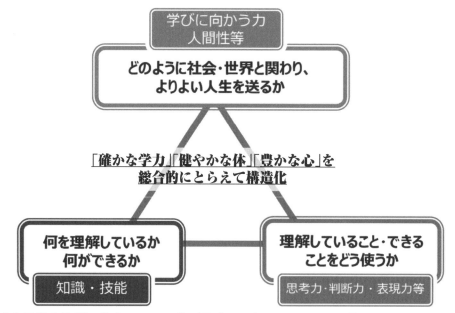

育成を目指す資質・能力の三つの柱（平成28年12月21日「答申」補足資料より）

　学習指導要領でも示されているように，これらの三つの柱は，学習の過程を通して相互に関係し合いながら育成されるものである。児童は，学ぶことに興味を向けて取り組んでいく中で，新しい知識や技能を得る。そして，それらの知識や技能を活用して思考することを通して，知識や技能をより確かなものとして習得するとともに，思考力，判断力，表現力等を養い，新たな学びに向かったり，学びを人生や社会に生かそうとしたりする力を高めていくことができる。

3　小学校教育の特徴

　小学校の６年間は，児童が大きく成長する時期である（☞「Ⅳ　児童の発達と理解」を参照）。
　それぞれの発達段階に応じた適切な指導がなされる必要があるが，以下に示す内容は，小学校の全
ての発達段階（学年）において重要である。

第2章

(1)　人格の育成
　「知・徳・体」の調和のとれた人格の育成を目指す。

(2)　「学びの習慣」や「社会における生活者」としての基礎づくり（生涯学習への入り口）
　○基本的な学習・生活習慣を培う。
　○知識及び技能や思考力，判断力，表現力等を身に付け，自信をもつ。
　○「学び」の楽しさを知る。
　○学校の約束を守り，自制することを学ぶ。
　○知りたいことを調べる方法，上手にできるようになる方法を学ぶ。

(3)　自己実現を通して自信をもてるようにする指導
　○教師の人格・生き方を通して，児童を感化する。
　○児童・保護者の話を傾聴し，信頼関係を築く。
　○できたことやよさを認め，ほめて伸ばす。
　○自らのよさを発見したり，努力することの大切さを実感したりすることができる体験活動を設定
　　する。
　○友達と学び合い，支え合うよさを実感できる機会を設定する。

学校探検（１年生）

オリエンテーリング（２年生）

現場学習（３年生）

林間学校（４年生）

調理実習（５年生）

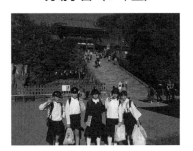
修学旅行（６年生）

異年齢の児童が集まっているという小学校の特徴を生かして，「異年齢の交流活動」を行っている小学校がたくさんあるよ。

☞異年齢の交流活動（異年齢集団活動）については，「第１章　教育実習の概要」を参照

附属小学校の1年間の様子

4月

- 1学期始業式
- 1年生を迎える会
- 交通安全教室
- 学習参観

9月

- 教育実習
- 校内クリーン作戦
- 運動会

10月

- 妙義林間学校　1泊2日（4年）
- 赤城山麓オリエンテーリング（1年）
- 榛名湖畔オリエンテーリング（2年）
- 妙義オリエンテーリング（3年）

3月

- 6年生を送る会
- 卒業式
- 修了式

小学校では1年間を通して，心躍るたくさんの行事が行われます。
一つ季節がめぐるたびに，教師は児童の成長を実感します。
学校行事は，学校教育目標の実現のために設定されています。

5月
●火災避難訓練
●リレー大会

6月
●公開研究会
●学年自由参観

8月
●2学期始業式
●地震避難訓練

7月
●1学期終業式
●個人面談
●赤城林間学校
　2泊3日
　（5年）

11月
●修学旅行
　2泊3日（6年）
●不審者避難訓練
●音楽鑑賞会（隔年）
●伝統芸能鑑賞会
　（隔年）

12月
●日曜学習参観
●災害時引き渡し
　訓練
●個人面談
●2学期終業式

2月
●附属中学校
　体験入学（6年）
●学習発表会
●感謝の集会

1月
●3学期始業式
●なわとび大会

第2章

Ⅱ 学校経営の実際

1 学校経営の目的

　学校経営とは，教育を受ける権利をもつ児童に対して，その権利を保障する営みであり，児童のもつ可能性を最大限に伸ばすために，全ての教育活動を，有効かつ最適に組織付けることである。学校，学年，学級という各単位で，児童一人一人の成長を目指すために学校経営，学年経営，学級経営があり，それぞれが学校教育目標の実現という一つの目的に向かって働き合うことが必要である。

2 学校経営の重点

　学校経営では，学校教育目標を実現するために実施される授業や行事といった教育活動はもとより，児童や教職員とその組織の人的要件や施設・設備等の物的要件について，効率的に管理・運営を行うことも重要である。具体的には，以下のような点を重視する。
　○教育課程の編成を中心とする教育計画
　○教育活動を展開する基盤となる児童の組織編制
　○教職員の組織編制や分担，研修
　○施設・設備の設置や管理・運営
　○学校を支える保護者及び地域住民の組織化と協力
　これらの学校経営の重点は，後述する「学校グランドデザイン（30・31ページ参照）」としてまとめられる。

3 学校経営の実際 ～群馬大学共同教育学部附属小学校を例に～

　附属小学校では，年度初めに教員会議を開催し，学校教育目標と目指す子ども像等の共通理解を図っている。そして，この共通理解の下，全ての教育活動が展開される。特に，学校経営上の課題は，「学校経営上の五つの視点（課題）」（28ページ参照）として重点化し，その解決に向けて，教職員や児童の組織を編制したり，教育課程を編成・実施したりする。こうした学校経営の取組は，児童や保護者，教職員，学校評議員等を対象とした年間2回の学校評価アンケートの結果を基に改善し，次年度以降の経営へと引き継いでいく。下図のような学校経営におけるPDCAサイクルを的確に実施し，日々の教育活動を充実することが，学校教育目標の実現につながっていく。

学校経営におけるPDCAサイクル

ここからは，附属小学校の学校経営の基本方針（令和２年度版）を抜粋して紹介します。

1　学校教育目標及び目指す子ども像，具体的な子どもの姿

（1）学校教育目標　　　　『つよく　　ただしく　　かしこく』

（2）目指す子ども像

＜つ よ く＞	○心身共に元気でたくましく，健康で安全な生活をする子ども
＜ただしく＞	○進んで挨拶し，ルールやマナーを守って行動したり，相手の立場を考えて接したりできる子ども
＜かしこく＞	○自ら問題を見いだし，解決に向けて追求し続け，協働しながら新たな価値を創り出す子ども

（3）具体的な子どもの姿

＜つ よ く＞	○毎日笑顔で元気に生活する　○粘り強く取り組み，失敗しても挑戦する
＜ただしく＞	○落ち着いて教室移動をする　○相手の気持ちを考えて，優しく接する
＜かしこく＞	○見方・考え方を働かせ，友達と共に課題を解決する
	○「共に分かろう」を意識し，説明をしたり聞いたりする

2　教育方針

（1）　一人一人の児童が，「未来を拓く」ために必要な資質・能力を確実に身に付けることができるよう，附属学校としての特色や児童の実態，地域の特徴等を生かしたカリキュラム・マネジメントに努める。

（2）　一人一人の児童が，自他を大切にし，共によりよく生きることができるよう，社会や集団の一員としての自覚と責任感，お互いのよさや違いを認め合う態度，豊かな道徳性や困難に打ち勝つ強い心と体の育成に努める。

（3）　一人一人の児童が，主体的・創造的に課題解決に取り組むことができるよう，体験的な学習や問題解決的な学習，対話的で協働的な学習，ICT機器を活用した学習，複数教員による協力的な指導，専門性を生かした教科担当制による指導等，指導方法や指導体制の一層の改善・充実に努める。

3 学校経営の基盤

(1) 附属小学校としての使命達成に努める

○ 学部と連携・協力し，小学校教育の実証的研究に努めるとともに，教育実習の充実を図り，優れた教員養成に努める。

○ 附属幼稚園・中学校・特別支援学校との連携を密にし，幼小，小中の効果的な連携や特別支援学校との交流及び共同学習等を進め，よりよい教育の在り方を追究する。

(2) 群馬県下の小学校教育の進展に寄与する

○ 県下の教育に果たしてきた本校の伝統的な役割を自覚し，県教育委員会，各種教育研究団体等との連携を図り，県内のモデル校として積極的に県下の教育の進展に寄与する。

(3) 教員の研修の充実を図る

○ (1)(2)を達成するために，教員の研修を重視し，校内の研修を充実するとともに，学校外の教育研究会等にも積極的に参加・協力する。

(4) 全国的視野・将来展望に立って教育研究を進める

○ 附属学校連盟や各種教育研究団体等との連携を図りながら，全国的視野に立ち小学校教育の将来的な姿を見据えた研究と実践に努める。

4 学校経営の重点

───── 【学校経営上の五つの視点（課題）】 ─────

ア 『つよく　ただしく　かしこい子どもの育成』を目指す研究推進と日々の授業改善

イ 教育効果を高めるICT機器の導入と積極的な活用

ウ 児童が活躍し，いじめのない学校づくり

エ 安全の意識を高める指導の充実と教職員の危機管理意識の向上，体制の充実

オ 家庭や地域，学部，県教委，附属三校園，外部関係機関との一層の連携

(1) 附属学校としての特色ある学校経営を推進する

① 学校教育目標の達成に向けて児童を育成し，本校の使命を達成することができるよう，児童・学校の実態及び諸課題，学校評価の結果及び「反省と提言」，働き方改革の視点等を踏まえ，各分掌組織において，課題の明確化と解決策の具体化，組織的な取組を図る。

また，附属学校の強みを生かし，学部及び群馬県教育委員会，附属三校園，外部関係機関等との一層の連携を図る。（オ）

② 実践的指導力を有した教師を育成するための教育実習となるよう，学部と連携し，組織的・計画的な取組を一層推進し，効果的な指導に努める。（オ）

③ 教職員が附属学校としての使命達成に一層努められるよう，校務及び各会議，行事等の精選・改善に努める。（ア）

(2) 学びの質を高める…「かしこく」

④ 主体的・対話的で深い学びを実現し，児童の資質・能力を伸ばすことができるよう，子どもたちが『教科の見方・考え方を働かせ協働的に学ぶ』ための研究の推進を図る。（ア）

また，学年や学級，教科等の経営の充実及び，児童の学び方の定着（「共に分かるプロジェクト」（次ページの〈図1〉）を参照）を図る。（ア）

発表の仕方

○「はい」と返事をして起立しよう。
○聞いている人を見よう。
○「…です。」「…だと思います。」と最後まで話そう。
○聞こえる声の大きさで話そう。
○考え、理由の順に話そう。
☆「だから」「でも」などのつなぎ言葉を使おう。
☆図や表、物を使おう。

話の聞き方

○話をしている人を見よう。
○「うなずき」「相づち」などをしよう。
○話は最後まで聞こう。
○自分の考えと同じところやちがうところを見つけよう。
☆ハンドサインで自分の考えを伝えよう。
☆分からないことは質問しよう。

〈図1〉「共に分かるプロジェクト（共に分かろう）」の掲示物

⑤　教職員個々の資質を高め指導力の向上を図るため，校内の授業研究会である提案授業・部内授業等の一層の充実を図るとともに，他附属等の公開研究会や各種研修会に積極的に参加し，成果等を本校教職員に還元する。（ア）

⑥　学習活動の一層の充実を図るために，コンピュータや情報通信ネットワーク等の情報手段を活用できる環境を整え，それらICT機器等を日々の学習活動の中で積極的に活用していく。（イ）

(3) たくましい心と体を育てる…「つよく」「ただしく」

⑦　児童個々のよさや多様な能力，心身の健康に関わる実態等を的確に把握し，児童の基本的な生活習慣の定着を図る。また，いじめや問題行動等の未然防止，早期発見，早期対応，組織的な対応を徹底し，児童が自己有用感を高め，楽しい学校生活を送れるよう積極的な生徒指導に努める。（ウ）

⑧　児童一人一人が，自他を大切にし共によりよく生活することができるよう，一人一人に責任ある役割を与え，友達や学級，学年や学校全体の中で役立ち，活躍できる場面を意図的につくる。（ウ）

⑨　各教科等の学習活動や様々な行事，集会活動等を通じて，児童がたくましく粘り強く活動に取り組める心と体を育てる。（ウ）

(4) よりよい教育環境を創る

⑩　学校予算の計画的な執行，教育後援会費等の有効活用により，校内設備の改修，ICT機器の整備・充実等を図り，児童がよりよく学べる教育環境づくりに努める。（ア）（イ）

⑪　校内や校外における児童の健康安全確保のため，児童自ら健康や安全を意識して生活できるよう指導を進めるとともに，教職員の危機管理意識を一層高め，未然防止，早期発見，早期対応，組織的な対応を徹底する。（ウ）（エ）

⑫　様々な危機に適切に対応できるよう，危機管理対応マニュアルの見直しと活用を図るとともに，関係機関や保護者・地域等との連携を深め，児童の安全確保に努める。（エ）（オ）

(5) 学校の信頼を高める

⑬　学校評価を有効に活用するとともに，学校関係者からの評価を踏まえ，より広い視野に立った学校づくりに努める。（オ）

⑭　学校通信や学年通信，Webページ等を通して，学校の教育活動や児童の成長の様子等の情報を家庭や地域に随時提供し，本校への理解と信頼を深められるように努める。（オ）

⑮　保護者が学校に相談しやすい環境や体制を整え，学校と家庭で児童のよさや課題を共有して必要な指導・支援に当たれるよう努める。（オ）

学校 Web ページでの情報公開

4　学校グランドデザインについて

　学校グランドデザインとは，学校経営の骨子を一枚の紙にまとめた学校教育の全体構想図である。その策定に当たっては，学校教育目標の実現に向けて，教育活動全体を視野に入れ，児童の実態や学校・地域の特性等を踏まえ，校長のリーダーシップの下，全教職員が関わって協議し，共有することが求められる。学校グランドデザインに示された学校経営方針を基に，教育課程や各教科等の年間指導計画を策定し，児童の資質・能力を育成する単元計画を構想する。

　こうして策定した学校グランドデザインは，教職員間の共有だけでなく，保護者や地域にも公開する。そして，学校教育目標に掲げる目指す子ども像に照らした児童の成長の様子や，学校評価の結果等を基に，絶えず改善し，更新していく。

令和２年度　群馬大学共同教育学部附属小学校　グランドデザイン

2020.8.21 現在

学校教育目標

つよく　ただしく　かしこく

第2章

附属四校の共通目標
自分をみがく子

附属幼稚園の目標
健康でいきいきした
子どもに育てる

附属中学校の目標
共生　創造　健康

附属特別支援学校の目標
健康で，人と調和でき，
自分から豊かな生活を
築いていく能力を身につけ，
よりよい社会的自立ができる
児童を生徒を育成する

3委員会との連携
・子どもサポート活動推進委員会
・FD委員会
・共同研究推進委員会

教育基本法　学校教育法
学習指導要領
いじめ防止対策基本法　　等

目指す子ども像

つよく
心身共に元気でたくましく，健康で安全な生活をする子ども

ただしく
進んで挨拶し，ルールやマナーを守って行動したり，相手の立場を考えて接したりできる子ども

かしこく
自ら問題を見いだし，解決に向けて追求し続け，協働しながら新たな価値を創り出す子ども

具体的な子どもの姿

つよく
・毎日笑顔で元気に生活する
・粘り強く取り組み，失敗しても挑戦する

ただしく
・落ち着いて教室移動をする
・相手の気持ちを考えて，優しく接する

かしこく
・見方・考え方を働かせ，友達と共に課題を解決する
・「共に分かろう」を意識し，説明をしたり聞いたりする

経営の視点

ア　『つよく，ただしく，かしこい子どもの育成』を目指す研究推進と日々の授業改善

イ　教育効果を高めるICT機器の導入と積極的な活用

ウ　児童が活躍し，いじめのない学校づくり

エ　安全の意識を高める指導の充実と教職員の危機管理意識の向上，体制の充実

オ　家庭や地域，学部，県教委，附属三校園，外部関係機関との一層の連携

本校の子どもの実態
（R01 学校評価アンケートより）

○睡眠や朝食といった基本的な生活習慣は身に付いている。

○手洗い・うがい・歯磨き等衛生面への意識は高いが，外遊びで運動時間を確保する等，運動面への意識は課題である。

○保健室利用数等から，安全面への意識には課題がある。

○進んで挨拶できる子どもは多い。

○係活動や委員会活動等，役割に応じた仕事に，進んで取り組むことができている。

○学習習慣が身に付き，意欲的に学習している子どもが多い。

○学習の振り返りを行う中で，自らの成長を実感できている。

○多くの子どもたちが，将来に対して夢や希望をもっている。

○思いやりのある言動ができる子どもが多い。

学年目標

1年	がんばる	なかよくする	たのしむ
2年	つづける	なかよくする	見つける
3年	つづける	思いやる	つたえる
4年	やりぬく	支え合う	楽しく学ぶ
5年	やりぬく	高め合う	学びを生かす
6年	挑戦する	寄り添う	解決する
	（つよく）	（ただしく）	（かしこく）

各教科等の育成を目指す資質・能力

国語：言葉による自他の認識・思考・表現から形成された考えを自ら関わらせ，深める
社会：社会的事象への深い理解を基に自ら社会参画する
算数：日常の事象に対して数学的に考える
理科：自然現象を科学的に探究できる
生活・総合：思いや願いの実現に向けて，人・もの・ことと関わり続ける
音楽：聴き取ったことと感じ取ったことを結び付け，生活や社会の中の音や音楽と豊かに関わる
図工：生活や社会の中の形や色などと豊かに関わる
家庭：身に付けた知識や技能を基に生活をよりよくしようとする
体育：自ら考えたり工夫したりしながら運動の課題を解決し，運動の楽しさや喜びを味わう
英語：主体的に英語を用いて他者に配慮しながらコミュニケーションを図る
道徳：自らの道徳的価値観を基にした，よりよく生きる基盤となる道徳性

具体的な取組

つよく
・各種運動大会の実施（リレー大会・なわとび大会・運動会）
・運動朝会の充実
・危機管理マニュアルの見直し
・健康振り返りカードの実施
・学校保健委員会の開催
・プール管理委員会の開催
・AED講習，エピペン講習の実施
・キャリア・パスポートの充実

ただしく
・四つの「あ」の取組　・異年齢集団活動の充実
・学校生活アンケートの実施
・特別支援学校との交流及び共同学習
・自ら役割を見付ける清掃活動の充実
・「つよく ただしく かしこく群大附属小の子」の改訂
・人権週間での講話　・全校一斉道徳授業の実施
・気付き考えるノーチャイム・ノー号令の実施
・生徒指導研修会の実施

かしこく
・資質・能力の育成を目指した教科等研究の推進
・「見方・考え方」を働かせて協働的に学ぶことができる授業改善
・「共にわかる」プロジェクトの推進
・学習の進め方の共有
・公開研究会の実施
・プログラミング教育の推進
・提案・部内授業の実施

群馬大学・群馬県教育委員会との連携

経営の基盤

❶附属学校としての使命達成に努める。
　教育実習の充実，附属三校園との連携（特支との交流及び共同学習）

❷群馬県下の小学校教育の進展に寄与する。
　群馬県教育委員会との連携

❸教員研修の充実を図る。
　校内研修の充実，教育研究会への参加・協力，研究出張の推進

❹全国的視野・将来展望に立って教育研究を進める。
　小学校教育の将来的な姿を見据えた研究と実践

学年・学級経営と小学校教師の役割

1 学年・学級経営

　学年・学級経営とは，学校教育目標の段階的な達成に向けて，学年・学級をより質の高い集団へと変容させるための，学年教員（学年主任・学級担任・専科教員等）による意図的，計画的，継続的な働きかけであり，人的・物的環境整備，学年組織，学習・生徒指導の有効な展開もこれに含まれる。学年・学級経営は，学校経営方針を基礎としながら，学年教員の教育観や学校観を生かして組織的に行われる。各学年教員は，学年目標の達成に向けて，より望ましい学年・学級集団の在り方を絶えず追求し，創造していくことが重要となる。そのため，各学級担任による学級の独自性は，学校・学年という，より大きな枠組みの中において定められた方針の中で発揮されるべきものである。

2 小学校教師の役割

　教師は，児童の規範でなければならない。特に，同一化の傾向が強い低学年の児童にとっては，物事の考え方や言動，生活態度等の規準となるほど影響は大きく，それだけに教師の責任は重い。以下は，教師の主な役割である。

〈教師の主な役割〉
○学校教育目標の具現化を図る（学校教育目標＞学年目標＞学級目標）。
○学年・学級における様々な教育活動の充実を図る（教材研究）。
○一人一人の児童との心の触れ合いを大切にし，親近感・信頼感を深める。
○一人一人の児童が，学年・学級の主役となり得るように支援する。
○人間としての豊かさ，教師としての専門性を磨き，指導に生かす。

3 小学校教師の役割を果たすための留意点

(1) 児童理解（詳しくは ☞「Ⅳ　児童の発達と理解」を参照 ）

　教師は，児童一人一人の個性や適性，家庭環境等をできるだけ早くかつ深く理解する必要がある。さらに，学年・学級集団の中での児童の立ち位置や役割についても，様々な活動の様子を基に理解することが重要である。このことにより，調和と統一の取れた人間形成を目指す指導を体系的に組み立てることができる。教師は，児童の言動について，外見に現れるものだけでなく，内面にも目を向けてその意味を解釈する必要がある。教師には，児童のよさはもちろんのこと，困難さやその原因の理解に努め，支援を行うことが求められる。その際に，以下の三つの側面を意識するとよい。

〈児童理解の三つの側面〉
○身体的側面…児童の身体的特徴は，自己概念に大きく影響する。日常の観察のほか，健康診断結果やスポーツテスト等の記録から見取ることができる。
○心理的側面…児童の性格や行動，学校で発揮される様々な能力・適性，児童の興味・関心等について，日常の観察や相談の機会から見取ることができる。
○社会的側面…児童の家庭環境や学年・学級集団における役割，友達からの評価，周囲との関わり方の観察等から見取ることができる。

(2) 学級集団の育成

　学級集団を捉えるには，学習と生活の両面から考える必要がある。学習面において教師は，児童の学習に対する興味・関心を高め，一人一人に「分かった」「できた」という満足感や「みんなで協力できた」「友達のおかげで新しいことが分かった」という充実感を与えるように配慮しなければならない。生活面においては，児童がよりよい生活や人間関係を築けるよう，一人一人にとって安心できる居場所をつくることや，自己を実現する機会を与えることに配慮しなければならない。なお，これらは互いに密接に関わっており，一方の高まりは他方の高まりに大いに影響を与えるものであることを忘れてはならない。学習と生活の両面の関連が深まることで，責任をもって活動したり，集団の一員としての自覚や自信をもって行動したりすることができる。教師は，様々な活動場面を捉えて，誰もが主役となって活動できる機会を意図的に設定するとともに，児童がそのような経験を積める手立てをもつことが必要である。

(3) 教室環境の整備（詳しくは ☞「第3章　学校保健・生徒指導」の「Ⅰ　学校保健」を参照）

　教室環境の整備は，児童の学級における所属感や安心感を高めることができる。環境を整備する視点としては，以下のことが挙げられる。

〈教室環境を整備する視点〉

○施設，設備，備品等について，安全性・実用性・経済性等の面から配慮する。

○教室内の清潔さ，採光，保温，換気，色彩等の保健・衛生面に配慮する。

○児童の創意工夫を積極的に取り入れる。

○掲示物は，児童一人一人に意識され，活用されるように工夫する。

---

(4) 安全管理とリスク・マネジメント

　学校教育における安全管理は，児童が安心して学習や生活をする上で重要である。学年・学級経営を行う際には，様々な活動計画の立案に際して，リスク・マネジメントを欠くことはできない。リスク・マネジメントとは，その活動で起こり得る危険（リスク）を事前に想定して，予防したり，リスクが起きた時の被害を最小限に抑えたりするための対策を講じることである。例えば，校外学習を行う場合であれば，まず交通事故や熱中症等のリスクが考えられる。学校行事においては，全教職員があらゆるリスクを想定して共有し，児童が安全に学習できるよう努めることが大切である。また，リスク・マネジメントにおいて，管理職や学年教員との報告・連絡・相談は欠かせない。

臨海学校事前学習 におけるリスク・マネジメント

5学年

【この学習を実施する上で予測される危険】

活　動	活動の中で予想される危険	対　策
1　プールでの海水浴練習	○プールサイドを走り，つまずいて転倒し，頭部を強打する。 ○溺れそうになりパニックになった児童にしがみつかれ，水中に沈められ，溺れる。	○プールサイドに危険な箇所がないことを事前に複数の教員でチェックをする。 ○児童の動線上に分担して立ち，歩いて移動するよう促す。 ○溺れそうになった時には，人の体にしがみつくのではなく，手や腕をつかむよう事前に指導する。 ○溺れそうな人を見かけたら，大声で助けを求めるよう事前に指導する。 ○溺れたふりは絶対にしないことを事前に指導する。
2　体育館でのキャンプファイヤーのダンス練習	○熱中症になる。 ○床に垂れた汗で足を滑らせ転倒し，足や腕等を骨折する。	○活動の課題を明確にして内容を精選し，気温に応じて体を動かす時間を20分以内にする。熱中症指数35℃以上になった時は中止する。 ○扇風機を設置し，水分補給や適宜汗を拭くことを促す。

リスク・マネジメントの共有例

(5) 授業時間外の活動

　授業時間外は，解放された雰囲気の中で教師や友達と接することができる。したがって，児童にとっては，創造性や連帯性等を伸ばすために，また，学級担任にとっては，児童の望ましい人間関係を育てたり，児童理解を深め，個別指導を行ったりするためのよい機会となる。

　始業前や休み時間等を有効に使い，児童の観察や面談，指導等を自然に行えるだけでなく，教室環境の整備や清掃，自由な遊びや会話の中で，人間関係を深めたり，児童が自治的な活動や奉仕活動に取り組んだりする等，多彩な活動の機会として役立てることができる。

(6) 家庭や地域との連携・協力

　児童の人間形成に及ぼす家庭の影響は大きい。保護者の教育観や文化的な雰囲気，親子の人間関係，経済事情等を家庭調査票や家庭訪問等を通して捉えるとともに，平素より家庭との連携を密にし，よりよい児童の成長を目指して協力関係を保つことが大切である。その際，以下のことに配慮することが必要である。

〈家庭，地域と連携する際の配慮事項〉
○一人一人の児童・保護者・地域住民の思いや願いに耳を傾け，共感的な態度で接する。
○学年教員の指導方針や意図等を，機会を捉えて保護者に知らせ，家庭との連携を密にする。
○学年・学級懇談，学習参観，学年・学級通信，家庭訪問等，その設定の仕方や内容を工夫し，できるだけ多くの機会を通して，保護者との意思疎通を図る。
○地域社会における児童の活動状況に関心をもち，関係機関や団体との関わりを深める。

---

(7) 学年・学級の事務

　学年・学級に関する事務には，指導事務と一般的な事務とがある。指導事務は，学年・学級通信や週案等の作成，指導要録の記入，健康状況の記録，ノートの閲覧等，指導に密着しているものである。一般的な事務は，転出入学児の学籍異動事務，PTA事務等，直接指導に関わらない事務である。両者とも欠くことのできないものであり，的確で迅速な対応が求められる。

小学校では，学級担任だけでなく，児童に関わる全ての教職員や保護者がそれぞれの力を発揮し，チームで児童を育てていくんだね。

Ⅳ 児童の発達と理解

　学年・学級経営上，必要不可欠なものの一つとして，児童理解が挙げられる。一人一人の児童を理解することで，学年・学級経営の目標・方針を明確にしたり，個に応じた指導・助言を行ったりすることができる。

1 児童の発達

　児童理解を進めるためには，発達の一般的な特徴を捉えておく必要がある。そこで，児童期の一般的な特徴について述べる。

(1) 児童期前期（小学校低学年）

　○自己中心性が弱まり，自他の区別ができるようになる。
　○感受性が強く，ほめられたり叱られたりすることに敏感に反応する。
　○依存心が強く，保護者や教師に頼ることが多い。
　○大人の行動を見て善悪の判断をする傾向が強く，保護者や教師の指示を素直に受け入れる。
　○独立心（自立心）をもち始めるため，口答えや反抗も見られるようになる。

低学年の様子

(2) 児童期中期（小学校中学年）

　○機敏性や探求心が旺盛になり，生活の場や行動範囲が広がる。
　○感受性が強く，ほめられると進んで行動する。
　○自己主張が強くなり，強情さが見られるようになる反面，横着さも表れる。
　○仲間意識が強まり，小集団で行動するようになる。
　○保護者や教師より友達との約束を重視するようになり，交友関係も複雑になってくる。
　○行動が活発になり，いたずらやけが等が増えると同時に，落ち着きに欠ける行動も見られる。

中学年の様子

高学年の様子

(3) 児童期後期（小学校高学年）

　○自分の考えをはっきりともつようになるとともに，仲間意識，連帯感が強まる。
　○機械的記憶から論理的記憶へと転換し，因果関係・論理関係も理解できるようになる。
　○抽象的な思考ができるようになる。
　○他者の気持ちを考えられるようになり，友達や大人の気持ちに敏感に反応する。
　○判断力・批判力が高まり，自分の判断で行動したり，友達や大人の行動を批判したりするようになる。
　○自己意識が高まり，友達と自分とを比べながら，自己概念を形成する。
　○第二次性徴が始まり，心身が不安定になる。

(4) 社会的背景の変化による児童の特徴

年齢別の特徴のほかにも，昨今の社会的背景の変化により，以下のような特徴が見られる。

○「物質的な豊かさ」を感じている反面で，他者との関わりが希薄となり「精神的な豊かさ」に課題が見られる。

○地域社会の変化から，他者と関わりたくても関わり方を知らないといった面が見られる。

○精神的な問題や食物アレルギーをもつ児童が増加している。扁平足や骨折等も多くなっている。

○生活の仕方が変化し，夜更かしによる目覚めの悪さ・疲れ等を訴える児童が増加している。

○朝食を食べずに登校するため，朝から元気がなかったり，体調不良を訴えたりすることが多くなってきている。

○少子化に伴う過保護・過干渉等により，自己中心的な行動が目立つ児童や，依存心が強く主体性に欠ける児童が増えてきている。

○都市化や情報化の進展によって，自然や広場等といった遊び場が少なくなる一方で，テレビゲームやインターネット等の室内の遊びが増える等，偏った生活経験を余儀なくされている。

2　児童理解の在り方と方法

前述の児童期の一般的な特徴を踏まえた上で，一人一人の児童をより深く理解するための方法について述べる。

(1) 心構え

以下に示すような姿勢で，教師として児童を見る「目」を養っていくことが大切である。

○あるがままの児童の姿を事実として客観的に見る。

○児童は絶えず変化するという意識をもち，継続的に，複数の事実から見る。

○先入観をもたずに，自分の想定や見方とのずれを重視し，驚きをもって見る。

○一人一人のよさを認め，個性を伸ばすという観点から，その児童なりのよさを見る。

○児童とともに成長するという姿勢を大切にし，愛情をもって，温かいまなざしで見る。

(2) 方法

一つの方法で児童を見るのではなく，複数の方法を用い，相互に補完し合って，継続的，多面的・多角的に理解することが大切である。また，具体的な記録を残しておくことも忘れてはならない。児童理解を進めるための情報収集には，様々な時と場面，方法が考えられる。

まず，児童のありのままの行動を観察し，記録する。観察は特別の設備や装置を必要としないので，あらゆる場面で行うことができ，他のいろいろな児童理解の方法の基礎になっている。授業中はもちろんのこと，休み時間や放課後等を含め，より多くの場面で，児童の行動や発言をありのままに観察する。また，観察は継続的に行うことが重要であり，記録は具体的にしておくことがよい。

次に，身体発達，運動能力，性格，学力，適性，道徳性等の検査及び測定法がある。また，各教科等のテストをはじめ，作文，日記等の生活の様子を記述したものを資料とすることが挙げられる。さらに，児童との会話や保護者との面談等から記録を取る方法もある。

次ページに情報収集の方法を示す。その実施や結果の取扱いについては，十分な配慮が必要である。

①観察…授業時・給食時・清掃時・休み時間・学校行事等
　　※それぞれの場面での発言内容・行動・態度等をつぶさに観察する。
②検査…性格検査・知能検査・学力検査・適性検査・道徳性検査・医学的検査等
　　※業者による一般化されたものを利用することが多い。
③調査…家庭調査・健康調査・進路希望調査・生育歴調査・習癖調査・交友関係調査等
　　※独自に調査用紙を作成して実施することが多い。
④相談（教育相談）…受理相談・呼び出し相談・個人面談・チャンス相談等
　　※状況により，個別での相談と小集団での相談を行う。
⑤その他…課題作文・日記・ノート・家庭訪問・学校生活アンケート等

児童理解のための情報収集の方法

（3）留意点

○会話や行動等の事実を記録する。

　児童の現在の姿を具体的・個別的に理解するために，その児童のありのままの言動を観察することが大切である。授業中だけでなく，日常的な会話等からも児童の姿を見取ることができる。この際，主観的な見方にならないようにする。

○観察は継続的に，記録は具体的にする。

　１回や２回の観察で児童を評価するのではなく，観察を積み重ねる。記録は具体的にとり，教師の評価は，観察記録とは区別して書くようにするとよい。

○児童の集団の中での立場を把握する。

　児童は集団生活の中で生活しているので，属している集団の特徴や，その中での行動を把握する。ある児童の行動と他の児童の行動とを関連させて捉える。すなわち，集団理解を通した個人理解が必要である。

○行動場面の条件に注意する。

　観察しようとする児童の行動を見るだけでなく，その行動の行われた場面の情勢に注意することが大切である。行動は，その場面と深く関係している。

○関係する教職員と連携を図る。

　複数の教職員が一人の児童を多様な活動場面で観察して，その結果をすり合わせることによって，児童の状況をより明確にすることができる。随時，学年教員や教科担当，養護教諭らと連絡を取り合ったり，時にはケース会議を行ったりする。

○特別な支援が必要な児童へ対応する。

　読み書きや計算等の困難さ，注意の集中を持続することが苦手であること等，通常学級においても，発達障害を含む特性のある児童が少なくない。観察を通して児童が苦手としていることを明らかにし，個別の支援につなげていく。

教師は児童理解のために，児童一人一人に寄り添うことが必要だね。
それに，児童が相談しやすい雰囲気をつくることも大切だね。

第3章
学校保健・生徒指導

この章は，学校保健・生徒指導に携わる
全ての人に向けた内容です。

学校保健って，養護教諭が行う保健指導ではないの？
生徒指導って，問題行動への対処だけではないの？

この章を読むと，普段の学校生活の中で，
全教職員が行う学校保健・生徒指導について
理解が深まります！

Ⅰ　学校保健

1　学校保健とは

　学校保健とは，「学校において，児童生徒等の健康の保持増進を図ること，集団教育としての学校教育活動に必要な健康や安全への配慮を行うこと，自己や他者の健康の保持増進を図ることができるような能力を育成することなど学校における保健管理と保健教育」である。

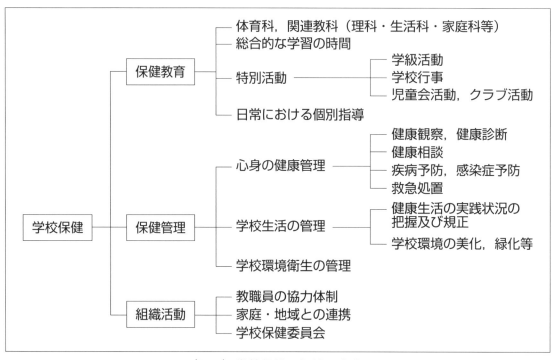

〈図1〉学校保健の領域・内容

【学校保健の基本的な考え方】
○教育活動全体を通して，学校全体で取り組むものである。
○学校保健計画に基づいて実施する。
○多様化・深刻化している健康課題の解決に向け，校内体制の確立や家庭との連携，地域とのつながりを大切にする。
○学級担任や教科担当は，児童の変化を早期発見，早期対応することができ，健康や健康行動についての指導を日常的に行うことができるため，児童の「今」と「これから」の健康な生活のための重要な役割を担っている。

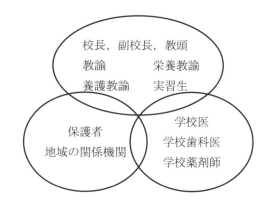

　「学校保健の推進」⇨ 巻末資料へ

2 保健管理

　児童の健康の回復，保持，増進のために，〈図１〉の中央に示した「心身の健康管理」，「学校生活の管理」，「学校環境衛生の管理」を学校全体で行う。

（1）健康観察

　健康観察は，児童が心身ともに健康な状態で充実した日常生活を送れるよう，教育活動全体を通して，学級担任や養護教諭を中心に，全教職員で連携して行われるものである。また，健康観察の状況から感染症の拡大防止や予防，児童の健康に対する自己管理能力の育成を図ることを目的とする。

　心身の健康問題は，内科的疾病のみならず，精神的ストレス，いじめ，不登校，虐待など多岐にわたる。「いつもと違う」という気付きが，心身の健康問題の早期発見，早期対応を図るのに重要であるため，〈表１〉のような視点で全児童に対して行う必要がある。以下に健康観察のポイントを挙げる。

【健康観察のポイント】

○１日を通して，毎日継続して行う。

○身体に現われるサイン，行動や態度に現われるサイン，対人関係に現われるサインがある。

○自身の体調や思いを言葉で伝えることが難しかったり，心の問題が身体症状や行動に現われたりする児童がいて，サインの現われ方はそれぞれである。また，発達段階によっても異なる。

○「いつもと違う」と感じたら，一人で対応せず，管理職や学年主任，養護教諭等に相談し，複数で対応する。

〈表１〉　１日の健康観察の視点

時　間	視　点
朝の会	・遅刻や欠席状況はどうか ・発熱，頭痛，腹痛，吐き気，せき等の様子は見られないか ・元気があるか，顔色は悪くないか ・朝食は食べてきたか，朝の家での様子はどうだったか（連絡帳の確認を含む） ・服が汚れていないか，不自然な傷やあざはないか
授業中	・ぼんやりしたり，眠そうだったりしないか ・落ち着きがなかったり，机の周りが散乱したりしていないか ・トイレや保健室利用等を理由とした離席が多くないか ・目をパチパチさせたり，首を振ったりしていないか ・忘れ物が増えていないか
休み時間	・友達や教員との関係はどうか ・過ごし方はどうか
給食中	・食欲はあるか ・摂取量はどうか
登下校	・登下校の時間帯や形態（一人，友達と，兄弟と）はどうか ・登校をしぶる，または家に帰りたがらないことがないか

「１日を通して」「毎日継続して」「全ての子を」見ることが大切なんだね！

(2) 学校環境衛生

　学校保健安全法において，「学校における換気，採光，照明，保温，清潔保持，その他環境衛生に係る事項について，児童生徒等及び職員の健康を保護する上で維持されることが望ましい基準（学校環境衛生基準）を定めるものとする」と示されている。学校環境衛生基準には定期検査，日常点検，臨時検査について示されており，日常点検を〈図2〉のような内容で，毎授業日に教職員が行う必要がある。異常が見られた場合には，すぐに修理・改善し，健康かつ安全に過ごせるよう環境を整える。

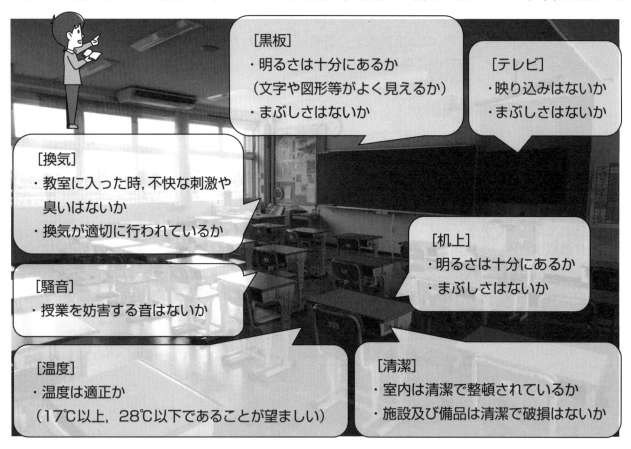

[黒板]
・明るさは十分にあるか
（文字や図形等がよく見えるか）
・まぶしさはないか

[テレビ]
・映り込みはないか
・まぶしさはないか

[換気]
・教室に入った時，不快な刺激や臭いはないか
・換気が適切に行われているか

[机上]
・明るさは十分にあるか
・まぶしさはないか

[騒音]
・授業を妨害する音はないか

[温度]
・温度は適正か
（17℃以上，28℃以下であることが望ましい）

[清潔]
・室内は清潔で整頓されているか
・施設及び備品は清潔で破損はないか

〈図2〉 日常点検のポイント

(3) 感染症予防

　学校は集団生活を営む場であり，感染症が発生した場合，教育にも大きな影響を与えることとなる。感染症発生後にそれを拡大させないための対応も重要だが，感染しないように予防することも大切である。感染症予防の基本は，きちんとした手洗いである。外から教室に戻る前やトイレの後，給食の前等，適宜指導していくことが重要である。その他，規則正しい生活やせきエチケット，衛生的な環境についても，児童自身が当たり前にできるよう，日常的・継続的に指導する。

　学校において予防すべき感染症および出席停止の基準については，学校保健安全法施行規則に示されている。健康観察や欠席状況から，感染症の流行や拡大の兆候がないかを確認し，感染症の拡大防止に努める。次に感染症拡大防止のためのポイントを2点挙げる。

【欠席者数増加時の対応】
○朝の健康観察の強化，検温の実施
○移動教室や他学級・他学年と交わるような活動の制限
○家庭への健康観察強化と毎朝の検温の依頼
○学校医と相談の上，学校長の判断で学級閉鎖・学校閉鎖実施の有無の決定

【おう吐物処理の初期対応の手順】

①おう吐物の上に新聞紙をかぶせる。

②部屋の換気を行う。

③養護教諭に連絡し，対応を確認する。

④おう吐した児童の対応と周囲の児童の対応を行う（可能であれば他の教員と連携する）。

※対応する際は，手袋やマスクを着用するなど，教職員が感染防止対策をすることも重要である。

「広げない」「かからない」ように，日常的・継続的な指導が大切なんだね！

（4）救急処置

　救急処置は，学校管理下におけるけがや病気の処置のみならず，アレルギー対応や熱中症対応等多岐にわたる。学校で行う救急処置は，あくまで応急的な処置である。学校は医療機関ではないので，医療行為はもちろん，勝手な診断もしてはならない。医療機関や保護者につなぐまで，症状を悪化させず，苦痛を軽減するような対応を行う。緊急時は一人で対応せず，〈図3〉のように複数で対応に当たったり，管理職に報告したりすることが，安全で適切な処置につながる。なお，救急対応をした際，その内容を次ページの〈表2〉のように記録しておくとよい。

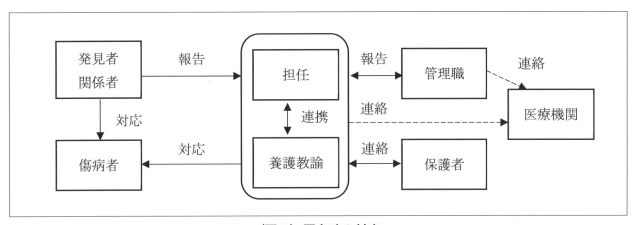

〈図3〉　緊急時の対応

【保護者との連絡】

○首から上のけがは躊躇なくすぐに連絡する。

○他のけがでも当日中に必ず連絡する。

　※急変時に素早く対応したり，悪化を防いだりすることにつながる。

○その後も連絡を取り合い，医療機関での診断や家庭での状況，学校生活での留意点を確認する。

日常の安全点検や事故の概要において，事故を未然に防ぐためや再発防止のために，学校全体で安全対策を講じることが必要なんだね！

〈表2〉対応記録表

年　　組　氏名	（対応者名　　　　　　　　）	
【発生日時】 　　　月　　日（　）　　　時　　　分頃 登校中・授業中（　　）・休み時間・その他（　　）	【傷病名】 （部位：　　　　　）	【発生状況と対応】 ※時系列で記入する。
【発生場所】 教室・校庭・体育館・廊下・階段・その他（　　）	【受診】 　　有　・　無	

（5）健康相談

　心身の健康課題は多岐にわたるため，身体症状を訴えていても，心の問題に起因している場合や，思いを言葉で伝えることが難しくて原因が見えにくい場合等がある。学級担任等の日常の健康観察や健康相談での気付き，何気ない会話の中での違和感が，健康課題の把握や解決に向けて重要になる。児童にはそれぞれの健康課題があることを前提に，日常のきめ細かな健康観察や対話を大切にし，一人一人に合った支援ができるようにする。

　また，健康課題を的確に把握して対応するために，校内の相談体制を確立することが必要である。「学級担任だから」と一人で抱え込まず，養護教諭やスクール・カウンセラーをはじめ，関係職員で連携することは課題解決だけでなく，教職員のメンタルヘルスにとっても重要である。そして，家庭とも連絡を取り合って対応について話し合ったり，ケース会議を開いて関係職員等と情報共有をしたりして，組織的に対応することも大切である。以下に健康相談の対象となる児童の特徴例を挙げる。

【健康相談の対象となる児童の特徴例】
○欠席，遅刻，早退を繰り返す。
○休日後や長期休業後，行事前に欠席する。
○特定の授業時間に離席または欠席する。
○保健室を頻繁に利用する。
○基本的生活習慣の乱れが見られる。
○落ち着きがない，友達とのトラブルが増える。
○体重の増加または減少が著しい，身なりがだらしない・汚れている。

（6）保健室の機能

　保健室は，学校保健活動を推進していくためのセンター的役割を果たす。保健室の機能を生かして学校保健活動を推進していくことが，学校保健の充実につながる。

健康診断	救急処置
健康相談	保健指導

保健情報センター

保健組織活動センター

3　保健教育

　多様化・深刻化する健康課題の解決に向け，生涯を通じて，健康な生活を送るための基礎となる知識・技能の習得，健康な生活を管理するための思考力・判断力・表現力等を育成するため，保健教育の充実が求められている。

　体育科や関連教科等においては，学習指導要領に基づき，教科横断的に実施する。学校行事や学級活動においては，「自分ごと」として捉えられるような身近な課題を設定したり，実践的な活動を取り入れたりする。また，日常的な指導として，生活習慣や安全，時季や発達段階に合わせた内容を，適時，場面に合わせて個別または集団で指導する。いずれも，学級担任や教科担任，保健主事，養護教諭等が連携して行うことで，保健教育の充実が図られる。

> 児童の健康・安全のために，こんなことに気を付けよう！
> 〈チェック項目としても使えます〉

□児童の訴えを受け止めましょう。

□保健室に行く前に必ず教員に伝えるよう指導しましょう。

□児童自身ができる手当てがあれば，指導してから保健室に向かわせましょう。
　〈例〉・傷口に砂がついているので，水で洗う
　　　　・流血があったらティッシュでおさえる

□「いつ，どこで，何をしていて，どうしたのか」を，児童自身に説明させましょう。教員は補足があればしてください。

□不注意によるけがや生活習慣の乱れによる体調不良については，児童と一緒に振り返り，注意点や改善点を考えさせましょう。

□児童だけで保健室に向かわせる場合，送り出したままにせず，養護教諭と連絡を取り合って，対応を確認しましょう。

□保健室に送り出す際，教員が「～してもらってきて」と伝えると，保健室での対応と異なって児童が困惑する場合があるので，「みてもらってきてね」と送り出してください。

□教員が持っている薬を飲ませたり，塗らせたりすることは絶対にしません。また，該当児童に必要な薬を他の児童が持っていても，それを与えてはいけません。

□保健室で休養させる場合，休養時間は1～2時間を原則とします。

□早退させる場合，保護者への連絡は基本的に学級担任が行います。早退させる際は，一人で帰すことは絶対にしません。

□保健室を利用した日は，当日中に保護者に連絡をとりましょう。必要があれば，関係職員で情報を共有しましょう。

□対応に困った時は，周りの先生に相談しましょう。

> 「チーム学校」で子どもたちの健康を守っていこう！

Ⅱ　生徒指導

　生徒指導は，児童間のトラブルやいじめ，暴力行為等の問題行動への対応，不登校児童への対応などと捉える傾向がある。もちろんこれらも重要な生徒指導の働きかけである。しかし，生徒指導とは，「単なる児童の問題行動への対応という消極的な面だけにとどまるものではない」（「小学校学習指導要領解説総則編」より）のである。

1　生徒指導が目指すもの

(1) 生徒指導の意義

> 一人一人の児童の健全な成長を促し，児童自ら現在及び将来における自己実現を図っていくための自己指導能力の育成を目指す　　　　　　　　　　　（「小学校学習指導要領解説総則編」より）

> 生徒指導は，問題を抱える一部の児童が対象ではありません。
> 学校生活が有意義で興味深く，充実したものになるように，全ての児童を対象として指導していくことが大切です。

(2) 自己指導能力の育成

　自己指導能力とは，「その時，その場で，どのような行動が適切か，自分で考えて，決めて，実行する能力」（坂本昇一「生徒指導の機能と方法」より）である。「自分で決めて，実行する」とは，自分勝手に行動することではなく，他の人のためにもなり，自分のためにもなる行動が必要である。このような自己指導能力を育成するために，日々のあらゆる教育活動において，下の図中の3点に留意することが求められている。

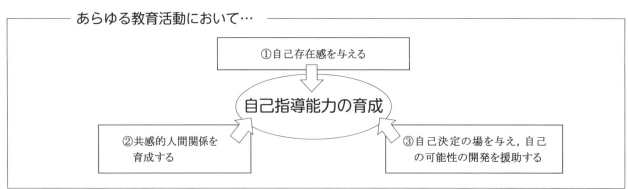

(3) 指導のポイント

　①「自己存在感を与える」ために，児童一人一人の存在を大切にして指導する。

　②「共感的人間関係を育成する」ために，教師と児童，児童同士が相互に尊重し合う関係を築く。

　③「自己決定の場を与え，自己の可能性の開発を援助する」ために，児童自らが判断し，責任ある
　　行動を取る機会を与える。

2　生徒指導を行う上での留意点

(1)　未然防止に向けて「治療的予防と教育的予防の使い分け」

　問題を防ぐために，次の2種類の予防を目的に応じて使い分けることが大切である。

○治療的予防：問題に対する専門的な知見を踏まえ，早期発見・早期対応を徹底したり，更に一歩進めて発生を予測したりするなど，問題を起こしそうな（課題のある）児童生徒を念頭において行われる問題対応型の予防
※対象となる児童生徒を絞り込み，「狭く・深く・早く」行う。

○教育的予防：問題を起こしそうな児童に特化することなく，また当面の問題のみならず将来の問題にも対応できるよう，全ての児童生徒が問題を回避・解決できる大人へと育つことを目標に行われる健全育成型の予防
※全ての児童に，「広く・浅く・じっくり」行う。

（文部科学省国立政策研究所「生徒指導リーフ」Leaf.5 より）

(2)　生徒指導対応『生徒指導の「さ・し・す・せ・そ」の実践』

　問題行動が起こると，その対応に追われてしまう。そうならないための未然の教育的予防が大切だが，起こってしまった問題には適切に対応して，解決を図る必要がある。一般的にいわれる危機管理の「さ・し・す・せ・そ」を，生徒指導の「さ・し・す・せ・そ」として，全教職員で組織的・計画的に行われなければならない。

危機管理の「さ・し・す・せ・そ」
さ：最悪を想定して
し：慎重に
す：素早く
せ：誠意をもって
そ：組織で対応する

生徒指導の「さ・し・す・せ・そ」
さ：最初の対応（初期対応）を的確に
し：慎重に情報収集をしてメモを取り
す：素早く
せ：誠意をもって
そ：組織で対応する（管理職への報告・連絡・相談）

(3)　対応の評価と再発防止策「事件・事故報告書（次ページの〈図1〉を参照）」

　問題行動が解決したらそれでよいということではなく，「また同じことが起こり得る」という考えに立ち，未然の教育的予防の改善を行い，日々の教育活動を充実させていく必要がある。

　そのためには起こってしまった事件や事故を記録し，全教職員が情報を共有できるようにすることも大切である。

生徒指導では，よくこんなこともいわれます。
「1：29：300 の法則」
『一つの大きな問題の背景には，29 の軽微な問題と，問題化されなかったことが 300 ある。』
29 や 300 の段階で対処したいですね。

「生徒指導リーフ（Leaf.5）」⇨ 巻末資料へ

生徒指導係へ ←	校長		副校長		主幹教諭		教務主任		生徒指導		養護教諭		記載者	

事 件 ・ 事 故 報 告 書

記 載 日 令和 2 年 6 月 2 日

記載者氏名 （ ○ ○ ○ ○ ）

けが等の症状（部位）	骨 折（右足首　　　　　　　　）	完治までの期間	☐ 数日　　　　☐ 1～2週間 ☐ 3～4週間　☑ 1～2ヶ月 ☐ 3～4ヶ月　☐ 4ヶ月以上

当該児童	6年　○組　○番　氏名　○○　○○　　　　　（保護者名　○○　○○　　　） 住　　所　前橋市　若宮町二丁目8番1号 電話番号　０２７－２３１－５７２５

発生日時	令和　2 年　　6 月　　1 日（　月曜日）　午前・午後　10時　40分頃 - 登下校時 ・ 授業中(教科　　　　　)・ 休み時間 ・ 放課後 ・ その他（　　　）

発生場所	築山東側の滑り台付近

関係児童及び教職員
　○○　○○（6年1組）：一緒に鬼ごっこをしていた。
　○○　○○（6年1組）：一緒に鬼ごっこをしていた。担任を呼ぶ。

事件・事故の概要
　休み時間に3人が築山周辺で鬼ごっこをしていた。○○（当該児童）が，築山東側の滑り台付近を駆け下りた際に，石に躓いて転倒した。
　○○（当該児童）は，転倒した際に両腕をついたため，手を擦りむいた。また，右足首に痛みがあって立ち上がれないため，○○さんがすぐに担任を呼んだ。

保健室での対応　（１０時４５分頃）
・頭部を打っていないかどうかを養護教諭が確認する。
・両腕の擦り傷については，水洗いの後，養護教諭が消毒する。
・右足首は腫れがあった。顔色が蒼白で骨折の疑いがあるため，担任が管理職に報告する。
・養護教諭がシーネで固定し，保冷剤で冷やす。担任は保護者に連絡し，迎えと受診を依頼する。
・担任が学年教員に，○○（当該児童）の下校用意を依頼する。

事後の経過と対応・指導等

時　　刻	対 応 ・ 指 導 等
10：40	○○（当該児童）が，築山東側滑り台付近で転倒してけがをする。 児童に呼ばれ，担任が現場に駆けつける。
10：45	担任が，○○（当該児童）をおぶって保健室に運び，状況とけがの確認をする。 養護教諭が処置をする。担任が管理職に報告する。
10：50	担任が保護者へ連絡する。
11：05	保護者が保健室に到着する。担任・養護教諭が，保護者に概要を説明する。 ～通　院～
13：20	保護者から，右足首の骨折で全治一ヶ月ほどであると，受診結果の報告が入る。 担任が，学校生活で配慮する内容を保護者と本人に確認する。
帰りの会	担任が，築山周辺での遊び方を学級で指導する。
翌　　日	担任が，○○（当該児童）の様子を確認し，築山周辺での遊び方を指導する。

〈図1〉「事件・事故報告書」書式例と記載例

3　生徒指導組織

(1)　全教職員の共通理解（「つよく　ただしく　かしこく　群大附属小の子」）

　学校のきまり等の主な内容を一目でわかるようにまとめたものの例が，「つよく　ただしく　かしこく　群大附属小の子」である。年度初めの会議において全教職員で共通理解を図り，同じ方向性で組織的に指導を行えるようにしている。また，全家庭に配布し保護者にも，学校での指導への理解，協力をいただけるようにしている。学校と家庭とが連携して指導できるようにすることも，組織的な生徒指導につながる。

つよく　ただしく　かしこく　群大附属小の子

　上の資料は全教室に掲示し，児童の目に入るようにしている。児童も，日常的に「つよく　ただしく　かしこく　群大附属小の子」を目にすることで，記述内容を日々の生活に生かし，主体的に行動できるようになっていく。

児童の「つよく　ただしく　かしこく」の姿

第3章

(2)　校内の連絡体制

　事件や事故を未然に防止できるように積極的な生徒指導を行っていても，事件や事故が起こってしまうことがある。ここでは，連絡体制の例を示す。

例1：保護者から，担任へトラブルについての連絡があった。

①保護者からの電話連絡を担任が受ける。

　【何に困り感をもっているか等，しっかりと傾聴し，メモを取る。また，「ご心配をおかけして申し訳ございません」等，相手の気持ちを受け止める言葉かけをする。】

②学年主任等に「相談」して情報を共有。管理職へ「報告」し，指示を受けて対応する。

　【一人の判断で対応せずにチームで対応する。】

③対応した内容や分かったことを保護者へ「連絡」する。

　【憶測や感情論では誤解を招くことがある。事実のみを伝える。】

④保護者へ連絡した結果を管理職へ「報告」する。

　【対応して終わりではない。対応後の指導方針等も明確にする。】

例2：児童から，担任へ友達にいじめられていると相談があった。

①いじめを訴えてきた児童の話を傾聴する。

　【児童の思いや話の内容を否定せず，共感的に受け止め，事実を確認する。】

②学年主任，関係学年職員に「連絡，相談」をし，管理職に「報告」する。

　【管理職の指示の下，複数の職員で対応できる態勢をつくる。】

③加害の可能性のある児童への聞き取りを行い，メモを取る。

　【疑ってかからず，まず事実確認をする。該当する児童以外にも関係する児童がいる場合，その児童からも聞き取りを行い，事実関係を明らかにする。】

④事実を基に指導する。

　【一方的な悪者をつくってしまうような指導はせず，今後の生活や人間関係をよくしていけるような指導を心がける。そして，児童が納得できるようにする。】

⑤指導内容を管理職に「報告」する。

　【対応の様子や指導に対する児童の納得具合等も報告する。トラブルの未然防止策等，今後の指導方針も明確に報告する。】

⑥事実と指導内容を保護者に「連絡」する。

　【聞き取った事実，事実に基づいた指導，今後の指導方針を保護者に伝え，家庭との連携が取れるようにする。】

　このような場合に限らず，一人で抱え込まずに，必ず「**報告，連絡，相談**」を行う。また，複数の教職員で対応し，指導の方向性を見失わないようにすることも必要である。

第4章
教科横断的な教育活動

この章は，生徒指導や学習指導のみではなく，他の教育活動を知りたい人に向けた内容です。

道徳の時間と道徳教育の違いって，何？
人権教育って誰が，どのように行うの？
スタートカリキュラムって，何？
プログラミング教育ってどんなことをするの？
給食の時間と食育の関係は？

この章を読むと，これらの疑問が解決し，
小学校教育を支える様々な教育活動について
理解が深まります！

道徳教育

1　道徳教育とは

　学習指導要領では，「学校における道徳教育は，特別の教科である道徳（以下「道徳科」という。）を要として学校の教育活動全体を通じて行うものであり，道徳科はもとより，各教科，外国語活動，総合的な学習の時間及び特別活動のそれぞれの特質に応じて，児童の発達の段階を考慮して，適切な指導を行うこと。」と明示されている。道徳教育は，道徳科の時間において，各教科等で行われる道徳教育を補ったり，それを深めたり，相互の関連を考えて発展させ，統合させたりすることで，一層充実していくものである。

2　道徳教育と育成する資質・能力

○**道徳教育の目標**…教育基本法及び学校教育法に定められた教育の根本精神に基づき，自己の生き方を考え，主体的な判断の下に行動し，自立した人間として他者と共によりよく生きるための基盤となる道徳性を養うこと

○**道徳教育で育成する資質・能力**

　道徳性…人間としてよりよく生きようとする人格的特性

道徳性の諸様相	
道 徳 的 判 断 力	それぞれの場面において善悪を判断する能力
道 徳 的 心 情	道徳的価値の大切さを感じ取り，善を行うことを喜び，悪を憎む感情のこと
道徳的実践意欲	道徳的判断力や道徳的心情を基盤とし道徳的価値を実現しようとする意志の働き
道 徳 的 態 度	道徳的判断力や道徳的心情に裏付けられた具体的な道徳的行為への身構え

3　計画的な道徳教育を行うために必要なもの

(1) **道徳教育の全体計画**（次ページの〈図1〉を参照）

　　学校における道徳教育の基本的な方針を示すとともに，学校の教育活動全体を通して，道徳教育の目標を達成するための方策を総合的に示した教育計画

　　○道徳教育の全体計画作成上の創意工夫と留意点

　　　・校長の明確な方針の下に道徳教育推進教師を中心として全教師の協力・指導体制を整える。

　　　・道徳教育や道徳科の特質を理解し，教師の意識の高揚を図る。

　　　・各学校の特色を生かして重点的な道徳教育が展開できるようにする。

　　　・学校の教育活動全体を通じた道徳教育の相互の関連性を明確にする。

　　　・家庭や地域社会，学校間交流，関係諸機関等との連携に努める。

　　　・計画の実施及び評価・改善のための体制を確立する。

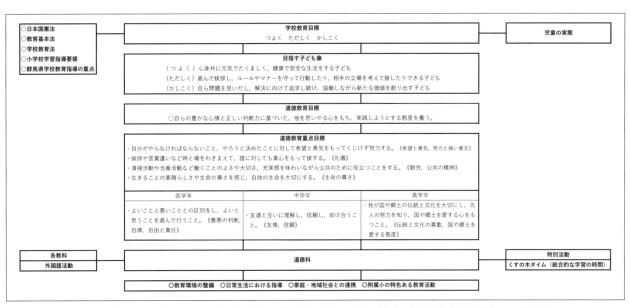

学校教育目標
つよく　ただしく　かしこく

| | 日本国憲法 / 教育基本法 / 学校教育法 / 小学校学習指導要領 / 群馬県学校教育指導の重点 | | 児童の実態 |

目指す子ども像
（つよく）心身共に元気でたくましく，健康で安全な生活をする子ども
（ただしく）進んで挨拶し，ルールやマナーを守って行動したり，相手の立場を考えて接したりできる子ども
（かしこく）自ら問題を見いだし，解決に向けて追求し続け，協働しながら新たな価値を創り出す子ども

道徳教育目標
○自らの豊かな心情と正しい判断力に基づいた，他を思いやる心をもち，実践しようとする態度を養う。

道徳教育重点目標
・自分がやらなければならないこと，やろうと決めたことに対して希望と勇気をもってくじけず努力する。《希望と勇気，努力と強い意志》
・挨拶や言葉遣いなど時と場をわきまえて，誰に対しても真心をもって接する。《礼儀》
・清掃活動や当番活動など働くことのよさや大切さ，充実感を味わいながら公共のために役立つことをする。《勤労，公共の精神》
・生きることの素晴らしさや生命の尊さを感じ，自他の生命を大切にする。《生命の尊さ》

低学年	中学年	高学年
・よいことと悪いこととの区別をし，よいと思うことを進んで行うこと。《善悪の判断，自律，自由と責任》	・友達と互いに理解し，信頼し，助け合うこと。《友情，信頼》	・我が国や郷土の伝統と文化を大切にし，先人の努力を知り，国や郷土を愛する心をもつこと。《伝統と文化の尊重，国や郷土を愛する態度》

| 各教科 / 外国語活動 | 道徳科 | 特別活動 / くすの木タイム（総合的な学習の時間） |

○教育環境の整備　○日常生活における指導　○家庭・地域社会との連携　○附属小の特色ある教育活動

〈図１〉　令和２年度　道徳教育の全体指導計画（群馬大学共同教育学部附属小学校）

(2) 道徳教育の全体計画別葉（次ページの〈図２〉を参照）

道徳教育を進めるに当たって，各活動で生かせるように具体化されたもの

○全体計画別葉の作成上の留意点

・各教科等における道徳教育に関わる指導内容及び時期を整理する。

・道徳教育に関わる体験活動や実践活動の時期等を一覧にする。

・道徳教育の推進体制や家庭や地域社会等との連携のための活動等を示す。

※別葉の作成で，各教科，外国語活動，総合的な学習の時間及び特別活動における目標や内容及び時期，家庭や地域社会との連携等が明確になり，計画的な指導を行うことができる。

例えば，第１学年では，４月に「友情，信頼」に関する学習を道徳科だけでなく，国語科や生活科，音楽科でも行っている。これは，入学したばかりの１年生にとって，まだ話をしたことのない児童と仲良くなったり，多くの児童と仲良く過ごせたりすることが大切だからである。

また，５・６月には，「生命の尊さ」に関する学習や活動を多く行っている。５月に学校行事として行う交通安全教室や避難訓練を生かして，５月の学級活動で学校の登下校について学習したり，６月の道徳科で命の素晴らしさについて学習したりする。道徳科だけでなく，各教科や行事などの活動を通して道徳教育を行うことで，児童が道徳性を養うために，より有意義なものとなる。

> 全体計画別葉で道徳教育に関わる学習や活動をまとめることによって，それらを関連付けて指導を行うことができるし，一層充実した道徳教育を行うことにつながるね。

〈図２〉　第１学年の道徳教育の全体計画別葉

Ⅱ 人権教育

1 学校における人権教育

(1) 学校における人権教育の目標

「一人一人の児童生徒がその発達段階に応じ，人権の意義・内容や重要性について理解し，自分の大切さとともに他の人の大切さを認めることができるようになり，それが様々な場面や状況下での具体的な態度や行動に現れるとともに，人権が尊重される社会づくりに向けた行動につながるようにすること」　　　　　　　　　平成20年3月「人権教育の指導方法等の在り方について［第三次とりまとめ］」より

(2) 人権教育を通じて育てたい**資質・能力**（次ページの〈図1〉を参照）

人権教育は，人権に関する知的理解と人権感覚の涵養を基盤として，意識，態度，実践的な行動力など様々な資質・能力を育成し，発展させることを目指す総合的な教育である。人権教育を通じて育てたい資質・能力については，知識的側面，価値的・態度的側面，技能的側面の三つの側面から捉えることができる。

2 学校における人権教育の推進

(1) 学校としての組織的な取組

学校においては，教科等指導，生徒指導，学級経営など，学校教育全体を通じて，人権が尊重される「学習活動づくり」「人間関係づくり」「環境づくり」を，校長のリーダーシップの下，教職員が一体となって組織的・継続的に取り組む必要がある。

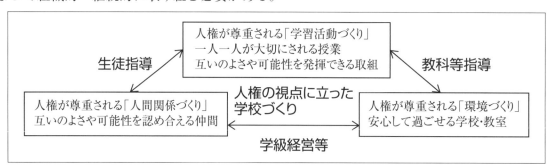

「人権教育の指導方法等の在り方について ［第三次とりまとめ］」を基に作成

(2) 人権教育の充実に向けて

人権教育を進めるに当たっては，人権についての知的理解を深めるとともに，児童が人権感覚を十分に身に付けるための指導を一層充実することが必要である。そのため，学校においては次に示すような点に留意して人権教育を推進することが重要である。

学校教育における人権教育取組の11の指針（平成28年3月「群馬県人権教育充実指針」より）	
□人権教育の推進体制を充実する。	□研究計画（研修プログラム）を作成し，研修の充実を図る。
□人権教育の取組の点検・評価を行う。	□人権教育資料の配布や学校・学年通信，Webページ等による
□「人権教育で育てたい能力・態度」を明確にした授業を実践する。	情報提供を通じて保護者の啓発に努める。
□人権週間，人権集中学習等における学習内容を充実する。	□地域及び関係機関等との連携に努める。
□体験的な活動を取り入れるなど指導方法を工夫する。	□人権教育の全体計画・年間指導計画を改善・充実する。
□教職員が自ら人権尊重の態度を身に付ける。	□人権教育の基盤である常時指導を充実する。

「人権教育を通じて育てたい資質・能力」

自分の人権を守り，他者の人権を守るための実践行動

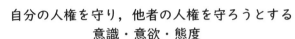

自分の人権を守り，他者の人権を守ろうとする
意識・意欲・態度
（以下の「人権に関する知的理解」と「人権感覚」とが結合するときに生じる）

人権に関する知的理解
（以下の知識的側面の
能動的学習で深化される）

 関連

人権感覚
（以下の価値的・態度的側面と
技能的側面の学習で高められる）

知識的側面
○自由，責任，正義，平等，尊厳，権利，義務，相互依存性，連帯性等の概念への理解
○人権の発展・人権侵害等に関する歴史や現状に関する知識
○憲法や関係する国内法及び「世界人権宣言」，その他の人権関連の主要な条約や法令等に関する知識
○自尊感情・自己開示・偏見など，人権課題の解決に必要な概念に関する知識
○人権を支援し，擁護するために活動している国内外の機関等についての知識等

価値的・態度的側面
○人間の尊厳，自己価値及び他者の価値を感知する感覚
○自己についての肯定的態度
○自他の価値を尊重しようとする意欲や態度
○多様性に対する開かれた心と肯定的評価
○正義，自由，平等などの実現という理想に向かって活動しようとする意欲や態度
○人権侵害を受けている人々を支援しようとする意欲や態度
○人権の観点から自己自身の行為に責任を負う意志や態度
○社会の発達に主体的に関与しようとする意欲や態度等

技能的側面
○人間の尊厳の平等性を踏まえ，互いの相違を認め，受容できるための諸技能
○他者の痛みや感情を共感的に受容するための想像力や感受性
○能動的な傾聴，適切な自己表現等を可能とするコミュニケーション技能
○他の人と対等で豊かな関係を築くことのできる社会的技能
○人間関係のゆがみ，ステレオタイプ，偏見，差別を見極める技能
○対立的問題を非暴力的で，双方にとってプラスとなるように解決する技能
○複数の情報源から情報を収集・吟味・分析し，公平で均衡のとれた結論に到達する技能等

関連

 関連

 全ての関係者の人権が尊重されている教育の場としての学校・学級
（人権教育の成立基盤としての教育・学習環境）

〈図1〉 人権教育を通じて育てたい資質・能力「人権教育の指導方法等の在り方について ［第三次とりまとめ］」を基に作成

Ⅲ スタートカリキュラム

1 スタートカリキュラムとは

　小学校入学当初の児童にとっての学びは，ゼロからのスタートではない。児童は，幼児期の遊びを中心とした生活の中で学びを積み重ねてきている。児童が安心して成長し，自立できるような小学校生活をスタートできるように，幼児期における遊びを通した総合的な学びから，児童期における各教科等の自覚的な学びに円滑に移行できる工夫（スタートカリキュラム）が必要である。

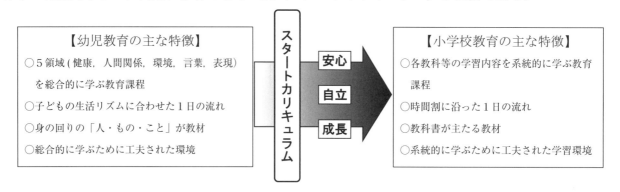

2 幼児期を経た児童の心理

　幼児期の終わりとなる卒園間近の子どもは，園の中で最も何でもできるお兄さん，お姉さんとして活躍をしている。詳しく話ができたり，泥団子づくりが上手だったり，昆虫や草花の名前を知っていたり…。それぞれの児童は，「私にはできることがたくさんある！」と実感して小学校にやって来る。そして実際に，それらの幼児期の学びは，小学校で国語や生活科，道徳などの各教科等の学びに確実につながっている。小学1年生では，それらの幼児期の学びを生かせる工夫をすることで，児童は「それ，知ってるよ！」「私にもできる！」等の安心感や自信をもって児童期の学びをスタートすることができる。

3 スタートカリキュラムによる効果

　スタートカリキュラムによって，児童は安心感や自信をもって日々の小学校生活や各教科等の学習に臨むことができる。そして，幼児期の学びを生かしながら，各教科等を中心に新たな学びを得ていくことができる。例えば，「『どうしてかというと』って理由を言うと，言いたいことが友達に伝わりやすいな。」「泥団子づくりって楽しい。それは，友達とみんなで仲よくやるから楽しいんだな。」「アサガオがきれいなことは前から知ってたけど，私が一生懸命水をあげたからこんなにきれいに咲いてくれたんだ。」などのように，幼児期の無自覚だった学びに，それらの背景や根拠，自分とのつながり等を加え，より自覚的な学びに更新していく。このような学びを積み重ねていくことで，児童は自己肯定感をもってよりよく成長し，自立に向けて歩んでいくことができる。

4 スタートカリキュラムを編成する際の手順や具体例

スタートカリキュラムを編成する際の手順としては，以下のような流れが考えられる。

① 幼児期の学びの実態を把握する。
② 児童期において期待する児童の姿を捉える。
③ 目指す児童の姿に迫るための具体的な工夫（スタートカリキュラム）を考える。

①については，幼稚園教育要領に記載されている「幼児期の終わりまでに育ってほしい姿」を参考にするとよい。また，児童によって得手不得手があったり発達の特性が異なったりするので，実際の様子やこれまでの幼児期での支援について，積極的に幼稚園等と情報共有を図ることが大切である。

入学時の児童には，長時間持続して集中することは難しく，身体を動かして学ぶという発達の特性がある。さらに，各教科等という個別の学びと初めて出合うことになる。加えて，個々の発達の差も大きい。こうした実態を踏まえて，以下に具体的な手立てを示す。

A 集中力が持続する時間割や学習活動
B 生活科を中心とした合科的・関連的な指導
C 児童が安心して学べる学習環境

[A 集中力が持続する時間割や学習活動]

小学校では，基本的に45分が1単位時間の学習となるが，児童の集中力の実態を考慮し，15分や20分等のモジュール学習で時間割を編成することもできる。さらに学習活動は，着席して学習するものだけでなく，活動性のあるものを織り交ぜることで，児童の集中力を持続させることができる。

[B 生活科を中心とした合科的・関連的な指導]

生活科は，スタートカリキュラムの趣旨に最も近い教科である。1単位時間を一つの教科として捉えるのではなく，生活科を中心として，複数の教科の学習を合わせたり関連させたりすることで，児童は幼児期における総合的な学びの経験を生かして円滑に学習することができる。例えば，生活科でアサガオに対しての気付きや思いを表現する際に，国語の「書くこと」の学習を関連させるとよい。

[C 児童が安心して学べる学習環境]

学習環境とは，児童の生活場面である教室や廊下の掲示物，各教科等で用いる教材・教具等のことを指す。小学校入学時の児童にとっては，文字情報の多い掲示物や黒板，プリント等は，苦痛になったり，集中力を妨げる原因となったりしてしまう。そこで，イラストや画像，映像等を用いて，情報の可視化を行うことで，児童が進んで考えたり理解したりすることができる。

分担をイラストにした給食当番カード

見本となる引き出しの画像

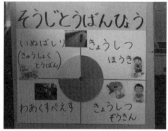
道具や場所を示した掃除当番表

スタートカリキュラムで大切なことは，以上の工夫をただ続けるのではなく，教師が週や月単位で目指す児童の姿を設定し，成長に合わせた工夫をしたり見直したりしていくことである。このことにより，児童が小学校教育の中で主体的に自己を成長させていくことができる。

プログラミング教育

1 プログラミング教育の意義

　コンピュータや情報通信ネットワークは，人々の生活の様々な場面で活用されている。今後も，それらをより適切かつ効率的に活用して問題を解決していくことが必要不可欠になる。このような社会において，児童が情報を活用しながら他者と協働し，新たな価値の創造に挑んでいけるようにするためには，「情報活用能力」の育成が欠かせない。プログラミング教育によって，児童がプログラミングの働きやよさ等に気付き，身近な問題の解決にコンピュータや情報通信ネットワークを上手に活用していこうとする態度を育むことは，これからの社会を生きる上で重要なことである。

　そこで，小学校においては，情報手段の基本的な操作の習得に関する学習活動及びプログラミングの体験を通して，「プログラミング的思考」（自分が意図する一連の活動を実現するための動きの組合せ方や記号の組合せ方，その改善の仕方といった論理的に考えていく力）等を身に付けることが重要である。そのため，各教科等における学習内容に関連付けながら，教育課程全体でプログラミングを実施する単元・題材等を位置付けていく必要がある。

2 小学校プログラミング教育で育成を目指す資質・能力

　プログラミングの体験を通して，「情報活用能力」に含まれる以下の資質・能力を育成する。

知識及び技能	身近な生活でコンピュータが活用されていることへの気付き 問題の解決には必要な手順があることへの気付き
思考力，判断力，表現力等	プログラミング的思考
学びに向かう力，人間性等	コンピュータの働きを，よりよい人生や社会づくりに生かそうとする態度

3 プログラミングに関する学習活動の分類

　各教科等における学習内容を実施する中で，プログラミング教育を位置付ける場合には，各教科等の学びをより確実なものとすることが求められている。文部科学省の「プログラミング教育の手引き」において，小学校段階のプログラミングに関する学習活動の分類が示されている。プログラミング教育は，学習指導要領に例示された内容に加え，様々な学年や各教科等において取り入れたり，教育課程内において，各教科等とは別に取り入れたりすることが可能である。さらに，教育課程外の様々な場面でも実施することが考えられる。様々な学年や各教科等の場面で，プログラミングに関する学習活動を行っていくことが望ましい。

A	学習指導要領に例示されている単元等で実施するもの		
	5年	算数	正多角形と円
	6年	理科	電気の利用
B	学習指導要領に例示されてはいないが，学習指導要領に示される各教科等の内容を指導する中で実施するもの		
C	教育課程内で各教科等とは別に実施するもの		
D	クラブ活動など，特定の児童を対象として，教育課程内で実施するもの		
E	学校を会場とするが，教育課程外のもの		
F	学校外でのプログラミングの学習機会		

4 プログラミング教育の実践例

　授業実践の際には，画面に表示されたブロックを組み合わせて実行するビジュアル型プログラミング言語を用いてプログラムしたり，ワークシートやカード等を用いながらコンピュータの仕組みやプログラミングの基本的な考え方を学んだりする方法がある。以下は，ビジュアル型プログラミング言語を用いてプログラムした実践例である。

分類A　算数の具体例【5年　正多角形と円】

　本単元は，正多角形の作図の仕方や円周の求め方を考える学習である。単元の終末では，正多角形の性質に対する理解を深めることが大切である。そこで，ビジュアル型プログラミング言語を用いる Scratch で正多角形を作図する活動を設定する。正多角形を作図するために，辺や角を作図する手順を分解し，Scratch の画面上のスプライト（ネコのキャラクター）を回す角度や繰り返す回数に置き換えながらプログラムすることは，本単元の学びをより確実なものとすることができる。

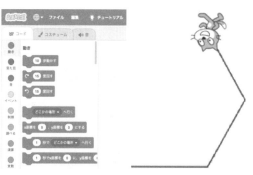

Scratch の画面とスプライト（ネコのキャラクター）による正多角形の作図画面

分類A　理科の具体例【6年　電気の利用】

　本単元は，電気の量と働きとの関係，発電や蓄電，電気の変換について調べる学習である。単元の終末では，日常生活と関連させて効率的な電気の利用を考えることが大切である。そこで，ビジュアル型プログラミング言語を用いる micro：bit で，人の行動に合わせて自動で点灯や消灯するライトをプログラムする活動を設定する。人を感知して，必要な時に必要な電気を利用できる仕組みをプログラムすることは，本単元の学びをより確実なものとすることができる。

micro：bit で人の行動に合わせて自動で点灯や消灯するライトをプログラムする児童

5 プログラミング教育の評価

　プログラミング教育を行った際には，児童の具体的な姿で「情報活用能力」の資質・能力を評価していくことが欠かせない。ここでは，「情報活用能力」の資質・能力の高まりについての評価だけではなく，各教科等の評価規準を基に評価していくことが大切である。また，授業実践を重ねていく中で，評価規準や指導内容を改善していくことも大切である。なお，コンピュータをプログラムする力を評価するわけではないことに留意することが必要である。

6 プログラミング教育と各教科等の学び

　「情報活用能力」は教科横断的な力であるからこそ，コンピュータを扱うこと自体を目的とせず，各教科等の目標の達成を目指して授業をデザインしていくことが大切である。そして，各教科等の学びをより確実なものにしながら，プログラミング教育で育成を目指す資質・能力を育むことができるように，児童が「自分の意図する一連の活動を実現する」活動を，教師が意図的に設定していくことが求められる。

Ⅴ 食育・給食指導

1 学校における食育の推進

　食は人間が生きていく上での基本的な営みの一つであり，健康な生活を送るためには健全な食生活は欠かせないものである。「食育」が注目されている背景には，食生活を取り巻く社会環境の変化や生活スタイルの多様化により，児童の食生活の乱れや肥満傾向増加などの健康問題がある。また，食文化の継承を図ることや，自然の恵みや勤労の大切さなどを理解することも重要となっている。

　食育は，成長期にある児童が健やかに生きるための基礎を培うことを目的としている。また，食育は，本来家庭が中心となって行うものだが，学校においても児童が食に関する正しい知識と望ましい食習慣を身に付けることができるよう，積極的に取り組むことが必要である。

2 学校給食を生きた教材として活用した食育の推進

　学校給食は，成長期にある児童の心身の健全な発達のため，栄養バランスのとれた豊かな食事を提供することにより，健康増進，体位の向上を図ることはもちろんのこと，食に関する指導を効果的に進めるための重要な教材として，給食時間はもとより各教科や総合的な学習の時間，特別活動等において活用することができる。また，食に関する指導は，計画的，継続的に進める必要があることから，栄養教諭と全教職員が協力して年間指導計画を作成するとともに，栄養教諭はねらいを明確にした献立計画を示し，教科等においても学校給食を活用しやすいよう配慮した献立の作成を行う。

	月	4月	5月	6月	7月	8～9月	10月	11月	12月	1月	2月	3月
給食時間	月目標	給食の準備・後片付けを正しく行い，楽しい給食にしよう	よく噛んで食べよう		夏の健康について考えよう	しっかり食べて，体を動かそう	好き嫌いをなくそう	食事のマナーを守ろう	食事からかぜを予防しよう	食文化を知ろう	食事と健康について考えよう	食生活をふり返ろう
	ねらい	・準備・後片付けの方法 ・清潔な身支度 ・食事にふさわしい環境づくり	噛むことの大切さ		暑さに負けない食事について	食事から生活リズムを整える	何でも食べる	・おはしのもち方 ・食事のマナーについて	かぜに負けない食事について	給食の歴史を知る	栄養素の働きを知る	自分の食生活をふり返る
献立作成の配慮	献立目標	楽しい給食	旬の食べ物(春)	よく噛んで食べる	夏バテ防止	バランス良く食べる	好き嫌いをなくす	地産地消・郷土料理	旬の食べ物(冬)	学校給食について考える	大豆を使った食べ物	思い出の給食
	旬の食材	＊さわら ＊春キャベツ ＊新玉ねぎ ＊にんじん ＊たけのこ	＊かつお ＊グリンピース ＊新じゃがいも ＊アスパラガス	＊あじ ＊きゅうり ＊ピーマン ＊パプリカ ＊かぼちゃ ＊梅	＊枝豆 ＊なす ＊トマト ＊ズッキーニ ＊すもも ＊桃	＊さけ ＊いわし ＊さつま芋 ＊里芋 ＊チンゲン菜	＊さんま ＊きのこ類 ＊れんこん ＊白菜 ＊栗 ＊りんご	＊新米 ＊山芋 ＊れんこん ＊白菜 ＊ごぼう ＊温州みかん	＊水菜 ＊だいこん ＊キャベツ ＊ブロッコリー ＊長ねぎ	＊ぶり ＊小松菜 ＊春菊 ＊ほうれん草 ＊いよかん	＊カリフラワー ＊セロリー ＊いちご ＊ポンカン	＊わかめ ＊菜の花 ＊にら ＊清見オレンジ
	食文化の伝承		端午の節句		七夕	お月見			冬至		節分の日	ひな祭り
	その他	・入学祝い献立	・食育の日献立	・かみかみ献立	・七夕献立	・野菜の日献立	・学校給食ぐんまの日献立	・食育の日献立	・クリスマス献立	・食育の日献立	・節分の日献立	・ひな祭り献立
		新1年生の入学を祝う献立	春の終わりから初夏に向けた食材を使った献立	噛みごたえのある食材を使った献立	七夕にちなんだそうめんを使った行事食献立	夏の野菜を中心に取り入れた献立	県内産の製品や地場産物を取り入れた献立	秋に出回る食材を取り入れた献立	クリスマスメニューを取り入れたお楽しみ献立	冬に出回る食材を取り入れた献立	大豆を使った献立	春の食材を使った献立
			・こんにゃくの日献立	・食育の日献立		・読書週間献立	・和食の日献立			・給食週間献立	・食育の日献立	・リクエスト献立
			5月29日の「こんにゃくの日」にちなみ，特産品であるこんにゃくを使った献立	群馬県の食材を取り入れた献立		メディアルームにある本の話に出てくる食材を使った献立	11月24日「和食の日」にちなみ，だしにこだわった料理を中心にした献立			「先生の思い出に残る給食」をテーマにした献立	冬から春にかけて出回る食材を取り入れた献立	6年生によるリクエスト献立

給食の時間における食に関する年間指導計画例

（1）給食の時間における食に関する指導

　給食の時間における指導は，教科等の指導の時間と異なり，準備，会食，後片付けなどの一連の指導を，実際の活動の繰り返しを通して行うことができるという大きな特徴がある。また，栄養バランスのよい食事の基本を学ぶとともに，献立等の工夫により教科等と関連付けた指導が可能であり，「食事」という体験を通して，教科等で得た知識を具体的に確認したり深めたりできる。

　学級担任等が給食の時間における食に関する指導を行う際は，事前に栄養教諭や栄養士と連携を図り，各教室での指導や資料提供を依頼することにより，指導の充実を図る。給食の時間に行う指導は，次ページのように，「給食指導」と「食に関する指導」に分けることができる。

給食の時間に行われる指導
【給食指導】 ○給食の準備から片付けまでの一連の指導の中で，正しい手洗い，配膳方法，食器の並べ方，はしの使い方，食事のマナーなどを習得できるようにする。
【食に関する指導】 ○献立を通して，食品の産地や栄養的な特徴を学習できるようにする。 ○教科等で取り上げられた食品や学習したことを，学校給食を通して確認できるようにする。

【実践例】「食育の日献立」の実施

　内閣府は，毎年6月を「食育月間」，毎月19日を「食育の日」として制定し，食育の一層の定着を図る機会としている。給食においても，毎月19日は旬の食材や食文化などをテーマにした「食育の日献立」を実施している。給食時間の放送を活用し，栄養教諭が献立の説明と併せて「食育」について話をしたり，委員会活動と連動して，「食育の日献立」に関わるクイズを作成したりするなど，児童の興味・関心を深める取組を行っている。

6月19日実施「食育の日献立」放送例
○アジの照り焼き
→アジは味がよいことから「アジ」という名前がついたと言われています。1年中お店に並んでいますが，春から夏にかけてとれるアジが一番おいしいといわれています。
○上州きんぴら
→上州きんぴらは昭和58年の赤城国体の時に考えられた料理です。群馬県の特産品である豚肉やこんにゃくを入れ，栄養バランスや彩りを整えたものになっています。
○湯葉の味噌汁
→大豆と水から豆乳をつくり，火にかけたときにできる膜が「湯葉」になります。

教科との関連付けも視野に入れた食材や献立を実施。
(例) 大豆製品→3年生国語「すがたをかえる大豆」

(2) 学校給食の役割

　学校給食は，学校給食法に基づき実施され，成長期にある児童生徒の心身の健全な発達に資するものである。また，児童生徒の食に関する正しい理解と適切な判断力を養う意味で，重要な役割を果たすものである。

学校給食の目標
学校給食法第2条

①適切な栄養の摂取による健康の保持増進を図ること。

②日常生活における食事について正しい理解を深め，健全な食生活を営むことができる判断力を培い，望ましい食習慣を養うこと。

③学校生活を豊かにし，明るい社交性及び協同の精神を養うこと。

④食生活が自然の恩恵の上に成り立つものであることについての理解を深め，生命及び自然を尊重する精神並びに環境の保全に寄与する態度を養うこと。

⑤食生活が食にかかわる人々の様々な活動に支えられていることについての理解を深め，勤労を重んずる態度を養うこと。

⑥我が国や各地域の優れた伝統的な食文化についての理解を深めること。

⑦食料の生産，流通及び消費について，正しい理解に導くこと。

（3）給食の時間における指導の内容

　食に関する指導の目標は，一度の実践や指導で達成されるものではなく，時間をかけながら繰り返し行うことで理解が深まり，習慣化されるものである。年間約190回の給食時間に，計画的・継続的な指導を行うことで，大きな教育効果を見込むことができる。

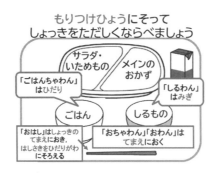

もりつけひょうにそって
しょっきをただしくならべましょう

①楽しく会食すること

　（ア）　食器やはしの持ち方，並べ方，食事中の姿勢など，基本的なマナーを習得し，楽しい雰囲気の中で会食するようにする。

　（イ）　様々な人々との会食を通して人間関係を深める。

②健康によい食事のとり方

　（ア）　食品の種類や働きが分かり，栄養のバランスのとれた食事のとり方が分かる。

　（イ）　日常の食事の大切さが分かり，健康によい食事のとり方を身に付ける。

　　　　偏った食べ方をせずバランスよく食べることや，よく噛んで食べることの大切さを理解し，自分の健康を考えて食事ができるようにする。

【実践例】「かみかみ献立」の実施

　6月4日は「虫歯予防デー」，そして10日までは「歯と口の健康週間」となっている。そこで，噛み応えのある食材を使った「かみかみ献立」を実施し，噛むことについて，給食を通して意識付けを行っている。また，お昼の放送時間を利用して，栄養教諭から献立の紹介や食材に関する話，よく噛んで食べることの効果などについての話をしている。

6月4日実施「かみかみ献立」実践例
○麦ごはん　○牛乳　○かみかみビビンバの具　○小松菜のナムル
○茎わかめのスープ　○歯と口の健康習慣ゼリー

---

③食事と安全・衛生

　（ア）　安全・衛生（手洗いなど）に留意した食事の準備や後片付けができる。

　　　　身支度や手洗い，食事の準備や後片付けが清潔にできるようにするとともに，安全で衛生的な食品の選び方や食中毒予防にも目を向け，常に自分の健康に気を付けるようにする。

　（イ）　協力した運搬や配膳が安全にできる。

　　　　○協力して準備や後片付けができる。

　　　　○当番や係の仕事に責任をもち，自主的に活動することができる。

④食事環境の整備

（ア）　食事にふさわしい環境を整え，ゆとりある落ち着いた雰囲気で食事ができる。

明るく和やかな食事の場づくりや，楽しくゆったりとした食事ができるように工夫することができる。

（イ）　適切な食器具を利用して，献立にふさわしい盛り付けができるようにする。

献立にふさわしい衛生的な盛り付けができるようにする。

献立に合わせた適切な食器具を利用することで，食文化への理解やよりよい食習慣を身に付けることができる。

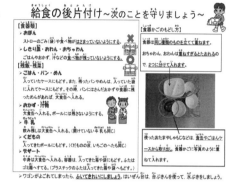

給食の後片付け～次のことを守りましょう～

（ウ）　環境や資源に配慮することができる。

環境や資源に配慮し，残食を少なくすることや日常の生活で実践できることが望まれる。給食で出るごみを適切に分別したり，牛乳パックをリサイクルしたりするなどの意識を高めることができる。

⑤食事と文化

（ア）　郷土食，行事食を通して食文化について関心を深める。

伝統的な日本文化である稲作，米食について理解するとともに，和食の食べ方を身に付けることは，食文化を継承する上で極めて大切である。郷土食は，その土地の気候や風土から生まれた産物や食材を使って，その土地独自の料理法で作られ，食べ継がれてきたものである。また，行事食は日本古来から行われてきた行事にちなんだ食べ物や料理である。郷土食や行事食についての関心を深めることは，児童や地域の人々が忘れかけている伝統的な料理を発掘し，伝承する役割も果たしている。

――【実践例】11月24日「和食の日」――

「和食：日本人の伝統的な食文化」が，ユネスコ無形文化遺産に登録されたことを受けて，11（いい）2（にほん）4（しょく）の語呂合わせから「和食の日」として制定された。「和食」とは何かを考え，和食の形である主食・主菜・副菜を基本とした「一汁三菜」のよさや，和食文化を守り，伝えていくことの大切さについて児童に伝えている。

小学生用食育教材
「たのしい食事　つながる食育」

（イ）　地場産物を通して，地域の食料の生産，流通，消費について理解を深める。

給食に地域の産物を活用することによって地域の食文化や産業，生産，流通，消費などの食料事情について理解することができるようにする。

――【実践例】5月29日「こんにゃくの日献立」の実施――

「こんにゃくの日」は，こんにゃくの種芋の植え付けが5月に行われることや，5（こん）29（にゃ・く）の語呂合わせから制定された。そこで，こんにゃくを多く取り入れた献立を実施している。そして，群馬県は全国のこんにゃく芋の約90％を生産していることや，群馬の土地はこんにゃく芋づくりに適していることなどを伝えている。

⑥勤労と感謝

（ア）自分の役割を自覚し，友達と協力する。

一人一人が自主的な態度で食事の準備や後片付けをきちんとできるようにすることや，当番や係活動に責任をもって取り組むことができるようにする。

（イ）食事に対する感謝の気持ちをもつ。

○食事ができるまでの過程を知り，感謝することができる。

食事は，多くの人々が心を込めてつくったものであることを理解し，感謝の気持ちをもって食事ができるようにする。

○自然の恵みに感謝することができる。

○食事のあいさつができる。

（指導例）

◎「いただきます」

私たちは生き物の命をいただき，自分の命を養っています。食べ物を粗末にすることは，他の命を粗末にすることになります。

◎「ごちそうさま」

「食事をつくるために食材を育てたり，集めたり，料理をしたり，駆け回っていただきありがとうございました」という意味が含まれています。

（4）個別的な相談指導

食に関する健康課題を有する児童に対しては，校内の指導体制を整備し，全教職員による共通理解の下，保護者と連携して，一人一人の事情に応じた対応や相談指導を行うことが必要である。また，食習慣以外の生活習慣や心の健康とも関係するため，学級担任だけでなく，栄養教諭や養護教諭，他の教職員，スクールカウンセラー，学校医，主治医等とも連携をとりながら，適切に対応する。

【想定される個別的な相談指導例】
○食物アレルギー　○偏食傾向　○肥満傾向　○痩身傾向　○スポーツ実施

学校Webページで献立を紹介すると，家庭でも話題にのぼりやすくなるね！

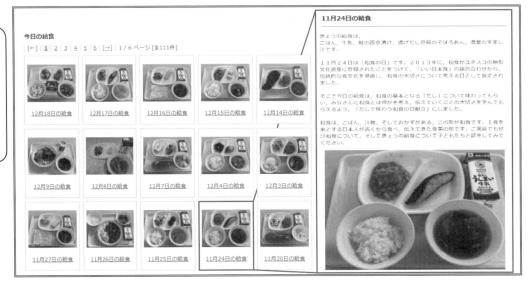

第5章
学習指導

この章は，授業力向上や授業改善を目指す，
全ての人に向けた内容です。

事前の準備としての教材研究の仕方は？
学習指導案とは？
実践を行う上での指導方法は？
授業研究会で大切なことは？

この章を読むと，児童の資質・能力を育成するための
事前の準備や，授業実践，事後の振り返り等，
取り組むべき内容が分かり，日々の教材研究や
教育実習が充実します！

学習指導

　児童は，学校生活のほとんどは授業時間である。小学校教育において中核となる授業をより充実した内容にすることは，児童の資質・能力を育成するために欠かすことができない。

1　主体的・対話的で深い学び

　児童に求められる資質・能力〈図1〉を育むために，児童や学校の実態，指導の内容に応じて，「主体的な学び」，「対話的な学び」，「深い学び」の視点から授業改善を図ることが重要である。主体的・対話的で深い学びは，必ずしも1単位時間の授業の中で全てが実現されるものではなく，単元や題材等の内容や時間のまとまりを通して実現する。つまり，主体的・対話的で深い学びの実現に向けた授業改善を考えることは，教師が単元や題材等の構成をデザインすることである。

学びを人生や社会に生かそうとする学びに向かう力，人間性等の涵養

基礎的・基本的な知識及び技能の習得

未知の状況にも対応できる思考力，判断力，表現力等の育成

〈図1〉　資質・能力の三つの柱

　以下に，「主体的な学び」「対話的な学び」「深い学び」の内容について示す。

○主体的な学び
　学ぶことに興味や関心をもち，自己のキャリア形成の方向性と関連付けながら，見通しをもって粘り強く取り組み，自己の学習活動を振り返って次につなげる学び

○対話的な学び
　児童同士の協働，教職員や地域の人との対話，先哲の考え方を手掛かりに考えること等を通じ，自己の考えを広げ深める学び

○深い学び
　習得・活用・探究という学びの過程の中で，各教科等の特質に応じた「見方・考え方」を働かせながら，知識を相互に関連付けてより深く理解したり，情報を精査して考えを形成したり，問題を見いだして解決策を考えたり，思いや考えを基に創造したりすることに向かう学び

　主体的・対話的で深い学びの実現を目指して授業改善を進めるに当たり，特に「深い学び」の視点に関して，各教科等の学びの深まりの鍵となるのが「見方・考え方」である。「見方・考え方」は，各教科等の特質に応じた物事を捉える視点や考え方である。この視点や考え方は，新しい知識及び技能を，既にもっている知識及び技能と結び付けながら社会の中で生きて働くものとして習得したり，思考力，判断力，表現力等を豊かなものとしたり，社会や世界と関わる視座を形成したりするために欠かせない。習得・活用・探究という学びの過程の中で「見方・考え方」を働かせることは，より質の高い深い学びにつながる。

2　学習指導の計画

　学習指導を行うためには，教師が単元・題材等の明確な目標を設定し，目標に照らして，学習活動の意図や，指示・発問の目的等を自覚していることが大切である。

　学習指導要領では，各教科・各学年に指導目標が示されている。この指導目標を基に，その学校の地域の特性や，その学級の児童の実態を考慮して具体的な目標を決定する。そのため，教育課程や年間指導計画を作成する上でも，目標を明確にすることは欠かせない。また，目標の具体化は，児童の学習の過程と目標を十分に達成することの可否を検討した上で行われるべきものである。

(1) 教育課程

　教育課程とは，学校教育目標達成のために，学年に応じて，各教科，道徳科，外国語・外国語活動，総合的な学習の時間及び特別活動の内容及び時数を適切に組織して配列した総合的な教育計画である。なお，教育課程は，各学校が児童の発達や地域・学校の実態を検討し，主体的に編成することになっている。

　教育課程編成の主要な内容は，授業時数の配当と，各教科等の具体的な指導計画である。〈図2〉

〈図2〉教育課程の構造

(2) 年間指導計画

　指導計画の中で最も具体的なものが，年間指導計画である。これは，児童の実態や学年の発達段階に応じた指導の系統性，発展性及び各教科等の関連・調和を図った計画である。

　また，行事と各教科等の指導計画を一覧にしたものが〈図3〉のカリキュラムシートである。カリキュラムシートを用いることで，教科等横断的なつながりを意識した実践や，実践後の振り返りを基に，次年度の学習指導を改善することができる。なお，シート内の矢印は教科間のつながりを示す。

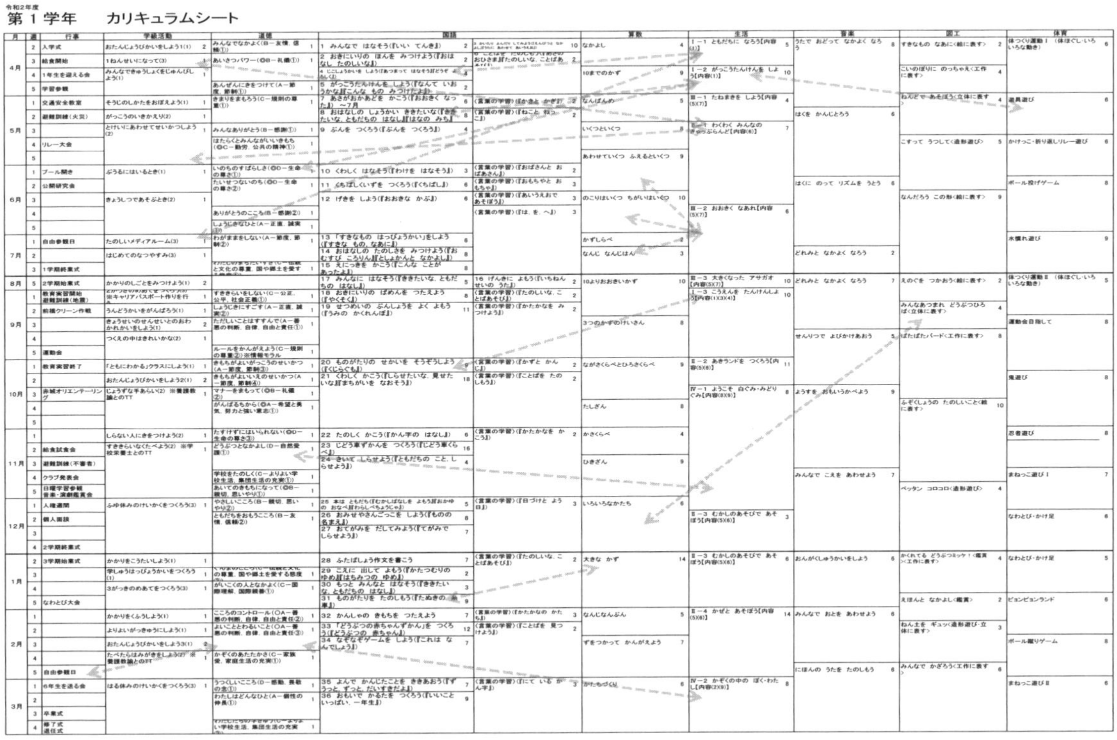

〈図3〉カリキュラムシート例

教材研究と学習指導案

　児童の資質・能力を育成することができる学習指導を行うためには，授業づくりに向けた教材研究が欠かせない。また，教材研究の内容を具体化するためには，学習指導案を作成する必要がある。

1 教材研究

　「教材」には，様々な捉え方がある。広義に捉えると，教師の言葉も教材とする捉え方もある。ここでは，「単元・題材等の目標及び授業のねらいを達成するために必要なもの」として述べる。

> 教材とは，児童が教育内容を学習できるように，また身に付けられるように，教師が選択・構成・作成した事実・現象・素材等，学習活動の直接の対象となるものである。

(1) 授業における教材

　授業は，教師による知識や価値観の一方的な伝達の時間ではない。児童が学ぶ必要感をもって，問題解決に取り組むことで自己の成長を実感する大切な時間である。授業において，教材は教師の意図と児童の学びの間に存在し，それぞれを結び付ける役割がある。児童の実態に応じた教材を用いることで，児童は主体的に問題解決を行い，単元・題材等の目標及び授業のねらいを達成していく。

(2) 教材研究の必要性・方法

　教師は，教材を準備する際，児童の実態を踏まえた上で，教材の内容や形状等，その用い方，単元・題材等における位置付けを吟味しなければならない。このように，単元・題材等の目標及び授業のねらいを達成するために，単元・題材等や授業の構想を練ることを教材研究という。また，授業づくりにおいては，構想を練るのと同時に，学習指導案の作成や教材・教具の準備，児童の活動場所の選定も行われるため，広義には，教師の授業準備活動全般を指すこともある。

　〈図4〉に示したように，教師は，教材研究において常に四つの視点を考慮して，単元・題材等及び授業構想を練り，授業準備を行う。

○児童の実態をつかむ

　児童の実態をつかむためには，授業において提示した教材や発問・指示に対しての反応や取組をよく観察・記録をすることが欠かせない。また，休み時間の遊びや友達関係等を基に，児童の特性をよく捉えることも必要である。

○単元・題材等の理解を深める

〈図4〉教材研究の四つの視点

　単元・題材等の理解を深めるためには，指導する単元・題材等の学習指導要領における位置付けや系統を把握する必要がある。系統については，年間指導計画を参照するとよい。

○単元・題材等の教材や指導方法を探る

　教材や指導方法を決定するには，単元・題材等の学習内容や教材，指導方法を知る必要がある。参考になるのは，教科書及び指導書等である。また，これまでに参観した授業の中で提示された教材，使用された教具，教師の動き，発問・指示の内容やタイミング，板書，児童の学習形態等も参考になる。

＜このページはコピーしてそのままお使いいただけます＞

教材研究チェックシート

　　児童が主体的に問題解決を行い，単元・題材等の目標及び授業のねらいを達成するために，授業を構想する際に，この「教材研究チェックシート」を活用しましょう。

1　児童の実態をつかむ　※児童の視点でチェックしましょう。

(1) 学習

□発達段階に応じた教科等の資質・能力を身に付けている。

□教科等の見方・考え方を働かせている。　　□教師や友達の目を見ながら話を聞ける。

□友達の考えを肯定的に受け止められる。　　□自分の考えを発言できる。

□話合いに積極的に参加できる。　　□ノートやプリントへの記述を丁寧に行える。

□学習の準備や片付けをしっかりと行える。　　□活動にすばやく取り組める。

(2) 生活

□友達と仲よく関われる。　　□時間を守って行動できる。

□休み時間等に外で遊んでいる。　　□係や当番の仕事を進んで行える。

□休み時間等に図書室を利用している。　　□給食を好き嫌いなく食べられる。

□宿題等をしっかりと提出できる。　　□用具の扱い方を理解して，掃除ができる。

□しっかりとした挨拶ができる。　　□丁寧な言葉遣いができる。

2　単元・題材等の理解を深める　※教師の視点でチェックしましょう。

□学習指導要領の内容を理解する。　　□学習内容の系統を調べる。

□指導と評価の計画の内容を理解する。　　□学習対象や材に関わる専門的な内容を調べる。

□教科書の内容を理解する。　　□育てたい資質・能力に照らして，学習対象や材の

□先行実践を調べる。　　　　　　　　関わりを分析する。

3　単元・題材等の教材や指導方法を探る　※教師の視点でチェックしましょう。

(1) 教材・教具

□学習指導要領の内容に応じている。　　□色や形，大きさ等は児童の実態に即している。

□学習内容を焦点化している。　　□問題解決のために必要な内容になっている。

□児童が取り組む内容や用い方が明確である。　　□繰り返し試しながら作成している。

□児童が安全に用いることができる。

(2) 指導方法

□形態や方法は適切である。　　□話合いの場合，互いの考えを共有，検討できる。

□活動の時間は適切である。　　□活動の場合，焦点化した取組を行える。

□安全に活動や操作ができる。

2 学習指導案

教材研究において、「育成を目指す資質・能力」「児童の実態」「教材の価値」等について単元・題材等及び授業の構想を文章や表、図等を用いて具現化したものが学習指導案である。

（1）学習指導案の必要性

学習指導案は、「案」というところに、その特質がある。単元・題材等及び授業の構想をしているのは教師であり、児童はその構想を知らない。どのような学習指導案であっても、実際の授業では必ず教師の想定と児童の姿にずれが生じる。また、同一のねらい、教材で、全く同じ展開の授業を行っても、児童の実態等によって授業は変わる。

学習指導案を作成する必要性は、以下の三つの側面から捉えられる。

①児童のため

1単位時間の授業は、児童にとってその学習内容を学ぶ一生に一度のかけがえのない機会である。目の前の児童の資質・能力を育成することや、学習に対する満足感を与えられること等、児童に対する思いを第一に考えることを忘れてはいけない。

②授業者のため

授業者が学習指導案を作成することで、頭の中にある単元・題材等及び授業の構想が整理される。教材研究を行う中で捉えた単元・題材等の目標や、学習対象の特徴、教材の価値、教師の指導方針等、多様な情報を、児童の資質・能力を育成するという目的に向け、捉え直すことができる。また、授業実践に向けて構想のよい点や不十分な点、改善する方法が明確になる。

③参観者のため

参観者が学習指導案を読むことで、授業者の意図を理解した上で、参観することができる。そうすることで、授業者の意図と異なった児童の発言や取組等が授業の中で見られた場合、それらの原因を分析したり、改善策を検討したりすることができる。そして、それを授業者に伝えることで、授業者は自らの授業力をさらに高めることができる。研究会で互いの意見を伝え合うことで、授業者だけでなく、参観者も自らの授業力を高めることができる。

（2）学習指導案の作成

　学習指導案を作成する前にその構造を理解しておくことが大切である。以下に学習指導案の項立てと内容を簡潔に示す。記述の詳細については ☞ 「第6章　各教科等の学習指導案例」を参照 する。

◎考察…1ページ目。単元・題材等の全体の捉えを記述する。

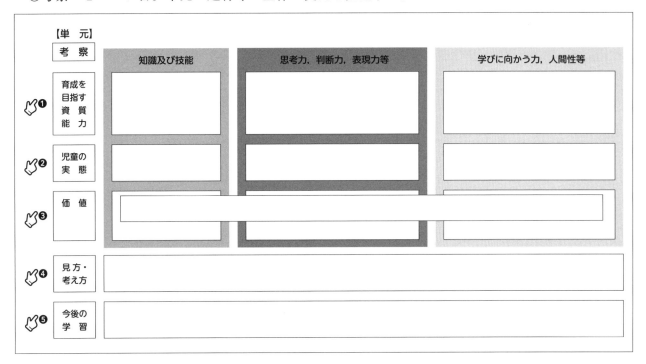

☝❶育成を目指す資質・能力

　単元・題材等において，育成を目指す資質・能力を記述する。国語科のように，指導事項を示す記号がある場合は，記号も記述する。

☝❷児童の実態

　育成を目指す資質・能力に照らして，児童に身に付いていること，身に付いていないことを児童の姿で記述する。

☝❸価値

　育成を目指す資質・能力に照らした時の，単元・題材等で扱う学習対象や材，教材等を用いて学習する価値を記述する。三つの柱全てに関わる価値は，帯で記述する。

☝❹見方・考え方

　単元・題材等で働かせる見方・考え方を記述する。見方・考え方が多岐にわたる場合は，重視する見方・考え方を記述する。

☝❺今後の学習

　本単元・題材等と関わりのある直後の学習を一つ記述する。その際，次学年の単元・題材等の学習について記述してもよい。

◎指導と評価の計画…２ページ目。単元・題材等の全体の計画を記述する。

指導と評価の計画				
❶目標				
❷評価規準	（①知 ・ 技） （②思・判・表） （③主体的態度）			
過程	時間	❸学習活動	❹指導上の留意点	❺評価項目＜評価方法（観点）＞※太字は記録に残す評価

❶目標

　単元・題材等の終末に目指す児童の姿を記述する。

❷評価規準

　単元・題材等で育成を目指す資質・能力の三つの柱について児童の姿で記述する。

❸学習活動

　単元・題材等の目標を達成するために，児童が行うことを内容に応じてまとまりとして捉え，そのまとまりの中で児童が主として行うことを記述する。

❹指導上の留意点

　学習活動におけるねらいの達成のために教師が留意することの中で，特に重要な内容を抽出し，その目的と学習指導の工夫の内容を具体化して記述する。

❺評価項目〈評価方法（観点）〉

　評価項目とは，学習活動における評価規準を学習活動の内容に合わせて具体化した姿である。学習活動のねらいを「おおむね満足できる状況」として達成している姿を記述する。評価方法は，評価項目の姿に合わせた方法を記述する。観点は，資質・能力の三つの柱の１側面を選択する。

❻その他

　国語の言語活動等，教科等の特色に応じて，項目を増やして記述することも必要である。

目標・評価規準及び指導と評価の計画	
目標	自分の考えを説明したり，聞いた説明の内容に沿った質問をしたりすることができる。
❻活動	「あったらいいな」と思う道具に関する自分の考えを説明したり，友達と質問し合ったりする活動
評価規準	（①知 ・ 技）言葉には，事物の内容を表す働きや，経験したことを伝える働きがあることに気付いている。（（1）ア） （②思・判・表）「話すこと・聞くこと」において，「あったらいいな」と思う道具を一つ決め，説明するために必要な事柄や説明を詳しく聞くための質問を選んでいる。（A（1）ア） （③主体的態度）積極的に友達の話の中から状態や理由，程度を捉えて聞きながら，学習課題の解決に向けて，必要な事柄を選びながら話したり聞いたりしようとしている。

「『指導と評価の一体化』のための学習評価に関する参考資料」 ⇨ 巻末資料へ

◎本時の学習…3ページ目。本時に関わる詳細な内容を記述する。

❶ **本時の学習（　/　時間）**

　　❷ ねらい
　　❸ 評価項目

〈　（　）〉

❹❺ 学習活動と児童の意識	❻ 指導上の留意点
1	
（　　　）	
めあて：	
2	
（　　　）	
3	

❶本時の学習（　/　時間）

　単元・題材等において，本時が位置付いている時間を示す。

❷ねらい

　単元・題材等で育成を目指す資質・能力に照らして，本時の中心的な学習活動と，児童が身に付けることを端的に記述する。児童が身に付けることは，児童の姿ではなく，資質・能力の側面から記述する。

❸評価項目

　本時の中心的な学習活動において，目指す児童の姿を記述する。ねらいに位置付けた資質・能力の三つの柱の1側面と，評価項目の1側面が同じ場合も異なる場合もある〈評価方法（観点）〉。

❹学習活動

　本時を三つもしくは四つに分け，行うことを大まかに記述する。ねらいに記述する本時の中心的な学習活動よりも，詳細な内容になることはない。

❺児童の意識

　本時の大まかな流れをイメージして，一人の児童の意識の変容を具体的に記述する。特に，児童の最初の意識と最後の意識を強調（□□□□囲み）して示す。

・最初の意識には，問題意識や，目的意識を記述する。

・最後の意識には，問題を解決した意識や，目的を達成した意識を記述する。

（　）内の文言については，教科等の特性に合わせて記述する。

❻指導上の留意点

　各学習活動において重視する指導上の留意点を，目的と学習指導の工夫の面から記述する。

　目的は，育成を目指す資質・能力に照らして，ねらいを達成するために身に付けたり行ったりする必要がある内容を記述する。目的は，児童の内面に関わる内容を分析的に想定して記述する。

　学習指導の工夫は，目的に応じた内容を具体的に記述する。目的と学習指導の工夫がつながるようにする。例えば，活動や場の中で用いる道具や提示する視点，問いかけや助言を記述する。

学習指導の実際

授業づくりの際，「導入」「展開」「終末」の学習過程に合った学習指導の形態や方法を計画する。
○導入の段階では，児童の関心や必要感を高め，問題意識や目的意識を明確にすること等を行う。
○展開の段階では，明確にした問題意識や目的意識を基に，問題解決を進める。
○終末の段階では，問題解決の過程に対する振り返りを行う。

1 学習指導の形態や方法

学習のねらいを能率的，効果的に達成するためには，教材や児童の実態に応じて，学習指導の形態や方法を工夫して計画的に進める。

(1) 形態

①個別指導

一人一人の児童を対象にして行う形態である。この指導の機会は，一斉指導やグループ指導の前に，一人一人の考えをもつ際に取り入れられることが多い。自分なりの考えをもつことで，問題解決に意欲的になるというよさがある。

②グループ指導

学級の児童を少人数のグループに分けて行う形態である。問題解決に向けて，それぞれのグループ内で考えを出し合い，児童自身の協働によって学習を進めていく。問題解決への意欲をもてることや，画一的な学習になりにくいこと，協働的な意識が高まること等のよさがある。グループ編制の方法としては，等質と異質がある。学習のねらいや内容に応じて選択するとよい。

③一斉指導

学級の全員を対象に同じ内容を同じ時間に指導する形態である。一度に多くの人数を指導できる特質をもっている。また，様々な個性や能力をもった児童が一緒に学習するので，多様な考えを出し合い，練り合うことができる等のよさがある。

(2) 方法

①話合い

問題について，互いの知識や経験を出し合い，集団での思考を高め，協働して問題解決に当たる方法である。

②体験活動

ものづくりや観察，実験，図表の作成等をすることや，現実の社会事象や自然事象に直接触れることで，事実を具体的に納得したり，実感を伴って理解したりするよさがある。

③ICT活用

タブレット等のICT活用は，情報を収集したり，構成してまとめたりする際の，個別の学習を支援する上で効果的である。また，瞬時に互いの考え等を集約し，共有することができる。共有した考え等により，質の高い話合いを行うことができる。目的を明確にして活用場面を設定することが大切である。

＜このページはコピーしてそのままお使いいただけます＞

学習指導チェックシート ～学習過程や学習指導の形態・方法について～

児童が主体的に問題解決を行い，単元・題材等の目標及び授業のねらいを達成できる具体的な構想をするために，この「学習指導チェックシート」を活用しましょう。

第5章

1　学習過程　※児童の視点でチェックしましょう。

(1) 導入の段階（問題意識，目的意識をもつ）
- □学習に対する興味・関心が高められる。
- □学習のめあてを明確にできる。
- □学習対象への問題意識や目的意識をもてる。
- □追究（求）する問題を児童が共有できる。

(2) 展開の段階（問題解決を行う）
- □問題に対する自分なりの考えをもてる。
- □目的に合った追究（求）が行える。
- □体験的・操作的な活動が行える。
- □考えの変容が起こる。

(3) 終末の段階（問題解決の振り返りを行う）
- □めあての達成度の振り返りを行える。
- □自分自身の成長と次への問題を自覚できる。
- □学習事項の定着を図ることができる。
- □問題解決の振り返りを行える。

2　学習指導の形態・方法　※児童の視点でチェックしましょう。

(1) 形態

①個別指導
- □資料を吟味できる。
- □主体的に進められるような見通しをもてる。
- □取り組むことが具体的に分かる。
- □終末の段階で，自身の向上を実感できる。

②グループ指導
- □焦点化された論点で話し合える。
- □話合いを協働的に行える。
- □話合いの際の道具を有効に活用できる。

③一斉指導
- □焦点化された論点で話し合える。
- □一人の考えを全体に広げられる。
- □整理された板書を基に話し合える。

(2) 方法

①話合い
- □目的を明確にして話し合える。
- □自分の意見をもって臨める。
- □発言しやすい雰囲気がある。
- □話合いのルールが分かる。

②体験活動
- □活動の目的をはっきりつかめる。
- □安全に用具を使える。
- □安全に活動を行える。
- □記録等が分かりやすくできる。
- □学習対象をありのままに感じられる。
- □分担や役割が自覚できる。
- □目標達成への期待と興味が持続する。
- □必要に応じて中間発表の機会がある。
- □事前や事後の学習を効果的に行える。
- □多様な情報の中から必要な情報を記録できる。

③ICT活用
- □機器の操作が分かる。
- □資料や情報を有効に活用できる。
- □扱う情報を把握できる。
- □ルールやマナーが身に付いている。

2　学習指導の技術

実際の指導に当たっては，以下の点に留意することが望ましい。

(1) 児童理解

児童一人一人をよく観察し，理解しておくことが必要である。児童理解が適切に行われなければ，適切な教材研究は行えず，児童の実態に応じた発問等をすることもできない。児童を観察をする際には，共感的な姿勢で見取る。そうすることで，児童に，教師が自分の学習を肯定的に受け止め，励まされていることが伝わる。

(2) 学習への動機付け

動機付けは，他からの指摘や称賛等による「外発的動機付け」と，知的好奇心や向上心を喚起する等の「内発的動機付け」の二つがある。内発的動機付けを重視しつつ，両方を組み合わせる。

(3) 発問と指示・助言

発問や指示・助言は，学習の過程と学習内容及び教材，児童の意識等を有機的に結び付け，児童の思考を深めて学習目標を達成するために行う。したがって，発問や指示・助言は思い付きで発せられるものであってはならない。発問と指示・助言はその目的に応じて分けることができる。

・児童の興味や能力，知識等を知って，以後の指導に生かすためのもの
・児童に学習への目標や興味をもてるようにしたり，思考を刺激したりするためのもの
・児童の考えの変化をつかみ，児童に自己評価を促す等のもの

(4) 児童への対応

正答よりも誤答を大切にすることが必要である。児童全員が「できる」・「分かる」ことであれば，学習する必要はない。正答からは次への発展性はないが，誤答は学習を先に進める効果をもっている。また，児童の特性に応じることも欠かせない。同じ答えでも児童によっては，称賛することが必要な時もあれば，さらに詳しい説明を求めることが必要な時もある。特に内向的な児童には，発表できたこと自体に喜びを感じられるように，価値付けや称賛することが欠かせない。

(5) 板書

板書は1時間の学習の流れを構造的に表したものである。板書計画を立てることは，本時の展開を学習指導案に書くことと同じ意味をもつ。また，学習内容を的確に，分かりやすく伝える機能をもつため，板書は最も効果的な視覚教材の一つでもある。

(6) 立ち位置と机間巡視

教師の立つ位置もまた重要である。黒板の前の中央にいただけでは見えないことも，移動することで見えてくることがある。それと同時に，児童の学習の様子も多面的に見えるようになる。例えば，教室の左側にいる児童が発表している時には，教師は教室の右側に移動することも必要である。なぜなら，児童は教師の方を向いて発言しようとする傾向があり，対角線上に位置することで，児童の発言を全体に広げる効果があるからである。

＜このページはコピーしてそのままお使いいただけます＞

学習指導チェックシート　～指導技術について～

　児童が主体的に問題解決を行い，単元・題材等の目標及び授業のねらいを達成できる具体的な構想をするために，この「学習指導チェックシート」を活用しましょう。教師の視点でチェックしましょう。

(1)　児童理解　※69ページ「1　児童の実態をつかむ」に加えて，次の内容をチェックしましょう。

□身に付けていることや，身に付けていないことを把握する。

□興味・関心や思考の傾向性を把握する。　　□健康状態や気持ちを理解する。

(2)　学習への動機付け

□児童が学習や生活経験を結び付ける機会がある。

□児童が問題意識や目的意識を明確にもてる活動を設定する。

□児童が興味・関心をもつ事実がある。

□児童が自己実現への思いをもてる機会がある。

□児童が必要感や使命感をもつ機会がある。

(3)　発問や指示，助言

□正確な表現で具体的かつ，端的に話す。　　□教具は扱いやすいように配置する。

□恣意的に答えを要求する発問をしない。　　□発問や指示，助言について児童が考える十分な時間がある。

□児童の意欲や疑問を触発する声掛けをする。

□個人に向けられても，全員が考えられる。　□発問や指示，助言の目的は多様にあるため，

□個人差に応じた内容である。　　　　　　　　目的に応じた内容や，答え方を想定する。

(4)　児童への応答

□正答よりも誤答を大切にする。　　　　　　□指示や助言を，威圧的に行わない。

(5)　板書

□学習のめあてや問いを示す。　　　　　　　□児童の特性に応じて内容を示す。

□1時間の学習の流れを明確にする。　　　　□児童の様子を把握し，適切なタイミングで書く。

□重要なことや要点を示す。

□発達に応じた速さや字の大きさ等で書く。　□色チョーク等を用いて，簡潔かつ印象的な構造にする。

□正しい筆順で書く。

(6)　立ち位置と机間巡視

□児童が常に黒板を見えるようにする。　　　□個別にその児童の問題点を解決するための助言や指導を行う。

□児童の考えや実態を見取る。

□ノートに書かれた内容を把握し，次の指導に生かす。

□グループ学習を協働的に行うための助言や指導を行う。

IV 研究授業

　研究授業とは，他の教師が授業を参観し，授業に対するよさや改善点を話し合うことで，教師としての自らの課題を明確にし，自らの授業力を向上させるとても貴重な機会である。

1 研究授業の意義

　研究授業に臨む際には，学年や教科等で関わる教師の指導や助言を受け，自らの総力を挙げて教材研究や学習指導案の作成を行い，児童の資質・能力の育成を目指した授業づくりを行う。教育実習の場合には，実習のまとめとして実習生が授業を公開し，同学年に属する教師及び実習生が参観する。さらに，管理職，大学の学部の教師が加わることもある。

　授業を成立させる要素として，「児童（学習活動）」と「教師（学習指導の工夫）」と「教材」の三者を挙げることができる〈図5〉。授業研究会では，児童，教師，教材の相互作用が意図されなければならない。以下に示した意義を踏まえ，事前に十分な検討を重ね，学習指導案作成，教材準備等を行う。

〈図5〉教材研究の三つの視点

①児童と教師との相互関係を追求していく視点

　授業前や授業中には，常に児童の実態を把握しておく必要がある。その上で，教師の発問や助言の内容，設定した学習指導の工夫等と，児童の実態との整合を判断する。

②児童と教材の相互関係を追求していく視点

　教材の価値や構造，教材が児童の実態に即していること，学習内容を満たしていること等である。教材の質，量，体系等が，児童の変容の過程を決定する。

③教師と教材の相互関係を追求していく視点

　教材を提示する順序や方法，学習形態等である。この視点は，授業展開の具体的な方法にも関係しているが，「①児童と教師との相互関係を追求していく視点」とも深い関わりをもっている。加えて，児童の実態と教材の相互関係から，児童と教材とを結び付けるために最も適当な発問や助言，演示等が決定される。

2 研究授業に関わる役割

　「事前説明会」「授業」「授業研究会」における役割と，具体的な仕事内容は以下の通りである。

（1）事前説明会

○司会者

　研究授業を行う前に，授業者による学習指導案の説明会を行う。その際に，司会者は説明会の内容と時間の予定を明示する。進行を行い，研究授業の参観者が視点を明確にして臨めるようにする。

○記録者

　事前説明会での，授業者による指導案説明と質疑の様子を記録し，授業者が研究授業に臨む際に明らかにした方がよい点や課題等を踏まえて授業準備ができるように補助する。

（2）授業

○参観者

　授業者以外は参観者として，事前説明会や個々に学習指導案を読み込んだことを基に，発言やつぶやき，ノート等の記述を基にした児童の変容と，教師の学習指導の工夫等の関わりを見取る。事前に「自分が授業者ならばこのようにしたい」という代案をもって授業を参観し，授業記録の所見欄に記述する。授業記録は，授業後の研究会の資料として活用する。

（3）授業研究会

○参加者

　授業後の研究会は，指導内容の妥当性，児童の実態把握の妥当性，展開と支援の妥当性等について検討する機会である。授業者は，授業意図，配慮事項，授業の反省等の説明をするとともに，論点を提示し，議論が深まるように心掛ける。また，参加者は，自身の授業の見方を生かして積極的に発言する。観察した事実を基に意見を述べることは，自身の授業力を高めることになる。発言することは，授業を提示してくれた授業者への礼儀である。その際，謙虚な態度で行うことが大切である。

○司会者

　事前説明会の司会と同様に会の流れを示す。その際，会の論点を焦点化するために，予想される課題を検討，考察しておくことが大切である。最後に指導講評を仰ぎ，今後の授業研究の課題を明確にする。

○記録者

　事前説明会の記録と同様に，授業研究会で討議されたり，指導講評で話されたりした内容を記録にとり，授業者が今後の授業改善に生かすことができるようにする。

流れ	司　会　者	授　業　者	参　加　者
事前	○事前に授業者と打合せを行い，「授業の視点」や討議の方向性を明らかにする。	○本時の中心的な活動やその際の手立てを，「授業の視点」として参加者に伝える。	○授業参観後，研究会の前に「授業の視点」に沿った自分なりの代案をもっておく。
授業説明5分	○時間内に進行できるように留意する。	○授業説明を行う。 　1　本時のねらいについて 　2　授業の視点について ○授業研究会で明らかにしたい点を「授業の視点」として具体的に説明する。	
質疑5分	○質問を集約したり，要約したりする。 ○質問の内容が分かりにくい場合は，質問者に問い返す。	○質問された内容について端的に答える。	○「授業の視点」や授業者の意図について，明らかにしたい点を1回の発言で一つ質問する。 ○質疑では質問のみを行い，意見は述べない。
討議20分	○司会も，質問・意見を言う。 ○討議の中心になっている内容を整理したり，発言を促したりする。	○参加者の意見を聞きながら，授業者も討議に参加する。 ○討議を深めるために，話題の中心を適宜変更しながら意見を求めるとよい。	○「授業の視点」を意識するとともに，前の発言と関連付けながら自分の意見を述べる。 ○授業中の児童の姿を根拠に発言するよう意識する。 ○建設的な討議にする。
指導講評	○授業のまとめの話や改善のポイント等を話していただくよう講評者に伝える。		

授業研究会の進め方の例

＜このページはコピーしてそのままお使いいただけます＞

授業参観チェックシート

> 　自らの授業力向上を目指して，貴重な1単位時間を充実したものにするために，授業を参観する際は，この「授業参観チェックシート」を活用しましょう。また，自分の授業を振り返る視点としても使いましょう。

1　参観前

(1)　参観のめあて

□参観する目的を明確にもつ。

□自分がこの授業をすることを仮定する。

□児童の動きや教師の支援等，普段自分が抱いている課題を解決する方法を模索する。

(2)　学習指導案の見方

□単元・題材等で育成を目指す資質・能力から具体的な児童の姿を想定する。

□目指す資質・能力の育成のために，授業者が捉えた単元・題材等に関わる価値を理解する。

□指導と評価の計画の適正さを吟味する。

□学習環境や活動，形態，教材の意図を理解する。

□本時を児童・教師・教材の各視点から捉え，その関係性を理解する。

□単元・題材等における各過程での児童の意識の流れを想定する。

2　参観中・参観後

(1)　児童の見方

□児童に，目指す資質・能力が育まれている。

□児童は，学習に対して問題意識や目的意識をもっている。

□児童は，学習経験や生活経験を生かしている。

□児童に，各教科等の学び方が身に付いている。

(2)　学習環境の見方

□風通しや日の当たり方，温度等の条件が整備されている。

□学習活動を円滑に行えるように教材を配置している。

(3)　指導の見方

□児童の自主性を尊重しようとしている。

□教師と児童の協力的な関係にある。

□一人一人に応じている。

□児童のよさを取り上げ，励ましている。

□発問の意図が明確であり，応答も適切である。

□個人差を考慮した問いかけをしている。

□一人の児童の発言を他の児童へ広げている。

□板書の内容・タイミング・構成（位置や大きさ，色チョークの使い方）等は適切である。

□話し方（音量・速さ・用語）は適切である。

□教具の扱い方を十分に理解し，タイミングや扱い方は適切である。

□机間巡視を行い，児童一人一人の状況を積極的に捉えている。

(4)　参観者の態度

□授業がよい・よくないという評価をせず，教師の意図を読み取る。

□授業者や児童にきちんと挨拶をする等，敬意を払う。

□教師や児童等，参観する視点を明確にした上で，参観した内容を正確に記録する。

□参観によって得た事実を基に，自分が授業を行うことを想定し，代案を考える。

第6章

各教科等の特色と学習指導案の書き方

この章は，各教科等の特色や，学習指導案の書き方への理解を深めたい全ての人に向けた内容です。

各教科等の目標や学習過程は？
授業づくりをするときのポイントは？
学習指導案の書き方は？

各教科等の授業実践のためには，特色を理解することが欠かせません。
この章を読むと，日々の授業を今よりもさらに各教科等の特色に応じた授業へと改善するために役立ちます！

国　語　科

(1) 国語科の目標

> 　言葉による見方・考え方を働かせ，言語活動を通して，国語で正確に理解し適切に表現する資質・能力を次のとおり育成することを目指す。
> (1)　日常生活に必要な国語について，その特質を理解し適切に使うことができるようにする。
> (2)　日常生活における人との関わりの中で伝え合う力を高め，思考力や想像力を養う。
> (3)　言葉がもつよさを認識するとともに，言語感覚を養い，国語の大切さを自覚し，国語を尊重してその能力の向上を図る態度を養う。

　「言葉による見方・考え方」とは，児童が学習の中で，対象と言葉，言葉と言葉との関係を，言葉の意味，働き，使い方等に着目して捉えたり問い直したりすることである。国語科における学習対象は，言葉を通じた理解や表現及びそこで用いられる言葉そのものである。このため，「言葉による見方・考え方」を働かせることが，国語科において育成を目指す資質・能力をよりよく身に付けることにつながることとなる。

　「国語で正確に理解し適切に表現する資質・能力」とは，国語で表現された内容や事柄を正確に理解する資質・能力，国語を使って内容や事柄を適切に表現する資質・能力である。これは，必要となる国語の使い方を正確に理解する資質・能力と，国語を適切に表現する資質・能力を含むものである。また，正確に理解する資質・能力と，適切に表現する資質・能力とは，連続的かつ同時的に機能するものである。

(2) 国語科の内容

　国語科の内容は，学習指導要領において，「知識及び技能」及び「思考力，判断力，表現力等」から構成されている。

　「知識及び技能」の内容は，「(1)言葉の特徴や使い方に関する事項」，「(2)情報の扱い方に関する事項」，「(3)我が国の言語文化に関する事項」から構成されている。

　「思考力，判断力，表現力等」の内容は，「Ａ話すこと・聞くこと」，「Ｂ書くこと」，「Ｃ読むこと」からなる３領域で構成され，さらに(1)に指導事項が，(2)に言語活動例がそれぞれ示されている。言語活動を通して資質・能力を育成する国語科においては，(2)に示した言語活動例を参考に，児童の発達や学習の状況に応じて設定した言語活動を通して，(1)の指導事項を指導することとなる。

　なお，資質・能力の三つの柱は相互に関連し合い，一体となって働くことが重要であるため，「知識及び技能」と「思考力，判断力，表現力等」とを別々に分けたり，順序性をもたせたりして指導するものではない。

（3）国語科の単元の学習過程

国語科の単元の学習を進めていく過程は次のようなものである。

過　程	学　習　活　動
つかむ	学習課題を設定する 学習課題の解決の見通しをもつ
ふかめる ※学習課題の解決に向け，単位時間ごとのめあてを段階的に設定する。 ※学習課題の解決に向け，□□の中を単位時間ごとに繰り返す。	めあてを立てる 言語活動を通しためあての達成に向け，考えをもつ　⟳　言語活動を通しためあての達成に向け，考えを聞き合う めあての達成状況を振り返る
ふりかえる	学習課題の解決状況を振り返る 学んだことの生かし方を考える

第6章

（4）国語科の学習の特色

①言語活動の設定及び設定の際の留意点

　言語能力を育成する中心的な役割を担う国語科においては，言語活動を通して資質・能力を育成する。その言語活動は，児童にとって解決すべき課題を含むものであり，活動する意味を感じられるものであることが重要である。言語活動を設定する際には，以下の３点に留意する。

必要感	課題解決に対する必要感をもてるように，「おもしろそう」「役に立ちそう」と感じられる言語活動を設定する。
困難さ	課題解決の適度な困難さを自覚できるように，課題解決の際に児童が用いる資質・能力を段階的に想定し，未習の内容を中心的に扱うことができる言語活動を設定する。
多様性	多様な考えの形成を保障するために，「表現する相手」「表現する目的」「表現する内容」「表現する方法」「表現する内容の根拠」等の視点で，他者とのずれが生まれる言語活動を設定する。

②「必要感」「困難さ」「多様性」の共有

　言語活動に取り組む意味を感じられるようにするには，設定の際に留意した「必要感」「困難さ」「多様性」を児童と共有することも重要である。以下のように，情報の提示の仕方を工夫し，共有を図る。

○よいモデルや悪いモデルを提示したり，複数のモデルの比較をする機会を設定したりする。（必・困）
○実物や視聴覚資料を提示したり，初発の疑問や感想を問いかけたりする。（必・多）
○学習課題の解決や，解決までの具体的な進め方を問いかける。（困・多）
○これまでに学んだことや，できることとできないことを問いかける。（困・多）
○関連する他教科・領域の学習内容を提示したり，問いかけたりする。（必）
○学習の意味や学習が生かせる場面を提示したり，問いかけたりする。（必）

価　値

言語活動や教材特有の価値について，以下の内容を明らかにして記述する。言語活動や教材特有の価値には，活動や教材の内容，構成，表現，文法，語彙等を含んで記述する。

❶【知識及び技能】

「話す・聞く」「書く」「読む」ことに関わる課題を解決するための知識及び技能を高めることに寄与すると考えられる要素と，それによって高められる知識及び技能を記述する。

❷【思考力，判断力，表現力等】

「話す・聞く」「書く」「読む」ことに関わる課題を解決するための知識及び技能を適切に用いたり，課題解決に向けて形成した考えを他者と関わらせながら深めたりする力を高めることに寄与すると考えられる要素を記述する。また，その要素によって高められる思考力，判断力，表現力等を記述する。

❸【学びに向かう力，人間性等】

言葉がもつよさを認識し，進んで「話す・聞く」「書く」「読む」ことに関わる知識及び技能を用いたり，形成した考えを他者と関わらせたりしながら，課題解決に取り組み続けようとする態度を育成することに寄与すると考えられる要素と，それによって育まれる学びに向かう力，人間性等を記述する。

❹【言語活動】

言語活動の価値については「知識及び技能」「思考力，判断力，表現力等」「学びに向かう力，人間性等」のいずれかに焦点化しにくい場合は，複数の資質・能力にまたがって枠を設け，価値を記述する。

【単　元】いいなを聞くには，どうしよう？

考　察	知識及び技能
育成を目指す資質能力	・言葉のもつ，事物の内容を表す働きや，経験したことを伝える働きについての知識及び技能　　（(1) ア）
児童の実態	・「どうして」が理由を尋ねる言葉であることは理解している。 ・「どんな」「どれくらい」「どうして」等を用いた質問で，相手の話を詳しくすることができることを理解していない。
価　値	❹「どんな」「どれくらい」「ど話の内容を詳しくすることが道具を伝え合うために必要な ❶・「どんな」「どれくらい」「どうして」等の言葉は，「大きさ」「速さ」等のように，後ろに伴う言葉を多様化し，話の内容を詳しくする言葉の働きについての理解を深めることができる。
見方・考え方	「どんな（状態)」「どれくらい（程めに用いる言葉との関係を捉えたり
今後の学習	2年「みちあんないをしよう（『こり，自分が聞きたいことを落とさな

令和●年●月●日（●） 第2学年●組（2年●組教室） 指導者 ●●●●

（「あったらいいな，こんなもの」光村図書2年上）

思考力，判断力，表現力等	学びに向かう力，人間性等
・身近なことや経験したことなどから話題を決め，伝え合うために必要な事柄を選ぶ能力 　　　　　　　　　　（A(1) ア）	・言葉がもつよさを感じるとともに，楽しんで読書をし，国語を大切にして，思いや考えを伝え合おうとする態度
・興味や関心の度合いや伝えたい思いの強さを手掛かりにして話題を決めることはできる。 ・自分が伝えたい対象についての，状態や程度，理由等といった話の内容を詳しくする事柄を収集し，それらの必要性を判断したり，話の内容として選んだりすることに弱さがある。	・休み時間等に，教師や友達に現実の世界にはない便利な道具や魅力的なおもちゃ等の説明を進んでしようとする。 ・自分の思いや考えを伝える際に，用いる言葉に着目して，言葉で詳しく伝えることのよさを感じ取ることに難しさがある。

うして」等の言葉を用いて質問し合う活動は，聞き手が知りたいことを聞くことで，互いのできることを実感することができる。また，対話的な環境の中で，「あったらいいな」と思う事柄を選ぶ力を高めることができる。

👆❷・友達と質問し合う中で出てきた，自分の「あったらいいな」と思う道具を伝え合うために必要な事柄（道具の状態，程度，あったらいいと思う理由等）は話の内容の多様性を保障する。そのため，多様な内容を選択する活動は，伝え合うために必要な事柄を選ぶ力を高めることができる。

👆❸・漫画等の世界を手掛かりに，自分の「あったらいいな」と思う道具を考えることは，自分の「あったらいいな」という思いが高まるため，よりよい話し方を追求する課題に粘り強く取り組むことができる。

度）」「どうして（理由）」等の言葉の働き，使い方に着目しながら，自分が伝えたい対象と伝えるた問い直したりして，詳しく伝える話し方に気付くこと。

とばでみちあんない』）」において，話す事柄の順序を考えながら待ち合わせ場所への経路を説明したいようにメモを取りながら友達の話す経路を聞いたりする学習へと発展していく。

（6）国語科学習指導案例

―指導と評価の計画―

☞❶ 目　標

　単元の目標は次の三つを含むように記述する。

> ・学習課題を解決するために必要な，言葉の特徴や使い方，情報の扱い方，我が国の言語文化に関する知識及び技能
> ・学習課題を解決するために必要な知識及び技能を適切に用いたり，課題解決を通して形成した考えを他者と関わらせながら深めたりする力
> ・言葉がもつよさを認識し，進んで学習課題を解決するために必要な知識及び技能を用いたり，形成した考えを他者と関わらせたりしながら，課題の解決に取り組み続けようとする態度

　ただし，特に重点化して指導したい言語能力がある場合，それが明確になるように記述してもよい。

【「話すこと・聞くこと」の例】
6年「友達と話を聞き合おう」（『聞いて，考えを深めよう』）
・目的や話題に沿って話す言葉の中に意見とそれを支える根拠を見いだし，自分の考えと比べながら友達と話を聞き合って自分の考えを広げることができる。

【「書くこと」の例】
2年「おもちゃの説明書を作ろう」（『馬のおもちゃの作り方』『おもちゃの作り方をせつめいしよう』）
・おもちゃを作る手順を考えながらおもちゃの作り方を説明する文章に必要な情報を収集し，順序に気を付けながら，おもちゃの作り方を説明する文章を書くことができる。

【「読むこと」の例】
3年「つながりのひみつを探ろう」（『ありの行列』）
・指示する語句・接続する語句や段落の役割を知り，それらを根拠に説明的な文章の構成のよさを捉えるとともに，構成のよさについて自分の考えをもつことができる。

指導と評価の計画

☞❶

目標	自分の考えを説明したり，聞いた説明の内
言語活動	「あったらいいな」と思う道具に関する自分
評価規準	（①知 ・ 技）言葉には，事物の内容を表 （②思・判・表）「話すこと・聞くこと」における。（A(1) ア） （③主体的態度）積極的に友達の話の中からとしている。

過程	時間	学習活動	
つかむ	1	○「あったらいいな」と思う道具を発表し合い，学習課題を設定し，学習計画を立てる。 ┌学習課題───── 詳しく話したり聞いたりできるように，友達と「あったらいいな」と思う道具を聞き合おう	
ふかめる	2	○「あったらいいな」と思う道具を決め，絵に描く。	
	3	**○グループの友達に「あったらいいな」と思う道具を説明したり，質問したりする。** （本時2／3）	
	1	○グループで「あったらいいな」発表会を行い，感想をまとめる。	
ふりかえる	1	○「あったらいいな」発表会の感想を発表し，単元の学習の振り返りをする。	

☞❷ 評価項目

　目標として設定した「知識及び技能」「思考具体化し，記述する。
（① 知 ・ 技 ）の例　2年　1年間の思い出「視線」「声の大きさ」「速さ」に注意して発
（②思・判・表）の例　3年　オリジナルの物創作する物語の場面ごとの内容が「始まり」

（③主体的態度）の例　5年　優れた表現に着人物像や物語の全体像を具体的に想像したり記述したりしている。

容に沿った質問をしたりすることができる。

の考えを説明したり，友達と質問し合ったりする活動

す働きや，経験したことを伝える働きがあることに気付いている。（(1) ア）
いて，「あったらいいな」と思う道具を一つ決め，説明するために必要な事柄や説明を詳しく聞くための質問を選んで

状態や理由，程度を捉えて聞きながら，学習課題の解決に向けて，必要な事柄を選びながら話したり聞いたりしよう

指導上の留意点	評価項目＜評価方法（観点）＞※太字は「記録に残す評価」
○「あったらいいな」と思う道具を詳しく知るための語句（「どんな色」「どうして」等）を使うことの重要性に気付くことができるよう，「はたらき」「大きさ」「わけ」等の説明が不十分なモデルを提示する。	◇これまでの話したり聞いたりする学習を基に，詳しく聞くことに興味をもち，学習課題について発言したり記述したりしている。　　　　　　　　　　　　　　＜発言・ノート③＞
○道具の使い方をイメージしながら自分の「あったらいいな」と思う道具の「はたらき」や「大きさ」等を決めることができるよう，道具を必要としている具体的な人を設定したモデルを提示する。	◇自分が「あったらいいな」と思う道具の絵に，道具の使用者等の簡単な説明を記述している。　　＜学習プリント②＞
○「あったらいいな」と思う道具について詳しく話したり聞いたりできるよう，同じ種類の質問を色別のカードに記入し，Yチャートで整理・分類できるアプリケーションを入れたタブレットをペアに一台配付する。	◇「どんな」（状態を表す語句）や「どれくらい」（程度を表す語句），「どうして」（理由を表す語句）等の語句をバランスよく使い，話したり聞いたりしている。　　　＜発言①②③＞
○互いの話の内容が詳しくなっていることに着目できるよう，「はたらき」「形，色，大きさ」「あったらいいなと思うわけ」を，発表を聞く際の観点として提示する。	◇「はたらき」「形，色，大きさ」「あったらいいなと思うわけ」が万遍なく含まれている話し方ができたことや友達の話の内容がそれらをバランスよく使っていること等に触れながら，感想を記述している。　　　　　　　　　　　＜ノート②＞
○質問し合うことが話を詳しくすることにつながることを実感できるよう，「これからの生活や学習の中で，質問をするときに気を付けること」の観点を提示する。	◇学習課題の解決状況に関わって，進んで詳しく聞くことに触れ，今後に生かせそうな話の聞き方について発言したり記述したりしている。　　　　　　　　　　　　＜発言・ノート③＞

力，判断力，表現力等」「主体的に学習に取り組む態度」を，言語活動を行う中での児童の姿として

を伝えよう（『楽しかったよ，二年生』A (1) ア）
表している。＜発表の様子①＞
語を作ろう！（『たから島のぼうけん』B (1) イ）
「出来事」「解決」「むすび」の順序でつながるように，場面ごとのカードを並べ替えている。
　　　　　　　　　　　　　　　　　　　　　　　　　　　　　　　　　＜場面カード②＞

目して読み，物語の魅力をまとめよう（『大造じいさんとガン』C (1) エ）
り，表現の効果に着目したりしたことに関わって，文学的な文章を読む際に生かせそうなことを発言
　　　　　　　　　　　　　　　　　　　　　　　　　　　　　　　　　＜発言・ノート③＞

（7）国語科学習指導案例　ー本時の学習ー

☞❶ ねらい

　本単元で育成を目指す資質・能力に照らしたときに，本時の中心的な学習活動と，その活動を通して育成を目指す言語能力を端的に記述する。

【「話すこと・聞くこと」の例】6年「友達と話を聞き合おう」（『聞いて，考えを深めよう』）
・友達からもらった判定カードを用いながら，グループの友達と考えの改善策を話し合うことを通して，自分の考えの意見と根拠のつながりを，説得力があるものに修正することができる。

【「書くこと」の例】2年「おもちゃの説明書を作ろう」（『馬のおもちゃの作り方』『おもちゃの作り方をせつめいしよう』）
・友達の書いたおもちゃ作りの説明書に従っておもちゃを作ることを通して，分かりやすい説明書の視点に即して友達の文章のよい点や改善点を指摘することができる。

【「読むこと」の例】3年「つながりのひみつをさぐろう」（『ありの行列』）
・教材文の段落のうち，大事と考えられる部分について考えたことを聴き合うことを通して，全ての段落にはそれぞれ異なる役割があることを理解することができる。

☞❷ 指導上の留意点

「（児童が）〜できるよう，（教師が）…する」のように，「目的」＋「学習指導の工夫」の形式で記述する。

「目的」とその書き方の例

目的	例
既習内容の想起	説得力のある話し方についての課題の解決状況を想起できるよう，
学習の見通しをもつ	主張と根拠の明確な文章の書き方について問題意識をもてるよう，
考えをもつ	第2段落の役割についての考えを明確にもてるよう，
考えを共有する	自他の想像したことの共通点や相違点に気付けるよう，
考えを広げる，深める	話を聞く観点を明確にして話したり聞いたりできるよう，
学習を振り返る	学習の達成感や課題を実感し，次時の学習への見通しをもてるよう，

※活動の成立を目的にしない。× 「〜について話し合えるよう，」
　　　　　　　　　　　　　○ 「友達と自分の考えの違いに気付けるよう，」
※目的を書くときは，上記を例にしながら単元の内容に合わせて具体化する。

「学習指導の工夫」とその例

学習指導の工夫	留意点
問いかけ	「〇〇（登場人物）はどう思ったのかを問いかける」のように問いの文をそのまま書かずに，「〇〇の心情を問いかける」のように，問いかける内容を一般化した言葉で記述する。
促し	「〜を参考にして記述するよう促す」「〜に気を付けて音読するよう促す」等，児童が意識すべき点を明確にして記述する。
助言	活動が進まない児童への支援として用いることが多い。「〇〇という言葉に着目して話を聞くよう助言する」等，助言する内容を具体的に記述する。
称賛	学習内容に即して，「観点に沿って記述できたことを称賛する」「根拠を明らかにして発言できたことを称賛する」等，望ましい姿を具体的に記述する。
提示演示	「意見と根拠を色分けした本文を提示する」等，提示及び演示する資料や活動の特徴を具体的に記述する。
板書	「長所の段落の内容と短所の段落の内容を対比して板書する」等，児童の思考を整理するために必要な内容，配置，色等に関わる工夫を具体的に記述する。

※「提示」「板書」等の学習指導の工夫については，「〇〇を提示し，〜に着目するよう促す」「〇〇を対比して板書し，両者の違いを問いかける」等，他の学習指導の工夫と組み合わせて記述するとよい。

本時の学習（5／8時間）

☞❶ **ねらい**　「あったらいいな」と思う道具を友達と伝え合うことを繰り返すことを通して，話の内容を具体的にする働きをもつ語句の理解を深め，詳しく話したり聞いたりするための言葉を選ぶことができる。

評価項目　「どんな」（状態を表す語句）や「どれくらい」（程度を表す語句），「どうして」（理由を表す語句）等の語句をバランスよく使い，話したり聞いたりしている。＜発言①②③＞

学習活動と児童の意識	☞❷ 指導上の留意点
1　**本時のめあてをつかむ。** ・「どんな形の靴なの」と「どんなことができるの」と質問されたけど，「どれくらい」カードはもらってないな。 ・質問されるということは，もっと詳しく話さないとだし，質問してあげたらもっと詳しくなるね。　　　　　　　　　　（課題意識） めあて：発表会で詳しく話せるように，いろいろな質問で聞いたり話したりしよう	○具体的な内容を聞き出す語句の多様性に目を向けることができるよう，前時に用いた質問カードや自分が受けた質問の言葉を問いかける。 ○発表者と質問者の双方が本時の学習の必要感をもてるよう，双方の立場でカードが増えることと発表との関係を問いかける。
2　**グループの友達に「あったらいいな」と思うものを説明したり，質問したりする。** ・道具の名前や使い方の他にも，「どんな形をしていますか？」と聞くと，道具の細かい説明が聞けるのだな。「色や形」のことをもっと詳しく聞くと，青色カードが増えそうだから，私も「どんな」カードを使って質問したいな。 ・友達の「飛べる靴」は，どれくらいの高さまで飛べるのかなあ。ペアの友達に相談して，「どれくらいまで飛べますか？」というカードを作って聞いてみよう。 ・「どれくらいまで飛べますか？」は黄色の「どれくらい」の仲間だね。青色のカードを増やしたいから，今度は他の友達が使った青色の「他には，どんなことができますか？」の質問カードも使ってみたいな。 ・他の人が使った質問カードを使って，質問してみようかな。黄色の「どれくらい」の質問カードもたくさんあるから，使えそうな質問がいろいろありそうだよ。 ・私たちのペアはいろいろな種類の質問カードが並んでいるな。「どんな」も「どれくらい」も「どうして」もあるから，詳しく話が聞けたと思う。　　　　　　　　（課題を解決した意識）	○質問する際に用いる言葉に着目できるよう，タブレットにあるアプリケーションソフトを用いた質問の仕方を演示し，よさを問いかける。 ○説明したり質問したりする際に，自分が話した内容を質問カードの形式で可視化して友達と共有できるよう，ペア同士の机が向かい合わせに配置された場で，ペアで一台のタブレットを用いるよう促す。 ○話を聞く観点を常に意識することができるよう，アプリケーションソフト「ロイロノート」上にあるYチャート図を，「理由を表す語句」「状態を表す語句」「程度を表す語句」で区切って提示し，作成した質問カードを配置しながら質問するよう促す。 ○発表者や質問者の思いや考えを具体的にしながら話したり聞いたりすることができるよう，「わけ」（理由を表す語句），「はたらき」（状態を表す語句），「大きさ」（程度を表す語句）の全てを質問しているペアを称賛する。 ○話を詳しくする質問の仕方についての理解を深めることができるよう，用いることができた質問カードの枚数や種類を問いかける。
3　**本時の学習の振り返りをする。** ・今日はペアの友達と協力して，いろいろな質問ができたよ。ペアの友達は「どうして」を聞こうとしているけど，最初の発表で，飛べる靴があったらいいなと思う「わけ」は話してたから，赤色カード以外を増やしたことがよかったと思うよ。	○話の内容が具体的になったことを実感できるよう，各ペアのYチャート図をテレビモニターに提示し，詳しく話すために，ペアでできたことを問いかける。

（8）国語科の学習の工夫

板書計画

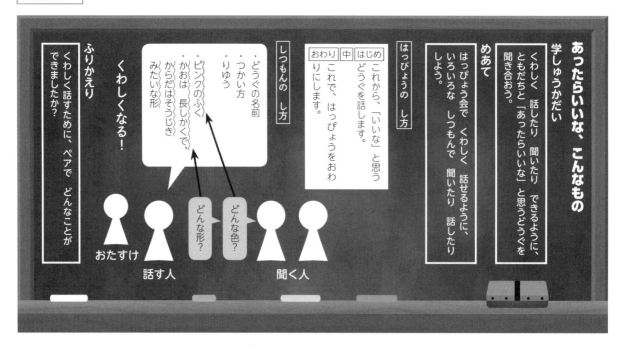

○本時のめあて

　めあての言葉は，学習課題の解決に向けた児童の課題意識や目的意識と，解決のための方法を言語化する。想定される児童の反応を基にめあてに用いる言葉を用意しておき，前時の学習や学習の意義を問いかけた際の実際の児童の言葉に置き換えて板書する。児童の言葉を用いることで，本時に取り組む学習活動に対する必要感を高めることができる。

> より説得力のある立論になるように，主張と根拠のつながりに気を付けて立論を修正しよう。
> 　　　　　　　　　　　　　　　　　　　　　　　　　　　　　　（話すこと・聞くこと）
> 伝えたいことが伝わるように，問いと答えがつながった中の段落を書こう。　　　（書くこと）
> 考えと事例のつながりを確かめるために，対比に気を付けて読もう。　　　　　　（読むこと）
> 場面の様子がはっきりするように，想像したことを聞き合おう。　　　　　　　　（読むこと）

○言語活動の手順

　話型を提示したり，ペアやグループでの活動の仕方を示したりする。言語活動の手順を示すことで，児童は具体的な活動内容を理解し，見通しをもって言語活動に取り組むことができる。

○振り返りの視点

　本時の終末に振り返りの視点を示すことで，児童自身がめあてに沿った学習の評価を行い，学習の意義や自分の取組を自覚することができる。

> **振り返りの視点の例**
> ・「知識及び技能」の側面で振り返りを促したいとき
> 　「分かったこと」「まだよく分からないこと」「できるようになったこと」等
> ・「思考力，判断力，表現力等」の側面で振り返りを促したいとき
> 　「学習の中で考えたこと」「友達に伝えたこと」「友達の考えで参考になったこと」等
> ・「学びに向かう力，人間性等」の側面で振り返りを促したいとき
> 　「自分や友達のよかったところ」「これからの学習や生活に生かせること」等

学習環境の整備

　言語活動においては，言葉による見方・考え方を働かせることを促す学習環境を整えることが大切である。次に示す学習環境を整えることで，児童は言葉を基に既習事項を振り返りをしたり，新たな課題解決の手掛かりを得たりすることができる。

学習環境の例
・使用した学習プリントを年間を通して綴る国語ファイル
・単位時間ごとの振り返りを継続して記述する国語ノート
・単元の学習に必要な知識及び技能をまとめたものを掲載した資料の掲示
・手元や教室内に必要数確保しておく辞典や図鑑，関連図書等

形態や座席の配置の工夫

　用意した教材をより有効に活用するために，児童同士が必要に応じて考えを聴き合うことができるグループの編制や座席の配置等を工夫する。ペアを学習の基本単位とし，活動や学年発達に応じて，人数を増やしたり，向き合い方や話合いのルール等，関わり方を変えたりすることが考えられる。

情報を可視化・共有化・焦点化するツール

　言語活動において，児童の課題解決を方向付けたり支援したりするために，情報を可視化・共有化・焦点化するツールとして用意する。具体的には，学習プリントやICT機器，掲示物等が挙げられる。

ツールの例
①複数人で使用する一枚の本文シートや学習プリント，ICT機器の用意
②考えを端的に示すことができるメーターや選択肢カード，ネームカード等
③操作しながら思考することができる付箋紙，挿絵カード，段落カード等
④活動の流れや思考の流れを見通すことができる学習記録や学習計画表等
⑤考えを比較したり関連付けたりしながら思考することを可能にするリライト文や思考ツール等

①ペアで一枚の本文シート

②登場人物の心情を表す
　心情メーター

③段落の並び替えを行う
　段落カード

④学習の見通しをもたせる学習計画

⑤考えを比較し，関連付けるためのベン図

第6章

2 社 会 科

(1) 社会科の目標

　社会的な見方・考え方を働かせ，課題を追究したり解決したりする活動を通して，グローバル化する国際社会を主体的に生きる平和で民主的な国家及び社会の形成者に必要な公民としての資質・能力の基礎を次のとおり育成することを目指す。

(1) 地域や我が国の国土の地理的環境，現代社会の仕組みや働き，地域や我が国の歴史や伝統と文化を通して社会生活について理解するとともに，様々な資料や調査活動を通して情報を適切に調べまとめる技能を身に付けるようにする。

(2) 社会的事象の特色や相互の関連，意味を多角的に考えたり，社会に見られる課題を把握して，その解決に向けて社会への関わり方を選択・判断したりする力，考えたことや選択・判断したことを適切に表現する力を養う。

(3) 社会的事象について，よりよい社会を考え主体的に問題解決しようとする態度を養うとともに，多角的な思考や理解を通して，地域社会に対する誇りと愛情，地域社会の一員としての自覚，我が国の国土と歴史に対する愛情，我が国の将来を担う国民としての自覚，世界の国々の人々と共に生きていくことの大切さについての自覚などを養う。

　「社会的な見方・考え方」とは，位置や空間的な広がり，時期や時間の経過，事象や人々の相互関係などに着目して（視点），社会的事象を捉え，比較・分類したり総合したり，地域の人々や国民の生活と関連付けたりすること（方法）である。

　「公民としての資質・能力」とは，選挙権を有する18歳に求められる「広い視野に立ち，グローバル化する国際社会に主体的に生きる平和で民主的な国家及び社会の有為な形成者に必要な資質・能力」である。

(2) 社会科の内容

　社会科の内容は，主として「地理的環境と人々の生活」に区分される内容，主として「歴史と人々の生活」に区分される内容，主として「現代社会の仕組みや働きと人々の生活」に区分される内容の三つに分かれており，それらの内容が各学年に位置付けられている。以下に各学年の内容を述べる。

第3学年…自分たちの市を中心とした地域社会に関する内容

第4学年…自分たちの県を中心とした地域社会に関する内容

第5学年…我が国の国土と産業に関する内容

第6学年…我が国の政治と歴史，国際理解に関する内容

　第3学年の場合，「地理的環境と人々の生活」に区分される内容だけを扱うのではない。「市の移り変わり」のような「歴史と人々の生活」に区分される内容も扱う。つまり，第3学年では，自分たちの市町村を中心とした地域内における「地理的環境と人々の生活」，「歴史と人々の生活」，「現代社会の仕組みや働きと人々の生活」に区分される内容を学習することになる。なお，「地理的環境と人々の生活」に区分される内容を学習する際にも，「時期や時間の経過」に着目して追究するなど，様々な見方・考え方を働かせることができるように学習を構想する必要がある。

（3）社会科の単元の学習過程

社会科の単元の学習を進めていく過程は次のようなものである。

過　程	学　習　活　動
つかむ	社会的事象との関わりを話し合う。 疑問点や調べたいことを基に，学習問題をつかむ。 予想をもち，学習計画を立てる。
追究する	予想の検証に向けて調べる。 社会的事象の特色，相互の関連，意味について話し合う。 ※上記の二つの活動を学習計画にしたがって繰り返す。
まとめる・生かす	学習問題の結論をまとめ，学習成果を振り返る。 よりよい社会に向けて，自らの関わり方を考える。

社会科の学習では，各単元で学習してきたことを生かし，よりよい社会に向けて自らの関わり方を考えることを目指す。そのため，単元を構想するときは，よりよい社会に向けた自らの関わり方を考える際に生かせるように，獲得させたい社会的事象に関する概念（学習問題の結論）を基に，児童がその獲得を目指せるような学習問題を設定し，その解決に向けて段階的に追究していけるようにする。

社会科における1単位時間の基本的な流れを，単元の「追究する」過程を例に述べる。

導入	○学習計画を基に，本時のめあてをつかむ。
展開	○資料から問題解決に必要な情報を取り出す。 ○情報を比較したり，分類したり，総合したり，関連付けたりして考えをもち，友達と話し合うことを通して，考えを補完，修正，再構成する。
終末	○考えたことを基に本時のまとめをし，「分かったこと」「解決方法」「今後取り組みたいこと」などの視点で振り返りをする。

（4）社会科の学習の特色

人は1人では生きていけない。だから，快適で安全に生活するために社会集団を形成し，それぞれが協力することが欠かせない。このような社会生活における人の営みそのものが社会科の学習対象である。そのため問題を解決するためには実際に人々の活動現場で学習することが最も有効な手段である。しかし，時間的にも物理的にも全ての学習で行うことは困難である。加えて，見学の視点を明確にしないと問題解決に必要な情報を収集することができないことが多い。そこで，社会科の学習では資料を有効に活用することが大切である。以下に授業で使用する資料の例とその留意点を述べる。

資料	留意点
実物	土器やさとうきびなどの実物を提示して実感的理解を目指す。全ての児童が平等に触れられるように数量を確保したり，提示の場所を複数設けたりする。
統計資料	社会情勢の変化を調べるために用いる。読み取る際は，大きく変化している部分に着目できるようにしたり，児童の既有知識と矛盾する箇所を隠して予想を問いかけたりするとよい。なお，できる限り最新の内容を用いる。
写真動画	実際に見学できないことを調べられる。教師が撮影する場合は，資料提示の意図を明確にもち，アップとルーズを使い分ける必要がある。また，動画は有効な資料であるが，着目させたい部分を明確にすることが必要である。
パンフレット	行政機関や各種団体が発行しているものであり，詳細に調べられる。情報量が多く，児童向けに作られていないものがある。事前に着目させたい部分に色を付けたり，枠で囲ったりするなどの加工を施すことが有効である。
地図	地理的環境や様々なものの分布を調べるときに用いる。着目させたい内容ごとに色分けしたり，主題図を並列で提示したりすることが有効である。

（5）社会科学習指導案例 ―考察―

価　値

　育成を目指す資質・能力に照らしたときの，授業者が捉える社会的事象の価値を次のような順で記述する。
○社会的事象の特色について記述する。
○社会的事象について追究することで児童ができるようになることを大まかに記述する。
○資質・能力の三つの柱ごとに授業者が捉える価値を述べる。

❶【知識及び技能】

　単元の終末で獲得することができる概念的知識について記述する。
例：4年　群馬の伝統
　　文化財や年中行事には，人々の地域の発展やまとまりへの願いが込められているという概念的知識を獲得できる。

❷【思考力，判断力，表現力等】

　追究するための考え方を記述する。また，学習指導要領で「選択・判断する」学習が位置付いている場合は，選択・判断する社会への関わり方を記述する。
例：5年　情報を生かす産業
　　マルチコピー機やPOSレジスターの導入によってサービスが著しく向上しているため，導入前後の労力や利便性を比較することで，販売の仕事が情報を活用することで発展していることを捉えられる。

❸【学びに向かう力，人間性等】

　社会的事象と児童との関わりや，今後に期待する生き方に関することを記述する。
例：3年　火さいから守る
　　消防署や消防設備の数や，消防の仕事に従事する人々の努力に対する驚きを感じやすいため，地域の消防体制への関心を高めることができる。

❹【社会的事象の特色】

　対象となる社会的事象の価値について，「知識及び技能」，「思考力，判断力，表現力等」，「学びに向かう力，人間性等」の全てに関わる内容は帯で記述する。

社会科学習指導案

【単　元】わたしたちの前橋市

考　察	知識及び技能
育成を目指す資質能力	・前橋市の地理的環境の概要についての理解と現場学習や地形図，交通図などで調べ，まとめる技能
児童の実態	・観察によって分かったことを白地図にまとめたり，地図から土地利用の様子を読み取ったりして，学校周辺の地理的環境について大まかな理解をしている。 ・市の地理的環境については，自宅周辺や生活圏以外のことはあまり知らない。 ・地図から交通の様子を読み取ることは経験していない。
価　値	❹県中部に位置する前橋市は，赤り，南部は交通網が発達していに加え，土地利用の様子と地形捉えられる。 ❶・場所による様子の違いは交通などの社会的条件や地形などの自然的条件に起因するという，社会的事象を捉える上で転移可能な概念的知識をより確かにできる。
見方・考え方	市の地理的環境の概要について工業関連付けたりして考えること。
今後の学習	3年「きゅうりづくり農家をたんけを捉え，地域の人々の生活との関連

令和●年●月●日（●）　第3学年●組（3年●組教室）　指導者　●●●●

思考力，判断力，表現力等	学びに向かう力，人間性等
・前橋市の様子について，場所ごとの様子を比較したり，土地利用の様子と地形や交通の様子などを関連付けたりして，場所による様子の違いを考え，表現する力	・前橋市の様子に関する問題を主体的に調査し，解決しようとする態度と地域社会の一員としての自覚と愛情
・学校周辺の二つの通りの様子の違いについて，交通や土地利用の様子を比較できるようになっている。 ・市内諸地域の様子の違いについて，学校周辺や諸地域の地形や，建物や交通の様子と比較したり，関連付けたりして考えることを経験していない。	・学校周辺の地理的環境に疑問や調べたいことをもち，問題を主体的に追究してきた。 ・追究内容が直接観察できない範囲になると追究意欲が低下する場合もある。

城山を北端とし，南に向かって徐々になだらかで平坦な土地となる。北部は豊かな自然が広がる。西部には行政機関が集中し，東部には畑が多い。このような市の様子について，現場学習や交通の様子などを関連付けながら追究することで，市の地理的環境の概要について実感的に

❷・北部と南部の地理的環境が対照的であるため，それぞれの様子を比較することで，それぞれの特色を明らかにできる。
・大きな道路の近くに工業団地が集中しており，交通と土地利用を関連付けられる。

❸・自宅があり，生活圏の地域であるため，追究する内容を身近に感じられる。
・学習内容をすぐに自分自身と結び付けられる。

団地や牧場，交通機関の分布に着目して捉え，諸地域の土地利用の様子を比較したり，交通の様子と

んしよう」で，仕事の種類や仕事の工程などに着目して，きゅうりづくりに携わる人々の仕事の様子を考える学習へと発展していく。

第6章

（6）社会科学習指導案例

―指導と評価の計画―

👆❶ 目　標

「（単元の終末で獲得する知識）について理解し，（よりよい社会への関わり方）をする。」のように，単元の終末で期待される児童の姿を記述する。

例：6年「縄文のむらから古墳のくにへ」

・狩猟・採集や農耕の生活，古墳，大和朝廷による統一の様子について，むらからくにへと変化したことを理解し，国の形成に関する考え方や今後の歴史学習に関心を高める。

👆❷ 評価項目

評価項目は，学習活動において評価規準を具体化した姿を示したものである。学習活動のねらいを，「おおむね満足できる状況」として達成している姿を見取れる形で記述する。（「～記述している」「～発言している」等）なお，「追究する」過程の場合，本時のまとめを行う直前の児童の姿や意識で指導者が意図するものを記述する。

評価方法は，評価項目の姿に合わせた方法を記述する。

例：学習プリント　発言など

観点は，資質・能力の三つの柱の1側面を選択し，①②③のいずれかを示す。

例：6年「縄文のむらから古墳のくにへ」

・前方後円墳の広がりとともに大和朝廷の勢力が拡大したことを記述している。
　　　　　　　　　　　＜学習プリント①＞

例：4年「みずから守る！
　　　　　わたしたちのくらし」

・自助の大切さを踏まえて，今後の前橋市に必要な水害防止対策とその理由を，発言したり，記述したりしている。
　　　　　　　　　＜発言・学習プリント②＞

例：5年「工業生産と工業地域」

・日本の工業について疑問や調べたいことを発言したり，記述したりしている。
　　　　　　　　　＜発言・学習プリント③＞

指導と評価の計画

👆❶ 目標		前橋市の地理的環境について大まかに理解	
評価規準		（①知　・　技）群馬県における前橋市の位　　　　　　　観察，調査したり，地図や （②思・判・表）前橋市の様子について，場　　　　　　　考え，白地図などにまとめ （③主体的態度）前橋市の様子について関心	

過程	時間	学習活動	
つかむ	1	○前橋市内の様子に関する疑問や調べたいことを基に学習問題をつかむ。 ┌学習問題─ 前橋市の様子はどのようになっているのだろう	
	1	○学習問題について予想し，調べる計画を立てる。 ＜調べる地域＞ ・北部・南部・西部・東部 ＜調べる観点＞ ・地形・土地利用の様子 ・建物の様子・交通の様子	
追究する	1	○市内の地形や交通の様子を調べ，白地図に整理する。	
	5	○現場学習をして，諸地域の様子を観点に沿って調査する。	
	1	○前橋市北部の土地利用の様子について調べたことを整理しながら話し合う。	
	1	**○前橋市南部の土地利用の様子について調べたことを整理しながら話し合う。（本時）**	
	1	○前橋市西部と東部の土地利用の様子について調べたことを整理しながら話し合う。	
まとめる・生かす	1	○学習問題の結論を話し合う。	
	1	○前橋市の案内図を作る。	

し，前橋市民の一員としての自覚をもち，市の様子を伝えようとする。

置，市の地形や土地利用，交通の広がりなどを基に，市の地理的環境について大まかに理解している。
写真などの資料で市の位置や地形，土地利用，交通の広がりなどを調べたりして，白地図にまとめている。
所ごとの様子を比較したり，土地利用の様子と地形や交通の様子などを関連付けたりして，場所による様子の違いを
たことを基に説明している。
をもち，学習問題や予想，学習計画を考え，主体的に調査しようとしている。

指導上の留意点	評価項目＜評価方法（観点）＞※太字は「記録に残す評価」
○屋上から直接観察できない市内の様子に疑問や調べたいことをもてるように，学校周辺の地図と前橋市の地図を用意する。	◇前橋市内の諸地域の様子について，疑問や調べたいことを発言したり，記述したりしている。　＜発言・学習プリント③＞
○学習問題について追究の見通しをもてるように，前橋市を東西南北に大まかに区切った地図と学習計画表を用意する。	◇自らの予想や調べる方法を発言したり，記述したりしている。＜発言・学習プリント③＞
○市内の地形と交通の様子を大まかに捉えられるように，標高を色分けしたり，河川と交通機関を記入したりする地図を用意する。	◇市域の土地の高さや主な河川と交通機関を正しく記述している。＜白地図①＞
○諸地域の様子について観察と地図を対応できるように，諸地域ごとの地図を貼付した学習プリントを用意する。	◇諸地域の地形や土地利用，建物，交通の様子を記録している。＜学習プリント①＞
○北部の土地利用の様子と地形を関連付けられるように，「学校周辺との違い」の視点の提示をする。	◇畜舎が多い北部は，傾斜や広い土地などの自然を活かした産業が盛んな場所であることを発言したり，記述したりしている。＜発言・学習プリント①＞
○南部と北部の地形と交通の様子を比較し，相違点を見いだせるように，地形と交通の様子について調べた事実を整理することを支援する二次元表を用意する。	**◇工場が集まる南部は，他地域との交通の利便性によって人や物が行き来しやすい場所であることを記述している。**　＜学習プリント①＞
○西部と東部の土地利用や建物の様子と地形や交通の様子とを関連付けられるように，公共施設と畑を表すシールを貼付できる地図を用意する。	◇高い建物が多い西部は，公共施設が集まる市の中心であること，畑が多い東部は広い土地を活かした場所であることを発言したり，記述したりしている。　＜発言・学習プリント①＞
○地域ごとの地理的環境を総合できるように，地形や土地利用，建物，交通の様子をまとめた白地図と現場学習の写真を用意する。	**◇前橋市には，地形や交通の様子の違いによって，様々な様子の異なる場所や大きさの異なる建物があることを記述している。**　＜学習プリント②＞
○前橋市の様子について学習成果を自覚できるように，地図記号や絵，コメントを書き込める地図を用意する。	**◇学習したことを基に前橋市の様子について知らせたいことや自分なりの発見を記述している。**　＜案内図③＞

（7）社会科学習指導案例　ー本時の学習ー

❶ねらい

　本時の中心的な学習活動と，その活動を通して育成を目指す資質・能力を端的に記述する。追究する過程の場合，「**（調べる内容や方法）を調べ，（考察する内容や方法）を話し合うことを通して，（本時のまとめに該当する内容，本時に獲得を目指す具体的事実に関する知識）への理解をする。**」のように記述する。

例：4年「水とわたしたちのくらし」
　・ダムの働きを調べ，その役割を話し合うことを通して，ダムで働く人々が計画的に貯水・放流したり，緊急時に備えたりして飲料水を安定的に供給していることを理解する。

❷ 指導上の留意点

　本時のねらいを達成するために授業者が行う学習指導の工夫を，「**（児童が）〜できるよう，（教師が）・・・する**」のように，「目的」＋「手立て」の形式で記述する。

「目的」に当たる部分
　問題解決に向かうために必要な児童の意識を目的として段階的に記述していく。よって，目的に当たる部分だけを取り出してつなげると，授業の流れや意図を明確にできると言える。なお，「〜について話し合えるように」のように，活動を成立させることを目的として記述しない。この場合，「〜と〜を比較できるように」のように，話し合う際に必要な思考方法を目的として記述するとよい。
目的の例：4年「水とわたしたちのくらし」
　　　　　　飲料水をいつでも使えることとダムの働きの関係を地形図やインタビュー動画で調べるという本時の学習の見通しをもてるように，
　　　　　　3年「はん売の仕事」
　　　　　　コンビニエンスストアとスーパーマーケットの販売の工夫を比較できるように，
　　　　　　6年「縄文のむらから古墳のくにへ」
　　　　　　大和朝廷が勢力を拡大した理由を大陸からの鉄の広がりと関連付けられるように，

「手立て」に当たる部分
　教師が行う学習指導の工夫を記述する。なお，学習が児童の主体的な活動による問題解決であることから，「〜させる。」のような教師の指示が強く表れる表現は用いない。
手立ての例：
・促す…「〜してみよう。」のように行動を指示するときに使う。
・提示する…問題解決に必要な資料を見せるときに使う。
・問いかける…「なぜ〜なのかな。」「どのようになっているかな。」など，児童の思考を方向付けるときに使う。
・称賛する…「よく○○に気付いたね。」などと褒め，児童の意欲を高めるとともに，学習の方向をコントロールする際にも使う。
・視点を提示する…授業者の意図に合わせて資料を読み取れるようにする際に使う。

本時の学習（10／13 時間）

❶ねらい 前橋市南部の土地利用の様子を調べ，北部の様子と比較したり，地形や交通の広がりと関連付けたりしたことを話し合うことを通して，南部は他地域との交通の利便性によって人や物が行き来しやすい場所であることを理解する。

評価項目 工場が集まる市の南部は，他地域との交通の利便性によって，人や物が行き来しやすい場所であることを記述している。　　　　　　　　　　　　　　＜学習プリント①＞

学習活動と児童の意識	❷ 指導上の留意点
1　本時のめあてをつかむ。 ・今日は前橋市南部の様子を明らかにするのだな。現場学習では，北部よりにぎやかだったことを覚えているけど，なぜなのだろう。（問題意識）	○現場学習で調べたことを基に前橋市南部の地理的環境の特色を明らかにするという本時の学習の見通しをもてるように，学習計画表を提示し，本時に追究する内容を問いかける。
めあて：前橋市の南部は，どのような様子なのか明らかにしよう	
2　南部の土地利用の様子を調べ，伝え合う。 ・南部には，大きな店や田，工業団地，大きな道路がたくさんあったね。 ・地図で見ると，市内の工業団地のほとんどは南部にあることが分かるよ。 ・なぜ，工業団地は広い土地がある北部にはなくて，南部にたくさんあるのかな。	○南部の様子を想起できるように，現場学習で撮影した南部の建物や交通の写真と地図を提示する。 ○工業団地が市の南部に集中していることに気付けるように，工業団地を示すシールを地図に貼付するよう促す。 ○工業団地が南部に集中していることに疑問をもてるように，工業に必要な要素を問いかける。
3　工業団地が南部に集中している理由を調べた事実を整理しながら話し合う。 ・南部は北部と比べると土地が低くて平らだから工場を建てやすいのだと思うよ。 ・なるほど。北部と比べると大きな道路があるね。道路が多いと働く人が集まるから工業団地ができるのではないかな。 ・高速道路は東京まで繋がっているね。そうか。トラックが高速道路で遠くから材料を運んで来たり，製品を運び出したりしやすいから工業団地が集まるのだな。 ・工業団地がたくさんある市の南部は，大きな道路で他の地域と繋がっていて，人や物が行き来しやすい場所と言えるね。　（問題を解決した意識）	○南部と北部の様子を比較し，相違点を見いだせるように，地形と交通の様子について，調べた事実を整理することを支援する二次元表を提示し，ペアで話し合いながら記入するよう促す。 ○工業団地が南部に集中している理由を，交通が発達していることと関連付けられるように，「人の移動」の視点の提示をする。 ○人だけでなく「物流」の視点からも南部の地理的環境の特色を捉えられるように，関東圏への高速道路の延伸を表す地図を提示する。
4　本時の学習の振り返りをする。 ・大きな道路があると大きな建物ができやすいと分かったよ。前橋 IC の周りに大きな店があることとも理由は同じだね。	○南部の地理的環境の特色を明らかにできた成果を実感できるように，「今日はじめてわかったこと」の視点を提示する。

（8）社会科の学習の工夫

板書計画

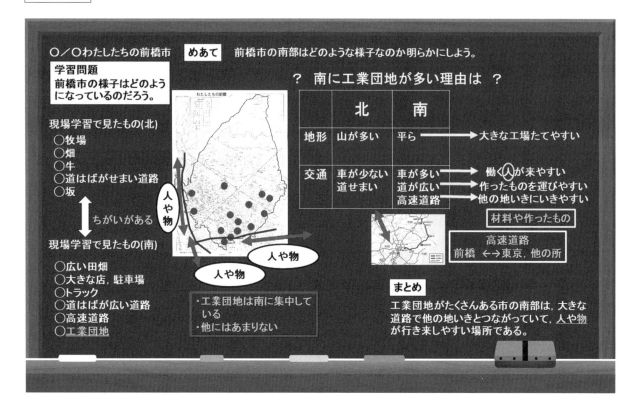

○本時のめあて

　めあては，まとめに正対した内容を設定する。「追究する」過程の場合，まとめには本時で習得させたい具体的事実に関する知識が書かれる。「つかむ」過程で立てた学習計画を基に，本時に学習することを児童に問いかけ，児童の言葉を用いてめあてを設定することが大切である。

○まとめ

　めあてに対して，本時の学習を総括するものである。まとめは，教師が一方的に示すのではなく，児童に問いかけながら児童の言葉で作っていく。その際，まとめに必要な文言や内容は本時の学習を通して必ず板書されていなければならない。まとめの内容を想定し，本時を展開する中で必要な文言や内容は色付けしたり，枠で囲って強調したりすることが有効である。

○振り返り

　児童が学習成果を自覚するために学習の振り返りをする。その際，振り返りの視点を提示する。

主に知識及び技能についての学習成果
　「分かったこと」，「分からなかったこと」などの視点
主に思考力，判断力，表現力等についての学習成果
　「どのようにしたら分かったか」などの学習の仕方に関する視点
主に学びに向かう力・人間性等についての学習成果
　「感心したこと」，「今後取り組みたいこと」などの視点

　なお，1単位時間における振り返りでは，上記三つを全てではなく，本時の学習内容に合わせて，一つの視点で振り返る。

教室環境の整備

　1単位時間の学習につながりをもたせ，児童が見通しをもって主体的に学習に取り組めるように，教室環境を整備することが有効である。例えば，学習成果や計画を模造紙や写真にして教室に掲示する方法がある。例を以下に示す。

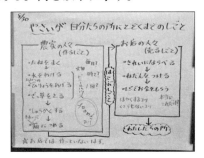

既有知識と不確かなことを整理した図

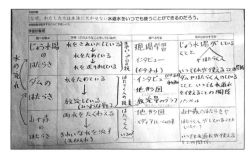

学習計画表

資料

　資料には多くの情報が含まれているため，読み取りの視点を焦点化できるように提示の仕方を工夫することがある。提示の仕方の工夫には，色付けや資料の一部を隠すといった加工だけでなく，関連する複数の資料の並べ方を工夫することも考えられる。

温泉とスキー場に色付けした地形図

目的	提示の仕方の方法
分散や集中を捉えられるようにする	資料に色付けする
今後の変化を予想できるようにする	資料の一部を隠す
複数の事実を比較したり，関連付けたりできるようにする	複数の資料を並列に並べる

学習プリント

　問題解決に必要な事実を，多様にある中から選択しても，それらを結び付けて関係性を見いだすことに児童が困難さを感じることがある。そこで，調べた事実の整理する学習プリントの用意をすることが有効である。調べた事実の整理とは，時間や位置，立場，性質の違いによって調べた事実の書き込む場所を変えたり，色分けをしたりすることである。学習プリントには，次のような形式を用いる。

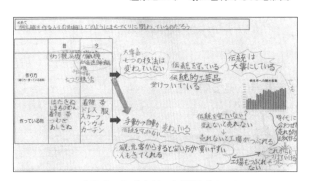

二次元表の形式を用いた学習プリント

　・年表シート　・白地図　・二次元表　・ベン図　・フローチャート　・関係図　・コンセプト図　等

学習形態

　児童が自らの考えや調べた情報を補完，修正，再構成するためには，友達との対話が欠かせない。その際，一斉指導だけでなく，構成人数を工夫した小集団を編制することも有効である。構成人数は，学習活動や発達段階に応じて工夫するとよい。

　・資料や地図から情報を収集する場合・・・2人程度

　・考えを伝え合う場合・・・3人程度

　・作業をしたり，現場学習で調査したりする場合・・・4人程度

（1）算数科の目標

　　数学的な見方・考え方を働かせ，数学的活動を通して，数学的に考える資質・能力を次のとおり育成することを目指す。

　(1)　数量や図形などについての基礎的・基本的な概念や性質などを理解するとともに，日常の事象を数理的に処理する技能を身に付けるようにする。

　(2)　日常の事象を数理的に捉え見通しをもち筋道を立てて考察する力，基礎的・基本的な数量や図形の性質などを見いだし統合的・発展的に考察する力，数学的な表現を用いて事象を簡潔・明瞭・的確に表したり目的に応じて柔軟に表したりする力を養う。

　(3)　数学的活動の楽しさや数学のよさに気付き，学習を振り返ってよりよく問題解決しようとする態度，算数で学んだことを生活や学習に活用しようとする態度を養う。

　「数学的な見方・考え方」とは，事象を数量や図形及びそれらの関係などに着目して捉え，根拠を基に筋道を立てて考え，統合的・発展的に考えることである。数学的な見方・考え方は，数学的に考える資質・能力を支え，方向付けるものであり，算数の学習が創造的に行われるために欠かせないものである。また，児童一人一人が目的意識をもって問題解決に取り組む際に働かせていくものである。

　「数学的に考える資質・能力」とは，数量や図形などについての基礎的・基本的な知識及び技能を確実に習得し，これらを活用して問題を解決するために必要な数学的な思考力，判断力，表現力等を育むとともに，数学のよさに気付き，算数と日常生活との関連についての理解を深め，算数を主体的に生活や学習に生かそうとしたり，問題解決の過程や結果を評価・改善しようとしたりするなどの資質・能力である。

（2）算数科の内容

　児童の発達の段階を踏まえ，小学校算数科と中学校数学科における教育課程の接続という視点から，第1学年，第2学年と第3学年，第4学年と第5学年，第6学年の四つの段階を設定し，当該学年までに育成を目指す資質・能力と働かせる数学的な見方・考え方を明示した内容構成となっている。

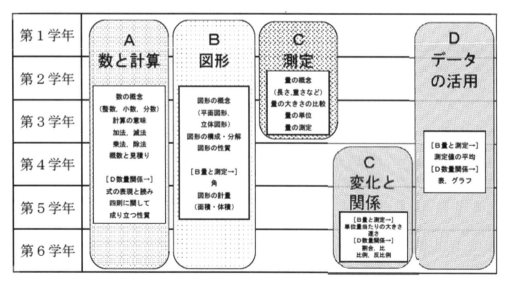

文部科学省の資料より転用

（3）算数科の単元の学習過程 ....

算数科の単元の学習を進めていく過程は次のようなものである。

過　程	学　習　活　動	
つかむ	日常の事象を数理的に捉え，新たな学習内容と出合う	
	新たな学習内容と関連する既習事項を比較する	
	単元のめあてをつかむ	
解決していく	日常の事象を数理的に捉え，課題を見いだす	※点線の枠を単位時間ごとに繰り返す
	追求の見通しをもつ	
	数，式，図，表，グラフなどを用いて追求し，解決方法を表す	
	解決方法を比較・検討し，解決する	
	学習の振り返りをする	
まとめる・生かす	単元で学んできたことを生活や学習場面に活用する	
	単元の振り返りをする	

第6章

（4）数学的活動について ....

数学的活動とは，事象を数理的に捉え，算数の問題を見いだし，問題を自立的，協働的に解決する過程を遂行することである。算数・数学の問題発見・解決の過程は，「日常の事象を数理的に捉え，数学的に表現・処理し，問題を解決したり，解決の過程や結果を振り返って考えたりすること」と，「算数の学習場面から問題を見いだし解決したり，解決の過程や結果を振り返って統合的・発展的に考えたりすること」の二つの問題発見・解決の過程が相互に関わり合っている。これらの問題解決の過程において，よりよい解決方法に洗練させていくための対話的な学びを適宜取り入れていく必要がある。その際には，あらかじめ自己の考えをもち，それを意識した上で，主体的に取り組むようにし，深い学びを実現することが求められる。また，数学的活動に取り組む機会を設ける際には，活動としての一連の流れを大切にするとともに，焦点を当てる活動を明らかにすることが必要である。

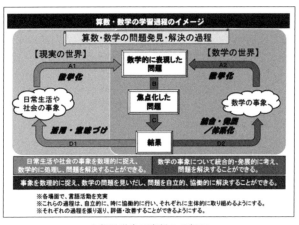

文部科学省の資料より転用

【数学的活動の例】
・算数を日常の事象と結び付ける活動
・具体物を扱った操作的・作業的な活動
・実際の数や量の大きさを実験・実測するなどの体験的な活動
・表や図，グラフなどからきまりを発見するなどの探究的な活動
・解決した問題から新しい問題をつくるなどの発展的な活動

（5）算数科学習指導案例　ー考察ー

価　値

育成を目指す資質・能力に照らしたときの，本単元で設定する数学的活動の価値を記述する。「知識及び技能」，「思考力，判断力，表現力等」，「学びに向かう力，人間性等」の３観点ごとに，重視する数学的活動を焦点化するとよい。

☝❶【知識及び技能】

言葉や図，数，式，表，グラフなどを用いて表した，互いの解決方法の手順や根拠，共通点，よさなどを伝え合う活動に焦点を当てて記述する。
例：３年　「小数　A（5）」
・テープ図やします図，数直線，0.1 カードを用いて，小数の表し方や大小比較の仕方，加減法の計算の仕方を伝え合うことは，1/10 の位までの小数が 0.1 の幾つ分で構成されているという小数の仕組みを理解できる。

☝❷【思考力，判断力，表現力等】

言葉や図，数，式，表，グラフなどを用いて，解決方法を表す活動や，解決過程や結果を振り返り，統合的・発展的に考える活動に焦点を当てて記述する。
例：４年　「面積　B（4）」
・正方形や長方形の面積，それらを組み合わせた複合図形の面積を求める際に，図形を分けたり移動したりする操作と，式を関連付けながら，面積の求め方を筋道を立てて考えることは，既習の図形の求積公式を活用すればよいことに気付くことができる。さらに，求積公式を活用し，図形の大きさや形，向きを変えた他の図形へ適用の可否を統合的・発展的に考えることは，適用範囲を広げて考察することができる。

☝❸【学びに向かう力，人間性等】

「つかむ」過程における新たな学習内容と出合い，進んで関わる活動や，「まとめる・生かす」過程における単元で学んできたことを生活や学習場面に活用する活動に焦点を当てて記述する。
例：６年　「比例と反比例　C（1）」
・日常の事象から見いだした問題を解決する活動として，大量の釘の本数の求め方を考えることは，ただ数えるよりも，比例の関係を活用すると，大きな数量に対応するもう一方の数量を能率的に求められるというよさを実感することができ，生活や学習に進んで比例の関係を活用しようとする態度を育むことができる。

【単　元】分数と整数のかけ算・わり算

考　察	知識及び技能
育成を目指す資質能力	・被乗数や被除数が分数の場合の乗法と除法の計算の仕方についての理解 （A（1）ア）
児童の実態	・被乗数や被除数が小数の場合の乗法と除法の計算の仕方を理解し，計算することができる。 ・被乗数や被除数が分数の場合の乗法と除法の計算の仕方は未習である。
価　値	☝❶・式やブロック図，数直線などを用いて計算の仕方を伝え合うことは，被乗数や被除数が分数の場合の乗法と除法の計算の仕方の理解を深めることができる。
見方・考え方	数の意味と表現，計算について成りを立てて考えたり，統合的・発展的
今後の学習	６年「分数のかけ算」で，乗数が分

令和●年●月●日（●）　第6学年●組（6年●組教室）　指導者　●●●●

思考力，判断力，表現力等	学びに向かう力，人間性等
・被乗数や被除数が分数の場合の乗法と除法の計算の仕方について，筋道を立てて考えたり，統合的・発展的に考えたりする力　　　　　　　（A（1）イ）	・数学的活動の楽しさや数学のよさに気付き，被乗数や被除数が分数の場合の乗法と除法の計算の仕方を活用して，よりよく問題解決しようとする態度
・整数の乗法や除法を基に，被乗数や被除数が小数の場合の乗法と除法の計算の仕方を考えられる。 ・ブロック図を縦にわった表し方には気付いていない。	・被乗数や被除数が小数の場合の乗法と除法を活用できるようになってきている。 ・分数の概念について理解を深めてきているため，分数の乗法や除法に対して興味をもち始めている児童がいる。
☞❷・式やブロック図，数直線などを用いて，計算の仕方を数学的に表現することは，既習の計算のきまりや単位分数を基にした表し方に気付くことができる。 ・チョコカードを用いて，計算の仕方を数学的に表現することは，横に分けられたブロック図をさらに縦にわる考え方に気付くことができる。	☞❸・具体物を操作して，数量や図形に進んで関わる活動として，『チョコ取りゲーム』をすることは，未習である被乗数や被除数が分数の場合の乗法と除法に出合い，それらの計算の仕方に関心をもつことができる。 ・日常生活などに生かす活動として，『問題づくり』をすることは，被乗数や被除数が分数の場合の乗法と除法を進んで活用できる。

立つ性質に着目し，被乗数や被除数が分数の場合の乗法と除法の計算の仕方について根拠を基に筋道に考えたりすること。

数である場合の乗法の意味や計算の仕方を考える学習へと発展していく。

（6）算数科学習指導案例

—指導と評価の計画—

目 標

　算数科では，単元の学習で身に付けた資質・能力を生活や学習の様々な場面で活用する児童の姿を記述する。単元の学習で身に付けた資質・能力は，数量や図形などについての基礎的・基本的な概念や性質などを理解していることや基礎的・基本的な数量や図形の性質や計算の仕方を考えていることに焦点を当てて記述する。
例：
2年　「かさのたんい　C（1）」
・かさの単位と測定の意味を理解し，かさの測定の仕方を考え，進んで生活や学習に活用する。
3年　「ぼうグラフと表　D（1）」
・目的に合わせて，資料を表や棒グラフに表す方法を考え，進んで生活や学習に活用する。
5年　「図形の角の大きさ　B（1）」
・多角形の性質を理解し，内角の和の求め方を考え，進んで生活や学習に活用する。

❷ 評価項目

　解決方法の手順や根拠，共通点，よさを学習プリントやノートに記述したり発言したりしている姿，数，式，図，表などを用いて表現している姿など，見取れる児童の姿と見取り方を記述する。
例：
2年　「長さのたんい　C（1）」
・1cmを基に，1cmのいくつ分の長さを記述したり，発言したりしている。
　　　　　　　　　　　＜ノート・発言②＞
4年　「垂直，平行と四角形　B（1）」
・平行四辺形の向かい合う辺の長さと向かい合う角の大きさが等しいことを記述している。　　　＜学習プリント①＞
6年　「データの活用　D（1）」
・柱状グラフは，散らばりの様子が分かりやすくなることを記述したり，説明したりしている。＜ノート・発言①＞

指導と評価の計画

❶ 目標	被乗数や被除数が分数の場合の乗法と除法
評価規準	（①知　・　技）被乗数や被除数が分数の場 （②思・判・表）整数の乗法や除法を基に， （③主体的態度）被乗数や被除数が分数の場

過程	時間	学習活動	
つかむ	1	○『チョコ取りゲーム』をし，単元のめあてをつかむ。 ─ 単元のめあて ─ かけられる数やわられる数が分数のかけ算・わり算の計算の仕方を考えよう	
解決していく	1	○『チョコ取りゲーム』における，2/5枚の板チョコ3つ分の枚数を求める場面で，（分数）×（整数）の計算の仕方を考える。	
	1	○（分数）×（整数）の計算練習をする。	
	1	○『チョコ取りゲーム』における，6/5枚のチョコを3等分する場面で，分子が整数でわれる場合の（分数）÷（整数）の計算の仕方を考える。（本時）	
	1	○『チョコ取りゲーム』における，4/5枚の板チョコを3等分する場面で，分子が整数でわれない場合の（分数）÷（整数）の計算の仕方を考える。	
	1	○（分数）÷（整数）の計算練習をする。	
まとめる・生かす	1	○（分数）×（整数）や（分数）÷（整数)の問題づくりをする。	
	1	○『神経衰弱ゲーム』をし，単元の学習を振り返る。	

第6章

の計算の仕方を考え，進んで生活や学習に活用する。

合の乗法と除法の計算の仕方の理解をしている。
被乗数や被除数が分数の場合の乗法と除法の計算の仕方を考えている。
合の乗法と除法に関心をもち，活用しようとしている。

指導上の留意点	👆❷評価項目＜評価方法（観点）＞※太字は「記録に残す評価」
○被乗数や被除数が分数の場合の乗法と除法に関心をもてるように，3，4人グループをつくり，じゃんけんで 2/5 枚のチョコカードを取り合い，1人あたりのチョコの枚数で勝敗を決める『チョコ取りゲーム』を設定する。	◇被乗数や被除数が分数の乗法と除法の計算の仕方に対する不確かさを記述したり，発言したりしている。　＜ノート・発言③＞
○整数の乗法を基にした被乗数が分数の場合の乗法の計算の仕方に気付けるように，2/5 枚のチョコカードを複数用意する。	◇ 1/5 の2つ分を3つ並べたり，記述したりしている。 ＜行動・ノート②＞
○被乗数が分数の場合の乗法の計算を定着できるように，被乗数が仮分数や帯分数の乗法を複数提示する。	◇被乗数が分数の場合の乗法の計算を正確にしている。 ＜ノート①＞
○整数の除法を基にした被除数が分数の場合の除法の計算の仕方に気付けるように，6/5 枚のチョコカードを用意する。	**◇ 6 ÷ 3 や 1/5 枚のチョコ 6 つを 3 つに分けていることを記述している。　　＜ノート②＞**
○被除数が分数の場合の除法の計算の仕方を理解できるように，除数を被除数の分母にかける根拠を，式や図を用いて説明する機会を設定する。	◇ 1/（被除数の分母×除数）や計算のきまりを基にした計算の仕方を記述している。　　＜ノート①＞
○被除数が分数の場合の除法の計算を定着できるように，被除数が仮分数や帯分数の除法を複数提示する。	**◇被除数が分数の場合の除法の計算を正確にしている。 ＜ノート①＞**
○被乗数や被除数が分数の場合の乗法と除法を進んで活用できるように，調理の場面などを例示する。	**◇被乗数や被除数が分数の場合の乗法と除法の問題を進んでつくったり，解いたりしている。　　＜行動・ノート③＞**
○被乗数や被除数が分数の場合の乗法と除法の計算の仕方の理解を深められるように，「式が書かれたカード」と「式や図を用いた計算の仕方が書かれたカード」を使った『神経衰弱ゲーム』を設定する。	◇同じ意味のカード同士である根拠を説明している。　＜発言①＞

（7）算数科学習指導案例　ー本時の学習ー

👆❶ ねらい

　育成を目指す数学的に考える資質・能力に照らしたときに，本時の中心的な学習活動と児童が身に付けることを端的に一文で記述する。本時の中心的な学習活動は，本時に扱う問題場面や数，量，形などの情報，追求する内容，その際に用いる数，式，図，表，グラフなどの数学的な表現を用いて記述する。

例：

1年　「30より大きい数　A（1）（2）」
・10×10の数表における縦，横，斜めの数の並び方に着目して，その特徴について考え，話し合うことを通して，0から100までの数の順序や系列を理解する。

3年　「小数　A（5）」
・1.2mのリボンから0.7mのリボンを使った残りの長さを求める場面で，テープ図や数直線，0.1カード，式を用いて小数の減法の計算の仕方を考え，話し合うことを通して，0.1のいくつ分を基にした小数の減法の計算の仕方を理解する。

6年　「比例と反比例　C（1）」
・湯船にお湯を入れる場面（3分で深さ15cm，6分で深さ30cm）で，深さ55cmまでお湯を入れるのにかかる時間の求め方を，式や表などを用いて考え，話し合うことを通して，比例している二つの数量の商が一定であることを理解する。

👆❷ 指導上の留意点

　学習活動の中における，学習プリントの用意や視点の提示，問いかけや助言，称賛などといった学習指導の工夫を記述する。学習指導の工夫の例を参考にし，本時の学習ならではの工夫に具体化するとよい。

	目的の例	学習指導の工夫の例
め あ て を つ か む	目的意識をもてるように	・既習の問題場面を提示する ・既習の学習内容との相違点を問いかける
	追求の見通しをもてるように	・数直線や表，グラフなどが書かれた学習プリントを配付する ・数，式，図，表などの中から自分の追求しやすい数学的な表現を選択するよう促す
中 心 の 活 動	〜を求められない（〜を表せない）児童が，〜を考えられる（〜を表せられる）ように	・解決方法の手順や，着目すべき数，量，形などを助言する ・解決方法の手順や，着目すべき数，量，形などが書かれた学習プリントを配付する
	〜を求められた（〜を表せられた）児童が，〜を自覚できる（〜の根拠を明確にできる）ように 解決方法の手順（根拠，よさなど）に気付けるように	・他の数，式，図，表などの数学的な表現を用いて表すよう促す ・解決方法の手順や根拠，よさなどをペアに説明するよう促す ・○○を用いて解決した児童を意図的に指名する ・「分かりやすい」「簡単」「似ているところ」などの視点を提示する ・解決方法の手順（根拠，よさなど）を問いかける ・適用問題を用意する
振 り 返 り を す る	分かったことやできるようになったことを実感できるように	・新しい数量や図形などの概念や性質などを見いだしたことや友達に自分の考えを伝えられていたことを称賛する

本時の学習（4／8時間）

☞❶ねらい　『チョコ取りゲーム』における 6/5 枚のチョコを 3 等分する場面において，（分数）÷（整数）の計算の仕方を考え，話し合うことを通して，（分数）÷（整数）の計算の仕方が単位分数の個数を等分しているという意味であることを理解する。

評価項目　6 ÷ 3 や 1/5 枚のチョコ 6 つを 3 つに分けていることを記述したりしている。

＜ノート②＞

学習活動と児童の意識	☞❷ 指導上の留意点
1　本時のめあてをつかむ。	○（分数）÷（整数）の計算の仕方を考えるという目的意識をもてるように，4 人で 2 枚のチョコを取ったグループの絵と 3 人で 6/5 枚のチョコを取ったグループの絵を提示し，（分数）÷（整数）になる場面絵とその根拠を問いかける。
・（分数）÷（整数）の式になるのはどっちの絵なのだろう。4 人グループの方は 1 人分のチョコの枚数を求める式が 2 ÷ 4 で 1/2 になるから（整数）÷（整数）だね。3 人グループの方は（6/5）÷ 3 で（分数）÷（整数）になるのだね。どうやって計算すればよいのだろう。　（課題意識）	
めあて：(6/5) ÷ 3 のような，（分数）÷（整数）の計算の仕方を考えよう	
・分数のかけ算のときにチョコカードを使うと分かりやすかったから，今日もチョコカードを使って考えてみよう。	○解決の見通しをもてるように，「式」や「図」などのカードを提示し，1 人分のチョコの枚数を求める際に自分の追求しやすい数学的な表現方法を選択するよう促す。
2　（分数）÷（整数）の計算の仕方を考える。	○計算の仕方を考えられない児童には，1 人分のチョコの枚数を求められるように，6/5 枚のチョコカードを配付し，1 人分の分け方を助言する。
	○計算の仕方を考えられた児童には，計算の仕方を別の視点から捉えられるように，他の思考の道具を用いて考えるよう促す。
3　（分数）÷（整数）の計算の仕方について話し合う。 ・ブロック図とチョコカードは似ているね。計算のきまりで考えた人はすごいな。6/5 を 6 にするために 5 をかけるなんて思い付かなかったよ。どうやら（6/5）÷ 3 を計算するときは，分子の 6 だけを 3 でわればよさそうだね。	○いろいろな計算の仕方に気付けるように，図やチョコカード，式を用いた計算の仕方を記述している児童を意図的に指名する。 ○ 1/5 枚の 6 つ分を 3 つに分けているという計算の仕方の共通点に気付けるように，提示された図やチョコカードを用いた計算の仕方の中から選択し，6 ÷ 3 が表している意味を説明するよう促す。
・細かく分けたチョコカード 6 つを 3 つに分けたから 6 ÷ 3 になるのだよ。なるほど，6 も答えの 2 も 1/5 枚のチョコの数なのだね。 だから答えが 1/5 枚の 2 つ分で 2/5 になったのだな。どれも 1/5 枚のチョコ 6 つ分を 3 つに分けていたのだね。　（課題を解決した意識）	○（分数）÷（整数）の計算の仕方の意味を確認できるように，(6/7) ÷ 2 を提示し，「6 ÷ 2 の意味は」に続く言葉をノートに記述するよう促す。
・(6/7) ÷ 2 でも同じだよ。今度は 6/7 だから，6 ÷ 2 の意味は 1/7 の 6 つ分を 2 つに分けているという意味になるね。	
4　本時の学習の振り返りをする。 ・分子だけを整数でわる意味が分かったぞ。やっぱりチョコカードは使えるな。次は図を使って考えていきたいな。	○本時学習した自分なりの成果を実感できるように，振り返りの観点を提示し，選択した観点についてペアに発表するよう促す。

（8）算数科の学習の工夫

板書計画

　算数科の授業では，次のように，黒板を縦に3等分する板書の仕方がある。

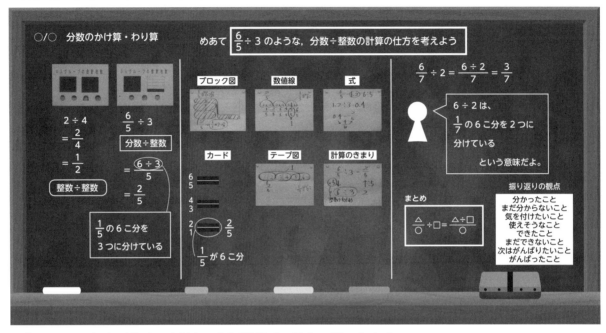

・左側には，本時の問題や確認すべき既習事項，児童の問いを書く。

・中央には，児童の問いを基にしためあてと問題解決に向けた解決方法を書く。それぞれの解決方法の手順や根拠，よさなどを比較・検討できるように，取り上げる解決方法の順番や板書の仕方を工夫する。その際，色や位置をそろえたり，吹き出しで囲んだりして気付いた解決方法の共通点やよさなどを強調するとよい。

・右側には，適用問題に対する解決方法や新しく見いだした数量や図形などについての概念や性質などを書く。

図，表，式，グラフなどの数学的な表現方法

　自分なりの解決の見通しをもつ際に，自分の追求しやすい数学的な表現方法を選択できるように，図，表，式，グラフなどの数学的な表現方法を提示する。その際，児童の発達段階や実態，扱う数学的な表現方法によって，その用い方を例示したり，以前用いたときの解決方法を提示したりする。発達段階に応じた数学的な表現方法の例は，以下のとおりである。

学　年	掲示する主な数学的な表現方法
1学年	式，おはじき，数ブロック，数え棒，ドット図など
2学年	式，おはじき，数ブロック，数え棒，ドット図，数直線，お金図，マス図，テープ図など
3学年	式，おはじき，数ブロック，ドット図，数直線，お金図，マス図，テープ図，表，棒グラフ，束カードなど
4学年	式，数直線，お金図，マス図，テープ図，表，棒グラフ，折れ線グラフ，束カードなど
5学年	式，数直線，マス図，テープ図，面積図，表，円グラフ，帯グラフなど
6学年	式，数直線，面積図，表，柱状グラフなど

発問

解決方法を比較・検討する際に，解決方法の根拠や共通点，よさなどに気付くことができるように，発問を行う。発問には，次のような例が考えられる。

○解決方法の手順や根拠，よさを問う発問	・どのように考えたのか。 ・どうしてそうなるのか。 ・そうすると何がいいのか。
○複数の解決方法を関連付ける発問	・解決方法の似ているところ，違うところは何か。 ・どの解決方法が一番分かりやすく，簡単，正確か。 ・どうすればもっと分かりやすく，簡単，正確に表せるか。
○解決の過程や結果を振り返り，統合的・発展的に考えることを促す発問	・見付けたきまり，解決方法は，いつでも使えるのか。 ・数量や図形などの条件，場面を変えても同じことが言えるのか。

適用問題の用意

児童が比較・検討した解決方法の一般性を確かめることができるように，適用問題を用意する。適用問題は，授業の導入で示した問題の数量や図形などの条件を変えた問題や，誤答の根拠を問う問題などが考えられる。本時のねらいを達成している児童の姿を想定して，適用問題を工夫することが大切である。

＜適用問題の例：6年「分数と整数のかけ算・わり算」＞

【文章問題】

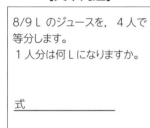

8/9 L のジュースを，4人で等分します。
1人分は何 L になりますか。

式 _____

答え _____

【解決方法を問う問題】

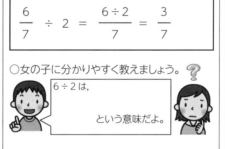

$$\frac{6}{7} \div 2 = \frac{6 \div 2}{7} = \frac{3}{7}$$

○女の子に分かりやすく教えましょう。

6÷2は，　という意味だよ。

【誤答の根拠を問う問題】

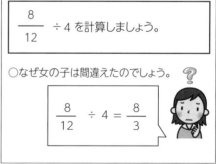

$$\frac{8}{12} \div 4 を計算しましょう。$$

○なぜ女の子は間違えたのでしょう。

$$\frac{8}{12} \div 4 = \frac{8}{3}$$

＜適用問題の例：5年「小数のかけ算」＞

【正答を選択する問題】

○次の式のうち，（整数）×（小数）になる式はどれでしょう。

①1本1.5Lのジュースを3本買うと，代金はいくらでしょう。	②1L120円のジュースを2.4L分買うと，代金はいくらでしょう。	③1本0.6Lで80円のジュースを5本買うと，代金はいくらでしょう。

理　科

（1）理科の目標

　　自然に親しみ，理科の見方・考え方を働かせ，見通しをもって観察，実験を行うことなどを通して，自然の事物・現象についての問題を科学的に解決するために必要な資質・能力を次のとおり育成することを目指す。
　　⑴　自然の事物・現象についての理解を図り，観察，実験などに関する基本的な技能を身に付けるようにする。
　　⑵　観察，実験などを行い，問題解決の力を養う。
　　⑶　自然を愛する心情や主体的に問題解決しようとする態度を養う。

　「理科の見方・考え方」について，「見方」は，自然の事象・現象を，量的・関係的，質的・実体的，共通性・多様性，時間的・空間的などの視点で捉えることであり，「考え方」は，問題解決の過程の中で用いる，比較，関係付け，条件制御，多面的に考えることなどといった考え方である。
　「自然の事物・現象についての問題を科学的に解決するために必要な資質・能力」とは，「児童が主体的に対象と関わることで見いだした問題を，実証性，再現性，客観性などの条件を検討する手続きを重視しながら解決していくために必要な資質・能力」である。また，⑵の「問題解決の力」については，学年を通して育成を目指す問題解決の力を次のように示されている。
・第３学年では，主に差異点や共通点を基に，問題を見いだすこと
・第４学年では，主に既習の内容や生活経験を基に，根拠のある予想や仮説を発想すること
・第５学年では，主に予想や仮説を基に，解決の方法を発想すること
・第６学年では，主により妥当な考えをつくりだすこと
　これらは，その学年で中心的に育成するものであるが，他の学年の問題解決の力の育成についても十分に配慮する必要がある。

（2）理科の内容

　　理科は，自然の事物・現象を対象としている。理科の目標を達成するために，対象の特性や児童の構築する考えなどに基づいて，二つの領域に分けて学習を行う。「A 物質・エネルギー」の領域では，児童が，対象の性質や働き，規則性などについての考えを構築する。「B 生命・地球」の領域では，児童が，対象の成長や働き，環境との関わりなどについての考えを構築する。

（3）理科の単元の学習過程

　　理科の単元の学習を進めていく過程は次のようなものである。

過　程	学　習　活　動
ふれる・つかむ	自然の事物・現象に働きかける 単元のめあてをつかむ
追究する	┊は一つの問題解決を示す。 問題を見いだす 予想や仮説を発想する 観察，実験の計画を立てる 観察，実験を行い，結果を表現する 考察し，結論を導く 問題解決の過程を振り返る
まとめる・活かす	ものづくりや現場学習などを行う

（4）理科の学習の特色

①教材

　児童の実態や，学習内容を基に，対象となる自然の事物・現象に応じた教材を準備する必要がある。その際，教師は，事前の観察や予備実験を十分行い，安全面に配慮することや，児童が教材を通して，主として働かせる理科の見方・考え方を想定しておくことが大切である。

○　各過程の教材を準備する際の留意点

【ふれる・つかむ】過程
・自由に試行したり，実際に触れたりすることができる
・自然の事物・現象の性質や規則性などに対する気付きや疑問を得ることができる

【追究する】過程
・自らの予想や仮説を検証することができる
・実証性や再現性，客観性がある
・適切な結果を得ることができる

【まとめる・活かす】過程
・自然の事物・現象の性質や規則性などを，ものづくりで活かすことや，日常生活や現場学習で当てはめることができる

---

②問題

　児童が主体的に問題解決を行うために，設定する問題の内容を十分吟味する。

○　問題を設定する際の留意点
・児童が，問題解決を通して自然の事物・現象の性質や規則性などを理解できる
・児童が，既習の内容や生活経験を根拠として，予想や仮説をもつことができる
・児童が，実際に予想や仮説を検証できる
・結論に正対する内容である
※問題の設定について，その具体を 120 ページに記す。

---

③観察，実験

　観察，実験は，問題解決の中核に位置付けられる。児童にとっては，問題に対する予想や仮説を検証するための手段である。

○　観察，実験を行う際の留意点

【内容】
・児童が，観察，実験の器具や方法などを工夫できる
・児童が，観察，実験などに関する基本的な技能を身に付けることができる

【結果の表現】
・児童が，図や表，グラフを用いることができる
・児童が，複数の結果から，共通点や傾向を見いだすことができる

【安全面】
・教師は，予備実験によって器具・薬品の量，児童が取り組む手順などをあらかじめ把握する
・教師は，机間巡視を行い，危険防止に努める

（5）理科学習指導案例　－考察－

価　値

育成を目指す，資質・能力に照らしたときの，本単元の価値を「知識及び技能」，「思考力，判断力，表現力等」，「学びに向かう力，人間性等」，「理科の見方・考え方」で記述する。

❶【知識及び技能】

学習指導要領に記載されている学習の内容構成を確認し，新たに得ることができる自然の事物・現象の性質や働き，規則性などへの理解や観察，実験の技能の具体を記述する。

❷【思考力，判断力，表現力等】

該当学年で育成を目指す問題解決の力のうち，主なものの具体を記述する。ただし，他の学年で掲げている力の育成についても配慮する。

❸【学びに向かう力，人間性等】

児童が主体的に問題解決をしようとする根拠の具体を記述する。

❹【理科の見方・考え方】

対象となる自然の事物・現象を構成する領域や問題解決の力に応じた主な「見方・考え方」を，枠を広げて記述する。

【単　元】流れる水の働きと土地の変化（B

考　察

知識及び技能

育成を目指す資質能力

- 流れる水の働きと土地の変化への理解
- 流れる水の働きとその大きさの変化に関する観察，実験などの技能

児童の実態

- 水は高い場所から低い場所へと流れて集まることや，水のしみ込み方は土の粒の大きさによって違いがあることへの理解をしている。
- 流れる水の働きと，それに伴う川原の石や川の様子などの土地の変化への理解をしていない。

価　値

❹・観察，実験を行う際に，地面が削目することができる。また，利根と土地の様子の時間的変化に着目
- 観察，実験の計画を立てる際に，因を調べる方法を発想すること

❶・流れる水には侵食・運搬・堆積の働きがあることや，川の上流と下流によって川原の石の様子の違いがあること，流れる水の速さや量の変化に伴って土地の様子が変化する場合があることを理解できる。
- 地面のモデルや水を流す容器などの器具を正しく扱ったり，結果を適切に記録したりできる。

見方・考え方

主として，時間的・空間的な見方と条

今後の学習

6年「土地のつくりと変化」で土地のや火山の噴火との関係を説明する学習

令和●年●月●日（●）　第5学年●組（第1理科室）　指導者　●●●●

生命地球⑶

思考力，判断力，表現力等	学びに向かう力，人間性等
・流れる水の働きとその大きさの変化に関する問題を見いだす力 ・根拠のある予想をする力 ・予想や仮説を検証できる方法を発想する力 ・より科学的な考えを導く力	・流れる水の働きと土地の変化に親しみながら，流れる水の働きとその大きさの変化に関する問題を見いだし，その解決をしようとする態度
・雨水の行方に影響を与える要因として，地面の傾きや土の粒の大きさという要因の予想をし，影響を与える要因を調べる方法を発想している。 ・自然の事物・現象に影響を与えると考える要因の予想をし，影響を与える要因を調べる学習の機会が少ない。	・降雨後の校庭の水溜りを観察したことを基に，雨水の行方と地面の様子を進んで調べている。 ・流れる水の働きと土地の変化に関する性質や規則性に不確かさを感じていない。 ・4年「雨水の行方と地面の様子」において，降雨後に水が流れる様子に関心をもった児童もいる。

られる範囲や運ばれる土の量の変化を記録することは，流れる水の働きと土地の様子の空間的変化に着
川への現場学習を行う際に，川の曲がり方や川原の石の大きさや形を説明することは，流れる水の働き
することができる。
流れる水の働きとその大きさの変化に影響を与えると考えられる，流れる水の速さや量などの複数の要
は，変化させる要因と変化させない要因に区別する必要性に気付くことができる。

 ❷・降雨後の校庭の模様を観察した体験や水遊びなどの生活経験を想起することで，流れる水の働きやその大きさの変化に影響を与えると考える要因として，流れる水の速さや量の予想をすることができ，流れる水の速さや量について，一方の条件を変えた時にはもう一方の条件を変えないなど，影響を与える要因を調べる方法を発想することができる。 | ❸・降雨後の校庭の模様を観察することで，流れる水の働きや土地の様子の変化についての気付きや疑問を得ることになり，流れる水の働きや土地の変化に関心をもつことができる。
・利根川の現場学習を行うことで，学んできた流れる水の働きと土地の変化を長雨や集中豪雨による河川の増水などの身の回りの生活に当てはめることができる。

件を制御する考え方

つくりやでき方に関する問題解決をし，土地の構成物を基に，地層の様子や土地の変化と，流れる水の働きへ発展していく。

（6）理科学習指導案例

─指導と評価の計画─

❶ 目 標

　単元を通して，問題を科学的に解決する児童の姿を記述する。問題は，小学校学習指導要領解説（理科編）を参考に，児童が追究する自然の事物・現象の性質や規則性などの具体を示すようにする。

例：3年【B（1）身の回りの生物】
・身の回りの生物と環境との関わり，昆虫や植物の成長のきまりや体のつくりに関する問題を科学的に解決することができる。
例：6年【A（1）燃焼の仕組み】
・密閉空間でろうそくを燃やす前後の空気の組成や，ろうそくを長く燃やす穴の開け方に関する問題を科学的に解決することができる。

❷ 評価項目

　活動を行う中での児童の姿を，自然の事物・現象に働きかけて得た気付きや疑問，問題に対する考えやその根拠についての発言，観察，実験の結果の表現などについて，具体化して示す。

学習活動	児童の姿	評価方法（観点）
自然の事物・現象に働きかける 単元のめあてをつかむ 問題を見いだす 予想や仮説を発想する 観察，実験の計画を立てる	発言したり記述したりしている	発言・ノート③
		発言・ノート②
観察，実験を行い，結果を表現する	器具を正しく扱っている 分かりやすく記録している	行動・ノート・学習プリント①
考察し，妥当な結論を導く	発言したり記述したりしている	発言・ノート②
ものづくりや現場学習などを行う		発言・ノート・学習プリント①③

例：3年【A（1）物と重さ】
・形を変える前後の粘土の重さを，分かりやすく記録している。　＜学習プリント①＞
例：4年【B（3）雨水の行方と地面の様子】
・水のしみ込み方と土の粒の大きさとの関係を調べた結果を基に，水のしみ込み方は，土の粒の大きさによって違いがあることを発言したり記述したりしている。　＜発言・ノート②＞
例：5年【A（1）物の溶け方】
・食塩やコーヒーシュガーが水に溶けると目に見えなくなることや溶けた後の食塩やコーヒーシュガーの状態についての気付きや疑問を発言したり記述したりしている。＜発言・ノート③＞

指導と評価の計画

❶目標	流れる水の働きとその大きさの変化に関す		
評価規準	（①知 ・ 技）流れる水には，土地を侵食や形に違いがあること，雨いる。 流れる水の働きと土地の変果を適切に記録している。 （②思・判・表）流れる水の働きと土地の変 （③主体的態度）流れる水の働きと土地の変生活に活かそうとしている。		

過程	時間	学習活動	
ふれる・つかむ	1	○川に流れる水の様子から得た気付きや疑問を話し合い， 単元のめあて 流れる水の働きを調べよう	
追究する	1	○問題「流れる水には，どのような働きがあるのだろうか」に対する予想をして，調べる計画を立てる。	
	1	○流れる水の働きを調べる観察，実験を行う。	
	1	○流れる水の働きを調べた結果を基に，考察し，結論を導く。	
	1	○**問題「流れる水の働きの大きさを変えるには，どのようにしたらよいのだろうか」に対する予想をして，調べる計画を立てる。（本時）**	
	2	○流れる水の速さや量を変えたときの流れる水や土地の様子を調べる観察，実験を行う。	
	1	○流れる水の速さや量を変えたときの流れる水や土地の様子を調べた結果を基に，考察し，結論を導く。	
まとめる・活かす	4	○利根川で現場学習を行い，流れる水の働きと土地の変化についてまとめる。	
	1	○台風や長雨によって増水した川の流れが土地の様子を変化させることを調べ，自然災害や防災施設の観点から流れる水の働きと土地の変化をまとめる。	

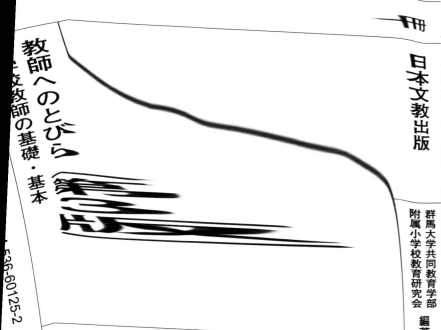

ことや，川の上流と下流によって，河原の石の大きさ
土地の様子が多く変化する場合があることを理解して

正しく扱いながら調べ，それらの過程や得られた結

見するなどして問題解決している。
解決しようとしているとともに，学んだことを学習や

目＜評価方法（観点）＞※太字は「記録に残す評価」

後の地面の様子についての気付きや疑問を発言した
りしている。　　　　　　　　　　　　＜発言・ノート③＞

働きに関する問題に対して，根拠のある予想をもと
の内容や生活経験を記述している。　　＜ノート②＞

○流れる水の働きによる土地の変化が観
きるように，土を敷いた地面のモデルの用
意をする。

○流れる水の働きを調べた結果の傾向を見い
だせるように，各班の地面のモデルを並べ
た結果の一覧の提示をする。

○流れる水の速さや量の条件を制御できるよ
うに，変化させる要因と変化させない要因
を書き込む表の用意をする。

○流れる水の速さや量を変えたときの流れる
水や土地の様子を実感できるように，土を
敷いた地面のモデルの傾斜を変えられる
台，水の量に差をつけた容器の用意をする。

○流れる水の速さや量を変えたときの流れる
水や土地の様子を調べた結果の傾向を見い
だせるように，流れる水の速さや量の条件
が同じ各班の地面のモデルを並べた結果の
一覧の提示をする。

○流れる水の働きによって土地の変化が起き
ることが身の回りの生活に当てはまること
を実感できるように，川の内側と外側の流
れの速さや，崖と川原の位置，石の大きさ
や形を調べる機会の設定をする。

○水量の増加した流れる水が身の回りに及ぼ
す影響を知ることができるように，台風や
長雨の際の川の映像の提示をする。

するという目的に応じて，水が流れた後の地面の様
子を調べるための水を流す容器などの器具を正しく扱っている。
　　　　　　　　　　　　　　　　　　＜行動①＞

◇流れる水には，土地を侵食したり，石や土などを運搬したり堆
積させたりする働きがあることを発言したり記述したりしてい
る。　　　　　　　　　　　　　　　　＜発言・ノート①＞

◇流れる水の働きの大きさの変化に関する問題に対する予想を検
証するための器具と方法を発言したり記述したりしている。
　　　　　　　　　　　　　　　　　　＜発言・ノート②＞

◇流れる水の速さや量を変えながら，地面のモデルの変化を分か
りやすく記録している。　　　　　　　＜ノート①＞

◇結果を基に，流れる水の速さや量を変えることによって，流れ
る水の働きが変化することを発言したり記述したりしている。
　　　　　　　　　　　　　　　　　　＜発言・ノート①＞

◇崖と川原の位置と，流れる水の働きやその大きさの変化との関
係を記述している。　　　　　　　　　＜学習プリント③＞

◇生活を守るための護岸ブロックなどがあることと，台風や長雨
の際に，水量の増加による侵食や運搬の働きの変化との関係を
発言したり記述したりしている。　　　＜発言・ノート①＞

（7）理科学習指導案例　一本時の学習

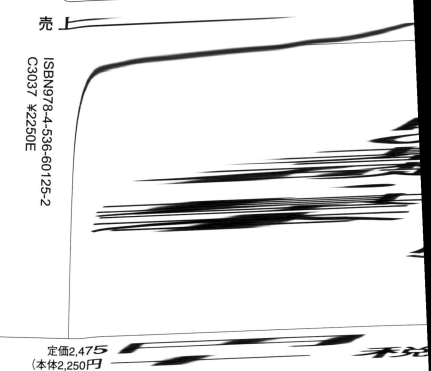

ISBN978-4-536-60125-2
C3037 ￥2250E

育成を目指す，自然の事物・現象の性質や
に必要な資質・能力に照らしたときに，本時
的に記述する。以下に，各学習活動に応じた
中に複数の学習活動を設定する場合もある。

学習活動	
自然の事物・現象に働きかける	自然の事物・
単元のめあてをつかむ	
問題を見いだす	明らかにした
予想や仮説を発想する	既習の内容や
観察，実験の計画を立てる	予想や仮説を
観察，実験を行い，結果を表現する	観察，実験の
考察し，妥当な結論を導く	自然の事物・
ものづくりや現場学習などを行う	自然の事物・

定価2,475
（本体2,250円）

自然の事物・現象に働きかける ・ 単元のめあてをつかむ ・ 問題を見いだす 場面
例：4年【A（1）空気と水の性質】
・空気鉄砲と水鉄砲の玉の飛び方の様子についての気付きや疑問を基に，明らかにしたい自然の事物・現象の
　性質や規則性などについて話し合うことを通して，単元の学習の見通しをもつことができる。

予想や仮説を発想する ・ 観察，実験の計画を立てる 場面
例：5年【B（3）流れる水の働きと土地の変化】
・流れる水の働きの変化に伴う土地の変化に関する問題に対する予想とその根拠や，計画を話し合うことを通
　して，根拠のある予想を基に，予想に応じた観察，実験の結果を想定することができる。

観察，実験を行い，結果を表現する ・ 考察し，妥当な結論を導く 場面
例：3年【A（3）光と音の性質】
・音の大きさに応じた物の震え方を調べ，その結果から考察したことを話し合うことを通して，音の大きさが
　変わると物の震え方が変わることへの認識を確かにすることができる。

❷ 指導上の留意点

各学習活動において，重視する指導上の留意点を記述する。
目的は，ねらいを達成するために身に付けたり，行ったりする必要があることを記述する。
学習指導の工夫には，目的に応じた具体的な内容を記述する。なお，活動の設定は記述せず，
活動の中で用いる道具や提示をする視点，問いかけや助言，称賛などを記述する。

学習活動	目的の例	学習指導の工夫の例
本時に行うことの見通しをもつ	～を（想起する・目的意識をもつ・見通しをもつ等）できるように	～（問題，手順，本時に行うこと等）を**問いかける・提示をする**
中心の活動	～を（身に付けられる・考えられる・気付ける・見つけられる等）ように ～を（**考えをもつ・確認する・共有する・検討する・見直す・補う・自覚する・判断する・決定する・実感する・理解する・把握する・明らかにする**等）できるように	～（視点，手順，資料，学習プリント，教材等）を**提示をする・用意する** ～（既習の内容や生活経験，予想や仮説，予想や仮説の根拠，考察したこと，考察したことの根拠，伝え合う，比較する，視点に照らす，記述する等）を**促す・問いかける** ～（○○している児童等）を**称賛する**
振り返りをする	～（**振り返りをする・見通しをもつ・意欲を高める・自覚できる・実感できる**等）ように	～（予想や仮説，予想や仮説の根拠，考察したこと，考察したことの根拠，学んだことを記述する等）を**するよう促す** ～（○○できたこと等）を**称賛する**

本時の学習（5／13 時間）

☞❶ **ねらい** 流れる水の働きの大きさの変化に関する問題に対する予想とその根拠や，計画を話し合うことを通して，根拠のある予想を基に，予想に応じた観察，実験の結果を想定することができる。

評価項目 流れる水の働きの大きさの変化に関する問題に対する予想を検証するための器具と方法を発言したり記述したりしている。 　　　　　　　　　　　　＜発言・ノート②＞

学習活動と児童の意識	☞❷ 指導上の留意点
1 本時に行うことの見通しをもつ。	
問 題：流れる水の働きの大きさを変えるには，どのようにしたらよいのだろうか	
・場所によって違う形や色の模様ができることについての問題の予想をして，予想を確かめるための計画を立てたいな。　　　（目的意識）	○流れる水の働きの大きさの変化に関する問題の予想をして，予想を検証するための計画を立てるという目的意識をもてるように，問題と本時に行うことを問いかける。
2 流れる水の働きの大きさの変化に関する問題の予想をする。 ・ぼくは，流れる水の量が増えれば，運搬の働きが大きくなると思うよ。理由は，大人用のプールの方が体が流されやすいからだよ。 ・水が速く流れると，侵食の働きが大きくなると考えた人もいるね。確かに，ホースから出る速い水でたくさん土を流せたことがあるな。 ・流れる水の量が増えたり，流れる水の速さが速くなったりすれば，堆積の働きも同じように大きくなると思うな。 ・ぼくの予想は，「流れる水の量を増やしたり，流れる水の速さを速くしたりする」にしよう。	○既習の内容や生活経験を基に，流れる水の働きの大きさの変化に関する問題に対する予想の根拠をもてるように，「流れる水」の視点で想起した既習内容と生活経験の一覧の提示をする。 ○時間的・空間的変化に着目し，予想の根拠を複数の視点で見直せるように，水が流れた前後の地面の模様の写真の用意をする。 ○流れる水の働きの大きさの変化と，それに関する既習の内容や生活経験とを関係付けられるように，水が流れた後の地面の模様の写真を用いて，予想や仮説の根拠を伝えるよう促す。
3 予想を検証するための計画を話し合う。 ・土を敷きつめた地面のモデルに水を流して，水が流れた後の様子を比べてみてはどうかな。 ・地面のモデルの傾きを変えれば，水の速さを変えられそうだね。 ・水の量を調べたいときは，水の速さを変えずに流れる水の量だけを変えよう。	○流れる水の働きの大きさの変化に関する問題の予想を検証するための計画を明確にできるように，必要な器具と方法を問いかける。 ○実証性と再現性，客観性を伴った計画を立てられるように，視点「自分でできる」「何度もできる」「だれでも分かる」の提示をする。 ○流れる水の速さや量という条件を制御できるように，基本の条件とする数値を書き込む表の用意をする。
・予想が正しいときの結果は，水の速さや量を変えると，土が削られた所は色が薄くて白っぽくなり，運ばれた所は色が濃くて黒っぽくなるはずだよ。　　　（目的を達成した意識）	○流れる水の働きの大きさの変化を調べる実験が予想を検証することの可否を判断できるように，予想が正しいときとそうでないときの結果を問いかける。
4 本時の学習の振り返りをする。 ・自分たちの予想を確かめる計画を立てられたな。 ・早く実験をして自分たちの予想を確かめたいな。	○問題解決を科学的に行えていることを実感できるように，理科の問題解決を行う上で大切な問題解決のポイントを意識できたことを称賛する。

第6章

（8）理科の学習の工夫

自然の事物・現象の性質や規則性などに関する問題解決のポイントの提示

　理科の学習では，児童が，自らの問題解決を自覚しながら，科学的な問題解決に修正を行うことが大切である。そこで，自然の事物・現象の性質や規則性などに関する問題解決のポイントを提示する。以下が，その具体である。　　　　　　　　　　　　　　　　　　　　　　　 □ は，問題解決のポイント

問題	○自然にふれる。 ○不思議に思ったことや調べてみたいことを見付ける。 ○解決したい問題をつくる。
予想	○理科で学んだことや，身の回りのことをつかって，予想をする。 ○予想の理由をしっかりともつ。
予想の理由	
計画	○予想を確かめられる計画を立てる。 ・自分でできる　・何度もできる　・だれでも分かる ○予想を確かめるために必要な道具と方法を決める。 ○予想が合っていた場合の結果を考えておく。 ○予想が合っていなかった場合の結果を考えておく。

観察，実験	○予想を確かめるために，観察，実験をする。安全に注意する。 ○考えていた結果を思い出す。 ○観察，実験の結果を分かりやすくきろくする。
結果	○観察，実験で記録したことを図や表，グラフに整理する。
考察	○観察，実験の結果をもとに，考察をする。 ・考えていた結果と，観察，実験の結果をくらべる。 ・観察，実験の結果のにているところを見付ける。
結論	○考察したことをもとに，問題の結論（問題の答え）を出す。 ・みんなが納得できる

　この自然の事物・現象の性質や規則性などに関する問題解決のポイントは，授業の導入で提示をし，児童がこのポイントを授業の中で見返すことができるようにする。また，本時の学習の振り返りをする際にも，このポイントに照らして振り返りを行うように指示する。

目的意識を持続できる問題の設定

　理科の学習では，児童が，自らの予想や仮説を検証するために，追究する自然の事物・現象の性質や規則性などが明確になり，追究の目的意識を持続していることが大切である。そこで，目的意識を持続できる問題の設定をする。その手順は，教師が想定する場面（①～③）と，児童が問題を見いだす場面（④～⑤）に分けて，以下のように行うとよい。

---

①小学校学習指導要領を参考に，児童が導く結論を想定する。
②児童が導く結論を ABC のいずれかに当てはめる。
　　A…「□□すると，自然の事物・現象はどうなるのだろうか」
　　B…「自然の事象・現象を□□するものは，何だろうか」
　　C…「自然の事物・現象を□□するには，どのようにしたらよいのだろうか」
③児童が自然の事物・現象に触れる体験の内容を決める。
④児童が単元を通して達成したい「単元のめあて」を決定する。
⑤児童が，「単元のめあて」の達成に迫る問題を決定する。

> A「自然の事物・現象の変化」
> B「自然の事物・現象の変化の要因」
> C「自然の事物・現象の性質や規則性などを生かした解決方法」

＜具体例　５年　流れる水の働き＞

①「流れる水には，侵食・運搬・堆積といった働きがある」「川の上流と下流によって，川原の石の大きさや形に違いがある」「雨の降り方によって流れる水の速さや量は変わり，増水により土地の様子が大きく変化する場合がある」
②「流れる水には，どのような働きがあるのだろうか」（A）
　「流れる水の働きの大きさを変えるには，どのようにしたらよいのだろうか」（C）
③水が流れる川の映像を見た上で，水が流れた後の地面の様子を観察する体験
④「流れる水の働きを調べよう」
⑤「流れる水には，どのような働きがあるのだろうか」
　「流れる水の働きの大きさを変えるには，どのようにしたらよいのだろうか」

計画の内容と視点の提示

　理科の学習では，児童が，自らの予想や仮説を検証できる観察，実験の計画を立てることが大切である。そこで，児童が，計画の内容を道具と方法に分けて考える機会を設定する。また，「実証性」「再現性」「客観性」という条件を伴った計画を立てることができるように，「自分でできる」「何度もできる」「だれでも分かる」という視点の提示をする。

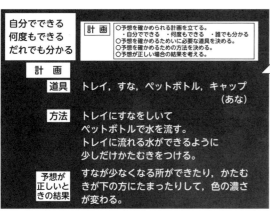

　児童は，予想や仮説を確かめるための方法を「器具」と「手順」を混同して発言したり記述したりすることが多い。「道具」「方法」と分けて問いかけることで，計画の内容が明確にできる。

計画の内容と視点が提示された板書例

予想や仮説を検証するための実験を行う児童

学級全体の結果の一覧の用意

　理科の学習では，児童が，観察，実験の結果から見いだし共通点や傾向を根拠として，問題の結論を導くことが大切である。そこで，児童が，観察，実験の結果の共通点や傾向を見いだすことができるように，各班の結果を一覧にした学級全体の結果を用意する。その際，結果を分析する視点として，「自分の班の結果から分かること」「他の班の結果から分かること」の提示をする。

地面モデルに水を流した時の様子を調べた結果

　自分たちの班の結果を記録する用紙を配付し，全部の班が記録した紙をコピーして結果の一覧にする。記録のレイアウトがそろうと，比較しやすくなる。
　また，タブレット端末や大型モニターなどの ICT 機器を用いて，画像を結合するなどした結果の一覧の提示をするなどの工夫もできる。

流れる水の速さや量を変えたときの地面モデルの様子を調べた結果を考察する児童

　「自分たちの班の結果から分かること」は，観察，実験を始める前に提示しておき，結果が出たらすぐに書き込める。「他の班の結果から分かること」は，結果の一覧を配付した直後に提示をする。

5　生　活　科

(1) 生活科の目標

　　具体的な活動や体験を通して，身近な生活に関わる見方・考え方を生かし，自立し生活を豊かにしていくための資質・能力を次のとおり育成することを目指す。
　(1)　活動や体験の過程において，自分自身，身近な人々，社会及び自然の特徴やよさ，それらの関わり等に気付くとともに，生活上必要な習慣や技能を身に付けるようにする。
　(2)　身近な人々，社会及び自然を自分との関わりで捉え，自分自身や自分の生活について考え，表現することができるようにする。
　(3)　身近な人々，社会及び自然に自ら働きかけ，意欲や自信をもって学んだり生活を豊かにしたりしようとする態度を養う。

　「身近な生活に関わる見方・考え方」とは，身近な人々，社会及び自然を自分との関わりで捉え，よりよい生活に向けて思いや願いを実現しようとするという生活の特質に応じた見方・考え方である。

　「自立し生活を豊かにしていくための資質・能力」とは，学習上の自立，生活上の自立，精神上の自立といった将来の自立に向けて，生活科の学びを実生活に生かし，よりよい生活を創造していくために必要な資質・能力である。見る，聞く，触れる，作る，探す，育てる，遊ぶなどの対象に直接働きかける具体的な活動を行う中で，身近な生活に関わる見方・考え方を生かすことで，「思考」や「表現」が一体的に繰り返し行われ，この資質・能力は育まれていく。

　また，(1)「知識及び技能の基礎」と (2)「思考力，表現力，判断力等の基礎」の末尾に「の基礎」とあるのは，幼児期の学びの特性を踏まえ，育成を目指す三つの資質・能力をはっきりと分けることができないことによるとともに，生活科が幼児期と児童期の教育を接続するという機能をもつことを表している。

(2) 生活科の内容

　生活科は，具体的な活動や体験を通して学ぶとともに，自分と対象との関わりを重視するという生活科の特質を基に，9項目の内容で構成している。この9項目の内容の関係は，下図のような三つの階層の形で表すことができる。

　「学校，家庭及び地域の生活に関する内容」の階層は，児童の生活圏としての環境に関する内容である。「身近な人々，社会及び自然と関わる活動に関する内容」の階層は，自らの生活を豊かにしていくために低学年の時期に体験させておきたい活動に関する内容である。「自分自身の生活や成長に関する内容」の階層は，(1)〜(9) 全ての内容との関連が生まれる内容である。それぞれの階層に上下関係や学習の順序性はなく，階層同士が分断されているものでもない。

　単元を構成する際には，9項目の内容の漏れや落ちが生じないようにしなければならない。

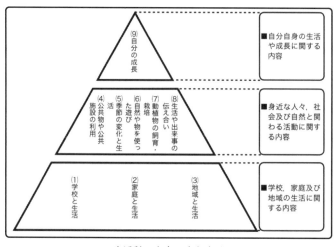

生活科の内容のまとまり

（3）生活科の単元の学習過程 ……………………………………………

生活科の単元の学習を進めていく過程は次のようなものである。

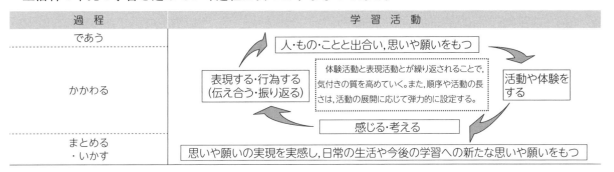

過　程	学　習　活　動
であう	人・もの・ことと出合い，思いや願いをもつ
かかわる	表現する・行為する（伝え合う・振り返る）　　体験活動と表現活動とが繰り返されることで，気付きの質を高めていく。また，順序や活動の長さは，活動の展開に応じて弾力的に設定する。　　活動や体験をする　　感じる・考える
まとめる・いかす	思いや願いの実現を実感し，日常の生活や今後の学習への新たな思いや願いをもつ

（4）生活科の学習の特色 ……………………………………………

○人・もの・ことに対する思いや願いをもつこと

　生活科の内容からも分かるとおり，学習対象である人・もの・ことは様々である。しかし，これらの対象は，教師から与えられるものではなく，児童自身が対象と直接関わり，自ら学習の目的となる思いや願いをもつことが大切である。幼児期の活動同様，見る，聞く，触れる，作る，探す，育てる，遊ぶなどをしながら直接対象に働きかけられる活動を設定する。さらに，活動の中では，教師が児童の活動に対する称賛や助言を行うことで，対象に対する児童の思いや願いがよりよく膨らむようにしていく。

1年「どろんこらんどであそぼう」

○体験活動と表現活動を繰り返しながら気付きの質を高めること

　体験だけでも表現だけでも，生活科の資質・能力を育成することはできない。なぜなら，体験活動においては自覚・無自覚を問わず，対象や自分自身への多様な気付きを得ることができ，表現活動においては対象や

2年「町たんけんに出かけよう」の体験活動と表現活動

自分自身への多様な気付きを自覚することができるからである。体験活動と表現活動を繰り返していくことで，気付きの質を高めるとともに，次の活動や生活に生かそうとする意欲や自信につながる。

○思いや願いを実現し，自分自身の成長や活動の満足感，成就感等を実感すること

　生活科の問題解決的な学習を行ってきた児童は，単元末に思いや願いの実現をする。そのため，児童が思いや願いを実現したという自覚をするために，充実した振り返り活動を設定することが欠かせない。特に，低学年の児童にとっては，「できなかったことができるようになった」「分からなかったことが分かるようになった」などという自覚が学習意欲や自信となり，自らの学びを次の活動やこれからの生活に生かしたり，新たなことに挑戦したりしようとすることにつながる。振り返り活動の際には，「できたこと」「分かったこと」「かんばったこと」「これからしていきたいこと」などの視点を提示したり，教師がこれまでに見取った児童の成長を称賛したりすることで，児童が自分自身の成長やこれまでの活動の満足感，成就感等を実感できるようにする。

（5）生活科学習指導案例　―考察―

価　値

　育成を目指す資質・能力に照らしたときの，本単元で扱う学習材（学習の対象である「人・もの・こと」）の価値を「知識及び技能の基礎」，「思考力，判断力，表現力等の基礎」，「学びに向かう人間性等」の３観点ごとに記述する。学習内容自体の価値のような，三つの柱の中の一つに焦点を当てて記述することが難しい場合は，枠を広げ，三つの柱を横断するように帯で記述する。

☞❶【知識及び技能の基礎】

　学習材の特徴・よさ，学習材との関わり方に係る技能に焦点を当てて記述する。学習材のもつ特徴・よさは広範であり，学習材と関わる中で得られる特徴・よさは児童によって異なる。ここでは，授業者が多面的・多角的に捉えた学習材の特徴・よさの中から，育成を目指す資質・能力に照らして児童に気付かせたい特徴・よさを記述するとよい。児童が学習材と関わるために必要な技能もここで記述するとよい。

☞❷【思考力，判断力，表現力等の基礎】

　学習材との関わり方を工夫したり，友達の関わり方を比べたり，自分や友達の関わり方のよさを伝えたり，見いだした新たな関わり方を試したりしながら，学習材へ繰り返し関わる活動に焦点を当てて記述する。児童は，学習材と関わることで，常に思考し，判断し，表現をしている。すなわち，学習材との関わりが少なければ，十分な思考力・判断力・表現力等の育成は望めない。授業者は，児童が得た学習材の特徴・よさを基にして，児童が繰り返し関わることを想定し，その活動の価値を見いだすことが大切である。

☞❸【学びに向かう力，人間性等】

　学習材に進んで関わろうとする態度や，単元の学習後に，自らの生活や今後の学習に対して学習材を生かそうとする思いや願いに焦点を当てて記述する。そこで，授業者は児童の学習材に対する興味・関心や関わることへの意欲を想定して記述する。また，単元の学習後の児童と学習材との関係についても想定することも大切である。そうすることで，本単元で得た学びが生活科を始めとする今後の学習や児童の生活に有機的に結び付いていく。

☞❹【学習内容と児童の関係性】

　学習内容とは，前ページ（2）の「生活科の内容」に示してある，９項目のことである。記述に際しては，授業者自身が扱う学習内容と深く関わって，学習内容のもつ特徴や魅力を多面的・多角的に捉えること，そして，そのような学習内容と児童とのつながりの実態を詳細に把握することが大切である。

生活科学習指導案

【単　元】わくわく　みんなの　きゃっぷら

考　察	知識及び技能の基礎
育成を目指す資質能力	・身近な物を利用した遊びと自分自身や友達の特徴・よさ ・材料の準備や片付け，必要な材料を利用して遊びを創り出す技能
児童の実態	・箱や画用紙，折り紙などの身近な物を利用した物作りの特徴・よさに気付いている。 ・自分の思いや願いに合った材料を選択して物作りをすることができる。 ・ペットボトルキャップの特徴・よさへの気付きは十分でない。
価　値	☞❹遊びは，児童にとって楽しいもた，遊びを通して，楽しさを原きた自立心や協働性，芽生え始こと，友達と仲よくできたこと欲と自信をもち，日常生活にお ☞❶・ペットボトルキャップには，転がす・弾く・投げる・並べる・積み上げるなど，多様な関わり方があることに気付くことができる。 ・友達とキャップランドの準備や片付けをしたり，一緒に遊んだりでき，自分自身や友達のよさに気付くことができる。
見方・考え方	ペットボトルキャップやそれを利用
今後の学習	１年「あきランドをつくろう」で，工夫をして友達と楽しく遊ぶ学習へ

令和●年●月●日（●）　第1学年●組（1年●組教室）　指導者　●●●●

んど（内容（6）「自然や物を使った遊び」）

思考力，判断力，表現力等の基礎	学びに向かう力，人間性等
・楽しい遊びを考えるという目的を見いだし，身近な物を利用した遊びと自分自身，友達への気付きを関連付けながら，ルールや身近な物の配置・組合せの工夫をし，実践する力	・身近な物を利用して遊ぶことへの意欲や自信を高めながら，友達と楽しみながら遊びを創り出そうとする態度
・箱や画用紙，折り紙などの身近な物を利用して楽しく遊ぶという目的に向け，切る・貼る・描くなどの工夫をして物作りをすることができる。 ・ペットボトルキャップの配置・組合せや遊びのルールについて，友達と工夫して，遊んだ経験は少ない。	・友達作りや学校探検を通して，学校生活への期待を高め，友達との関わりに目を向けてきている。 ・ペットボトルキャップが身近にある物である認識はあるものの，じっくりと向き合ったりたくさん使って遊んだりする経験は少ない。

のであり，「次は○○をしたい」「もっとこうしたい」等の，思いや願いをもつことができる。ま
動力に，前向きに試行錯誤を繰り返すことができる。特に，1年生にとっては，幼児期に培って
めた思考力等を存分に発揮できるとともに，今までの経験を生かせたことや自分の力でできた
等の，自らの成長に気付くことができる。これらの気付きによって，遊びに対してさらなる意
いて進んで他人と関わりながら遊びをよりよくして生活を豊かにしようとすることができる。

❷・材料を加工せずに，主にペットボトルキャップの配置・組合せ，遊びのルールの工夫によるため，繰り返し試行錯誤を行うことができる。 ・キャップランドで楽しく遊ぶという目的に向けて，友達と関わり合いながら繰り返し試すことができる。	❸・進んで身近な物を利用した遊びを創り出そうとすることができる。 ・ペットボトルキャップを利用した，自分の工夫した遊びで友達に遊んでもらいたいという思いや願いをもつことができる。

して遊ぶことを自分との関わりで捉え，楽しくキャップランドで遊ぶことについて考えている。

落ち葉や木の実などの身近な自然の物を生かして友達と作品や遊ぶ物を作り，それを使った遊び方の
と発展していく。

第6章

（6）生活科学習指導案例

―指導と評価の計画―

👆❶ 目　標

　本単元の最後に目指す児童の姿を記述する。具体的には，学習材の追究を通して児童が自立に向かう姿や身の回りのもののよさに気付き，生活を豊かにしていく姿を示す。
例：2年「町たんけんに出かけよう」
【内容（3）「地域と生活」】
・地域の様々な場所やそこで働く人々との関わり方を考えながら町探検をする中で，地域の様々な場所やそこで働く人々の特徴やよさなどに気付き，それらへの親しみをもつことができる。
例：2年「だいじにそだてよう」
【内容（7）「動植物の飼育・栽培」】
・ウサギに喜んでもらう方法を考え工夫しながら繰り返し関わる中で，ウサギの特徴や様子，よさなどに気付き，身近な動物への親しみをもつことができる。
例：1年「大きくなったじぶんをしろう」
【内容（8）「生活や出来事の伝え合い」
　　　（9）「自分の成長」】
・園児との関わり方や学校のよさの伝え方を考えながら交流をする中で，園児の特徴やよさ，園児と交流する楽しさ，自分自身の成長などに気付き，年下の児童への親しみや，これからの自分の成長への期待をもつことができる。

👆❷ 評価項目

　関わり方についての工夫やよさ，人・もの・ことに対する思いや願いなどに関わって，記述したり発言したりしている姿など，評価項目の児童の姿を見取る上で適した方法を記述する。
例：2年「町たんけんに出かけよう」
【内容（3）「地域と生活」】
・地域の様々な場所で働く人々と関われた喜びや感謝の気持ちを発言したり記述したりしている。＜発言・学習プリント③＞
例：2年「だいじにそだてよう」
【内容（7）「動植物の飼育・栽培」】
・ウサギともっと仲よくなりたいという思いを発言したり記述したりしている。
　　　　　　　　　　＜発言・学習プリント③＞
例：1年「大きくなったじぶんをしろう」
【内容（8）「生活や出来事の伝え合い」
　　　（9）「自分の成長」】
・自分だけでなく，園児が楽しめるような遊びを伝えている。　＜行動・発言②＞

指導と評価の計画

👆❶ 目標		身近な物を利用した遊びを創り出すことができる。	
評価規準		（①知　・　技）　身近な物を利用した遊びに気付いている。 （②思・判・表）　自分と友達のキャップラ （③主体的態度）　身近な物を利用して遊ぶ	
過程	時間	学習活動	
であう	1	○ペットボトルキャップで遊び，その感想を伝え合い，学習のめあてを決める。 　学習のめあて ―― 　楽しいキャップランドを作って，友達と遊ぼう	
かかわる	1	○キャップランドのイメージを決め，必要な身近な物を選ぶ。	
	1	○自分や友達が楽しく遊べるキャップランドを作る。	
	1	○作ったキャップランドを試し，見直す。	
	2	**○キャップランドを作り直す。** （本時2／2）	
・まとめる ・いかす	1	○これまでに考えたキャップランドで友達と一緒に遊ぶ。	
	1	○キャップランドで友達と楽しく遊べた理由やこれから遊んでみたいことを話し合う。	

や友達と一緒に遊ぶことの楽しさ，自分自身の成長に気付き，友達との遊びを楽しみたいという思いや願いをもつこ

を創り出すことや友達と一緒に遊ぶことの楽しさ，友達と楽しみながら遊びを創り出すことができた自分自身の成長

ンドを比べたり相談したりしながら，ルールや身近な物の配置・組合せを工夫したり，試したりしている。
ことへの意欲や自信を高めながら，友達と楽しんで遊びを創り出している。

指導上の留意点	評価項目＜評価方法（観点）＞※太字は「記録に残す評価」
○ペットボトルキャップを利用して楽しく遊びたいという思いや願いをもてるように，ペットボトルキャップで自由に遊ぶ時間を十分確保する。	◇**ペットボトルキャップで遊んだ楽しさやもっと遊びたい気持ちを発言したり，友達とペットボトルキャップを利用して笑顔で遊んだりしている。**　＜発言・行動③＞
○キャップランドのイメージを膨らませることができるように，キャップと段ボール箱，段ボール板，紙筒，紙コップを置いた材料コーナーを用意する。	◇キャップランドのイメージに合わせて，必要な身近な物を選んだり，組み合わせたりしている。　＜行動②＞
○友達と相談しながら身近な物の配置・組合せを繰り返し試せるように，キャップランドが似ている児童同士の班を編制する。	◇身近な物の配置・組合せを変えながら繰り返し遊びを試している。　＜行動②＞
○ルールや身近な物の配置・組合せを工夫できるように，「ルール」「材料の置き方や組合せ」の視点を提示する。	◇**ルールや身近な物の配置・組合せについて，発言したり，実際に材料を動かしたりしている。**　＜発言・行動②＞
○自分と友達のキャップランドを比べながらルールや身近な物の配置・組合せのよさを基にさらに工夫できるように，前時にキャップランドを試した際の画像を提示する。	◇身近な物を利用した遊びを創り出すことの楽しさについて発言したり，キャップランドで笑顔で遊んだりしている。　＜発言・行動①＞
○友達と一緒に遊ぶことの楽しさを実感できるように，「キャップランドの楽しさ」の視点を提示する。	◇友達と一緒に遊ぶことの楽しさについて発言している。　＜発言①＞
○身近な物を利用して遊ぶことへの意欲をさらに高められるように，「キャップランドで遊んで気付いたこと」「これからしていきたいこと」の視点を提示する。	◇**身近な物を利用して遊ぶことのよさやこれからも遊びを創り出したいという思いを，絵や文で記述している。**　＜学習プリント①＞

※キャップランドの例

（7）生活科学習指導案例　―本時の学習―

❶ ねらい

　本単元で育成を目指す自立し生活を豊かにしていくための資質・能力に照らしたときに，本時の中心的な学習活動と，児童が身に付けることを端的に一文で記述する。

例：2年「町たんけんに出かけよう」【内容（3）「地域と生活」】
・探検する施設についての新たな疑問を解決する方法について話し合うことを通して，2回目の町探検で調べることを決めることができる。
例：2年「だいじにそだてよう」【内容（7）「動植物の飼育・栽培」】
・ウサギの様子を観察し，ウサギの気持ちを想像しながらすみかを作り直すことを通して，ウサギが喜ぶすみかを工夫することができる。
例：1年「大きくなったじぶんをしろう」【内容（8）「生活や出来事の伝え合い」（9）「自分の成長」】
・学校のよさを紹介し合って聞いた友達からの感想を基に，学校のよさの伝え方を話し合うことを通して，園児の立場に立った学校のよさの伝え方を導くことができる。

❷ 指導上の留意点

　各学習活動において，重視する指導上の留意点を記述する。
　目的には，ねらいを達成するために，学習材の特徴・よさに気付いたり，学習材に関わる技能を身に付けたり，学習材への関わり方について思考・表現したり意欲を高めたりする必要があることを記述する。
　学習指導の工夫には，それぞれの目的を達成するために必要な具体的な内容を記述する。なお，活動の設定は記述しない。活動の中で用いる学習材や学習材との関わりに必要な道具・視点などの提示，気付きや思考を促す問いかけや助言，称賛などを記述する。

本時の段階と目的例	学習指導の工夫例
○めあてをつかむ ・友達と相談したり試しに伝えてみたりして学校のよさの伝え方を工夫するという本時の見通しをもてるように，	・「生活科における学び方」を提示し，園児に喜んでもらえる伝え方にする方法を問いかける。
○追究する ・ウサギの気持ちを考えることの大切さを自覚できるように，	・ウサギのすみかを作り直した理由を問いかける。
○振り返りをする ・2回目の町探検への意欲を高められるように，	・町探検で調べたいことを学習プリントに記述したり，発表したりできたことを称賛する。

本時の学習（6／8時間）

☞❶**ねらい**　ペットボトルキャップを用いた遊びのルールや身近な物の配置・組合せについて相談したり，試したりすることを通して，自分や友達，他の班のよさを生かした遊びにすることができる。

評価項目　身近な物を利用した遊びを創り出すことの楽しさについて発言したり，キャップランドで笑顔で遊んだりしている。　　　　　　　　　　　　　　　　＜発言・行動①＞

学習活動と児童の意識	☞❷ 指導上の留意点
1　**本時のめあてをつかむ。** ・友達と相談して遊びを試しながら，キャップランドをもっと楽しくしたいな。　　　（目的意識）	○友達と相談したり試したりして，より楽しめるキャップランドにするという目的意識をもてるように，「工夫をする方法」という視点を提示し，楽しいキャップランドにする方法を選ぶよう促す。

めあて：ともだちとそうだんをして，きゃっぷらんどをもっとたのしくしよう

学習活動と児童の意識	指導上の留意点
2　**相談したり試したりして，キャップランドを作る。** ・班の友達からアドバイスをもらったり，友達の遊びと比べたりすれば，的当てがもっと楽しくなりそうだよ。 ・ぼくは，他の班のボウリングみたいに投げるキャップを増やしたらいいと思うよ。手でつかめるキャップが10個だから，10個でやってみようよ。 ・キャップを10個にしていっぺんに投げたら，的に当たるようになったし，友達が「前よりたくさん当たって楽しい」って言ってくれてうれしいな。友達の1点の的と2点の的を用意して，点数を付けるという工夫もいいな。 ・友達と一緒に特別な10点の的を用意してやってみたら，他の友達がもっとやりたいって言ってくれたよ。遊びを工夫すると，楽しく遊べるな。 ・投げるキャップを10個にして，的の点数を変えてみたよ。10個にすれば，絶対にキャップが当たるし，的の点数が増えれば，合計得点が大きくなって楽しくなるからだよ。 ・今日は，友達とたくさん相談をして，前よりももっと楽しめるような遊びにすることができたな。　　　　　　　　（目的を達成した意識）	○ルールや物の置き方・組合せの工夫の伝え方の見通しをもてるように，「生活科における学び方」を提示し，工夫の伝え方を演示する。 ○キャップランドのよさを想起できるように，前時のキャップランドを試し合った際の画像を，モニターに提示する。 ○キャップランドの新たなよさに気付けるように，材料コーナーとキャップランドを試す場を活用するよう促す。 ○ルールや物の置き方・組合せの工夫を創り出す楽しさを自覚できるように，工夫をしながら試している児童を称賛する。 ○ルールや物の置き方・組合せの工夫をしたところと楽しさとの関係を自覚できるように，工夫をしたところとその理由を問いかける。 ○キャップランドをよりよく改善できたことを実感できるように，最初のキャップランドと比べて感じたことを問いかける。
3　**本時の学習の振り返りをする。** ・楽しくなったのは，友達とアドバイスを言い合えたからだよ。次もたくさんアドバイスをして，キャップランドをもっと楽しくしたいな。	○キャップランドで友達と遊びを楽しむことへの意欲を高められるように，「生活科における学び方」を再度提示し，満足する遊びを導けたことと，役立った心構えについて自己評価するよう促す。

（8）生活科の学習の工夫

生活科における学び方の提示

　児童が主体的・対話的に学習するためには，学習の見通しをもつことが重要である。そこで「生活科における学び方」の提示をする。学び方は，生活科の考え方（比較・分類・関連付け・試行）と友達との協働の要素から，教師が作成する。そして，右図のような資料を活動の始めに提示し，活動中に児童がいつでも見返せるようにする。そうすることで，生活科の考え方を道具として活用するとともに，友達と協働的に学ぶ姿のイメージをもって活動に取り組めるようになる。また，学習の振り返りの際に役に立つ項目を問いかけることで，友達と協働的に学べたことを自覚することができる。

生活科における学び方

表現方法の工夫

　児童は，考えたり感じたりしたことなどを表現することで，対象や自分自身への多様な気付きを自覚することができる。教師は，多様にある表現方法の中から，学習内容や児童の実態などに応じて選択し，内容を工夫することが大切である。

表現方法の例

絵画　ポスター　パンフレット　絵地図　紙芝居　巻物　絵本　ペープサート　動作化　劇　歌
踊り　手紙　観察日記　学習プリント　新聞　作文

具体例　第1学年「おおきくそだてよう」

アサガオになりきって気持ち表す動作化

大きくなってきたアサガオになって，鉢の中にいる気持ちを想像して発表する。

具体例　第2学年「町たんけんをしよう」

町探検でお世話になった人への手紙

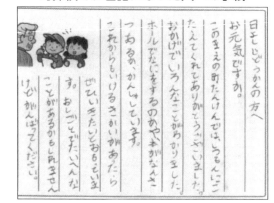

お世話になった町の人へ，感謝の気持ちとともに，自らの気付きを記述する。

体験活動の工夫

　児童が，対象や自分自身への多様な気付きを得るためには，体験活動の中で対象との自らの関わり方を工夫したり見直したりして，自らの関わり方が目的の達成に向かっていることを自覚できるようにすることが大切である。そこで，自らの目的の達成状況を確認することができるように，以下のように体験活動の工夫を行う。

体験活動の工夫	効　果
ア　自らの関わり方を可視化できるものの用意	自らの関わり方を視覚的に捉えられるようにすることで，自らの目的の達成状況を自覚することができる。
イ　目的を達成した状態を具体的に示すものの提示	目的を達成した状態を具体的にイメージすることで，自らの関わり方のよさや問題点を明確にすることができる。
ウ　互いの関わり方を見合うことのできる小集団の編制	自分と友達の目的の達成状況を比較することで，自らの関わり方のよさや改善点を見いだすことができる。

具体例　第1学年「むかしのあそびであそぼう」

グループで，昔の遊び名人を目指して遊ぶ活動の設定

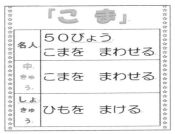

ア　昔のおもちゃと遊び方を評価するシール・学習プリントの用意　　イ　昔の遊びが上達した状態を示した表の提示　　ウ　名人になりたい昔の遊びが同じ子ども同士のグループ編制

具体例　第1学年「がっこうたんけんをしよう」

グループで，校内の施設や設備の使い方を，働く人々にインタビューする活動の設定

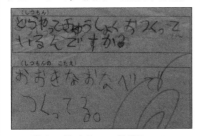
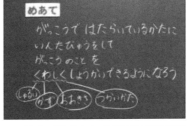

ア　校内で働く人々の仕事について，インタビューしたいことを記入する学習プリントの用意　　イ　校内で働く人々の仕事について知ることができた状態を具体的に示しためあての提示　　ウ　調べたい校内の施設が異なる児童同士のグループ編制

6 音　楽　科

(1) 音楽科の目標

　　表現及び鑑賞の活動を通して，音楽的な見方・考え方を働かせ，生活や社会の中の音や音楽と豊かに関わる資質・能力を次のとおり育成することを目指す。
　(1)　曲想と音楽の構造などとの関わりについて理解するとともに，表したい音楽表現をするために必要な技能を身に付けるようにする。
　(2)　音楽表現を工夫することや，音楽を味わって聴くことができるようにする。
　(3)　音楽活動の楽しさを体験することを通して，音楽を愛好する心情と音楽に対する感性を育むとともに，音楽に親しむ態度を養い，豊かな情操を培う。

　「音楽的な見方・考え方」とは，音楽に対する感性を働かせ，音や音楽を，音楽を形づくっている要素とその働きの視点で捉え，自己のイメージや感情，生活や文化などと関連付けることである。
　「生活や社会の中の音や音楽と豊かに関わる資質・能力」とは，音や音楽が人々の生活に影響を与えたり，自分の感情に働きかけてくることに気付き，生活や感情に合わせて，歌う・演奏する・つくる・聴く等の関わり方を自ら築き，音や音楽と豊かに関わることができるようになる資質・能力である。

(2) 音楽科の内容

　音楽科の内容は，「A 表現」（「歌唱」，「器楽」，「音楽づくり」の三つの分野），「B 鑑賞」の二つの領域及び〔共通事項〕で構成されている。各領域（分野）の詳しい内容は以下のとおりである。

A 表現	歌唱	自らの声で，曲の表現を工夫し，思いや意図をもって歌うもの。
	器楽	楽器で，曲の表現を工夫し，思いや意図をもって演奏するもの。
	音楽づくり	創造性を発揮しながら，自分にとって価値のある音や音楽をつくるもの。
B 鑑賞		曲想と音楽の構造との関わりなどについて理解しながら，曲や演奏のよさなどを見いだし，曲を全体にわたって味わって聴くもの。

　〔共通事項〕は，表現及び鑑賞学習において共通に必要となる資質・能力である。〔共通事項〕で取り扱う対象となるのは，音楽を形づくっている要素及び音符，休符，記号や用語である。音楽を形づくっている要素は，音楽を特徴付けている要素（音色，リズム，速度，旋律，強弱，音の重なり，和音の響き，音階，調，拍，フレーズなど）と，音楽の仕組み（反復，呼びかけとこたえ，変化，音楽の縦と横との関係など）とに分かれる。音符，休符，記号や用語については，学習活動の中で読んだり記録したりする際に有用性を感じ，実際に活用できる知識として理解することが大切である。
　歌唱や器楽，鑑賞の活動においては，取り扱う曲の曲想と音楽の構造などとの関わりについて理解しながら，表現したり鑑賞したりすることが大切となる。曲想とは，その音楽に固有の雰囲気や表情，味わいのことである。この曲想は，音楽の構造によって生み出されるものであり，音楽の構造とは，音楽を形づくっている要素の表れ方や，音楽を特徴付けている要素と音楽の仕組みとの関わり合いである。

（3）音楽科の題材の学習過程 ·····································

音楽科の題材の学習を進めていく過程は次のようなものである。

過　程	学　習　活　動	
つかむ	聴いたり演奏したりして，聴き取ったり感じ取ったりしたことを伝え合う	鑑賞領域
	題材のおおまかな見通しをもち，題材の課題をつかむ	
追求する	音楽表現に対する思いや意図をもち，思いや意図に合った音楽表現の工夫に対する課題を設定する	
	工夫して音楽表現をする　⟷　音楽表現に対する感想を伝え合い，思いや意図を膨らませる	
	思いや意図に合った音楽表現の工夫を決め，課題を解決する	
	※上記4つの活動を繰り返す	
まとめる・生かす	考えた音楽表現の工夫を生かして表現する	
	音楽表現を基に，題材全体の振り返りをする	

　たくさんの音楽に触れ，音や音楽の捉えを広げ，より豊かに音や音楽と関わることができるように，題材における「よりどころとなる音楽を形づくっている要素」を要として，表現領域と鑑賞領域を⌐⌐⌐⌐の中で適宜組み合わせていく。

（4）音楽科の学習の特色 ···

①表現領域と鑑賞領域の関連や，歌唱，器楽，音楽づくりの各分野の関連を図る

　生活や社会の中の音や音楽，音楽文化と豊かに関わる資質・能力の育成を目指すためには，表現及び鑑賞において，多様な音楽活動を幅広く体験することが大切である。表現（歌唱，器楽，音楽づくり）及び鑑賞が個々に行われるだけでなく，相互に関わり合うことが欠かせない。そこで，それぞれの学習を，共通事項にある音楽を形づくっている要素（音楽を特徴付けている要素，音楽の仕組み）を要とし，各題材間における各領域や分野の関連を図る。

②自ら音楽に関わり，協働して音楽活動をする楽しさを感じたり味わったりできるようにする

　児童が自ら音楽に関わっていくことが重要である。そこで発達段階や学習の系統性等を踏まえて，低学年では「楽しく」，中学年では「進んで」，高学年では「主体的に」，音楽への関わり方が質的に高まっていくようにする。

　友達と協働して音楽活動をする楽しさを感じたり味わったりすることが重要である。そこで，音や音楽及び言葉によるコミュニケーションを図りながら，友達と音楽表現をしたり，音楽を味わって聴いたりする機会を意図的に設定する。また，発達段階や学習の系統性等を踏まえて，低学年及び中学年では「感じながら」，高学年では「味わいながら」，協働して音楽活動をする楽しさの感じ方が，質的に高まっていくようにする。

　表現領域で，児童一人一人が音楽表現を試しながら思いや意図をもったり，鑑賞領域で，自分にとっての音楽の楽しさやよさなどを見いだし，曲全体を聴き深めたりすることはとても大切である。気付いたことや感じ取ったことなどについて友達と互いに交流し，音楽の構造について共有したり，感じ取ったことに共感したりする中で，客観的な根拠を基に自分の考えをもち，音楽表現や鑑賞の学習を深めていく過程に音楽科の学習としての意味がある。

（5）音楽科学習指導案例　―考察―

価　値

育成を目指す「生活や社会の中の音や音楽と豊かに関わる資質・能力」に照らしたときの，本題材で扱う教材曲の価値を記述する。「知識及び技能」「思考力，判断力，表現力等」，「学びに向かう力，人間性等」の３観点ごとに，本題材で扱う曲だからこそ学習できることを記述する。

☞❶【知識及び技能】

曲想と音楽の構造や歌詞の内容などとの関わりについて焦点を当てて記述する。音楽の構造とは，音楽を形づくっている要素（音楽を特徴付けている要素と音楽の仕組み）の表れ方や，音楽を特徴付けている要素（音色，リズム，速度など）と音楽の仕組み（反復，変化など）との関わり合いである。

「技能」は表したい音楽表現をするために必要な歌唱や演奏，音楽づくりの技能に焦点を当てて記述する。

☞❷【思考力，判断力，表現力等】

表現領域では一人一人の思いや意図に合った音楽表現を工夫するための手掛かりについて記述する。

鑑賞領域では音楽を味わって聴くための曲の雰囲気や表情，形式などの観点に焦点を当てて記述する。

☞❸【学びに向かう力，人間性等】

音楽活動を体験することを通して，音楽を愛好する心情を育むことや音楽に親しむ態度を養うことに焦点を当てて記述する。

☞❹【よりどころとなる
音楽を形づくっている要素】

題材で扱う複数の教材曲に共通している音楽を形づくっている内容や要素について記述する。

音楽科学習指導案

【題　材】旋律の重なり合う響きを味わおう

考　察	知識及び技能
育成を目指す資質能力	・曲想と旋律の重なりとの関わりについての理解 ・旋律の重なりを生かした音楽表現をするために必要な技能
児童の実態	・曲想と楽器の音色との関わりについて理解をし，曲想に合った音色の楽器を重ねて演奏することができる。 ・旋律の重なることで生まれる様々な響きについての理解をしたり，旋律の役割を生かした演奏をしたりすることに難しさがある。
価　値	☞❹本題材で扱う曲には，「一つのリズムで重なる部分」など，る曲想の変化について，繰り返 ☞❶・『いつでもあの海は』の旋律の重なり方を比較しながら歌唱することは，旋律の重なり方による曲想の表れ方の違いに気付くことができる。 ・互いの声や音を聴きながら繰り返し表現することは，旋律の役割を生かして，曲に合った声や音を重ねて表現する技能を高めることができる。
見方・考え方	音楽に対する感性を働かせ，音や音
今後の学習	５年「和音の美しさを味わって」学習へと発展していく。

令和●年●月●日（●）　第5学年●組（第2音楽室）　指導者　●●●●

（『いつでもあの海は』『リボンのおどり』『アイネ クライネ ナハトムジーク 第1楽章』）

思考力，判断力，表現力等	学びに向かう力，人間性等
・曲想に合わせて旋律の重ね方を工夫して表現しようという思いをもつ力 ・旋律の重なり合う響きを味わって聴く力	・旋律の重なり合う響きのよさに関心をもち，進んで音楽表現をしたり，聴いたりする態度
・様々な楽器の音色を感じ取って聴いたり，イメージに合わせて演奏をしたいという思いをもって奏法を工夫したりしてきている。 ・旋律の重なりを感じ取って聴いたり，旋律の重ね方を工夫して演奏をしたりすることに難しさがある。	・音を重ねて合奏をすることの楽しさを感じ，楽器の音色や響きに関心をもって合奏に取り組んできている。 ・旋律の重なり方の違いによる曲想の違いに関心をもって表現したり，様々な旋律の重なり方が生み出す響きのよさを実感したりしてはいない。

旋律の部分」，「複数の旋律が異なるリズムで重なる部分」，「複数の音の高さが違う旋律が同じ様々な旋律の重なり方がある。歌唱，器楽，鑑賞の活動を通して，旋律の重なり方の違いにより気付いて表現したり味わったりすることができる。

❷・『リボンのおどり』を鑑賞する際に，主旋律，飾りの旋律，伴奏の三つの役割に分かれて，体を動かしながら鑑賞することは，旋律の重なり方の違いやその面白さを味わって聴いたり，旋律を重ねて演奏することへの思いや意図をもったりすることができる。また，複数の旋律の重ね方を試行することは，思いや意図に合った音楽表現を工夫する力を高めることができる。
・『アイ ネクライネナ ハトジーク』は，旋律の重なり方が移り変わっていく曲のため，曲想と旋律の重なり方を結び付けながら，味わって聴くことができる。

❸・旋律の重ね方を工夫して『リボンのおどり』を演奏することは，旋律の重なり方を変えることによって生まれる，響きの違いや面白さを実感し，旋律の重なり合う響きのよさに関心をもつことができる。また，旋律の重なりを生かして，進んで演奏する態度を身に付けることができる。

楽を，旋律の重なりとその働きの視点で捉え，イメージや感情とつなげて考えること

で，Ⅰ，Ⅳ，Ⅴ度の和音の響きの美しさや移り変わりを感じ取りながら，表現したり鑑賞したりする

第6章

（6）音楽科学習指導案例

—指導と評価の計画—

❶ 目 標

　曲から感じ取ったり聴き取ったりする内容，音楽表現の方法や工夫，活動を通して身に付けた知識や技能，活動に対する態度などを含む姿を記述する。

例：2年 「くりかえしを見つけよう
　　　　　A表現（1）（3）B鑑賞」
・反復を楽しみながら歌ったり聴いたり，反復を用いて短いリズムフレーズをつくったりしている。

例：4年 「歌声のひびきを感じ取ろう
　　　　　A表現（1）B鑑賞」
・音色や音の重なりと曲想との関わりに気付き，味わいながら聴いたり，声の音色や重ね方を工夫して歌ったりしている。

❷ 評価項目

　活動を行う中での児童の姿を，曲想の感じ取り方，音楽の構造の聴き取り方，音楽表現の工夫についての考えや方法，表現や鑑賞の態度などについて，焦点化した姿を記述する。

例：2年 「くりかえしを見つけよう
　　　　　A表現（1）（3）B鑑賞」
・同じリズムを2回以上用いて，自分のお祭りのイメージに合ったリズムの組合せでリズムフレーズをつくっている。
　　　　　　　　　＜表現・学習プリント②＞
・反復のよさや面白さについてを発言したり，楽しみながら表現しようとしたりしている。　　　　　　　　　　＜発言・表現③＞

例：4年 「歌声のひびきを感じ取ろう
　　　　　A表現（1）B鑑賞」
・互いの声を聴きながら，呼吸や発声に気を付けて歌っている。　　　　＜表現①＞
・曲想と歌声の重なりとの関係に気付き，掛け合いや重なり方のよさや面白さについて発言したり記述したりしている。
　　　　　　　　　＜発言・学習プリント②＞

指導と評価の計画

❶

目標	曲想と旋律の重なりとの関わりを理解しな			
評価規準	（①知 ・ 技）　曲想と旋律の重なりとの　　　　　　　　　　互いの声や音を聴き合い （②思・判・表）　曲想に合わせて旋律の重 （③主体的態度）　旋律の重なり合う響きの			
教材	ア…いつでもあの海は　　佐田和夫　作詞 イ…リボンのおどり　　　芙龍明子　日本 ウ…【鑑】アイネ クライネ ナハトムジーク			

過程	時間	配分	学習活動	
つかむ	1	イ	○『リボンのおどり』を聴いたり，『いつでもあの海は』を聴いたり歌ったりして「旋律の重なり合う響きを味わおう」という題材のめあてをつかむ。	
		ア		
追求する	1		○『いつでもあの海は』を二部合唱する。	
	1	イ	○『リボンのおどり』を体を動かしながら聴いたり，各パートの旋律を演奏したりする。	
	1		○『リボンのおどり』のグループのイメージを考え，様々な旋律の重ね方を試す。	
	1		○『リボンのおどり』の旋律の重ね方を試す。（本時）	
	1		○『リボンのおどり』の合奏をする。	
・まとめる生かす	1	ウ	○『アイネ クライネ ナハトムジーク 第1楽章』を聴く。	

がら，旋律をきれいに重ねて合唱や合奏をしたり，旋律の重なり合う響きを味わって聴いたりしている。

関わりを理解している。
ながら，曲想に合わせて，旋律をきれいに重ねて歌ったり演奏したりしている。
ね方を工夫して表現しようという思いをもったり，旋律の重なり合う響きのよさを感じ取って聴いたりしている。
よさに関心をもって，進んで表現したり聴いたりしている。

長谷部匡俊　作曲　　へ長調　　4分の4拍子
語詞　　メキシコ民謡　原由多加　編曲　　ハ長調　　4分の2拍子
第1楽章　　モーツァルト　作曲　　ト長調　　4分の4拍子

指導上の留意点	👆❷ 評価項目＜評価方法（観点）＞ ※太字は「記録に残す評価」
○旋律の重なりによって響きが変わることを感じ取れるように，場面ごとに聴いたり歌ったりして曲想を比較する機会を設定する。	◇旋律の重なりを聴き取り，曲想の違いについて発言や記述をしている。　　　　　　　　　　＜発言・学習プリント③＞
○曲想と旋律の重なり合わせた響きとの関わりに気付けるように，曲想と，旋律の重なりの特徴とのつながりを整理する機会を設定する。	◇曲想と旋律の重なりとの関わりについて発言や記述をしたり，互いの声を聴きながら，声を合わせて歌ったりしている。　　　　　　　　　　＜発言・学習プリント・表現①＞
○曲の場面をイメージできるように，二人組でリボンを用いて『リボンのおどり』の曲に合わせて踊る機会を設定する。	◇曲想を感じ取り，曲の場面について発言や記述をしたり，曲に合わせて体を動かしたりしている。　　　　　　　　　　＜発言・学習プリント・表現③＞
○曲想と旋律の重なりとを関連付けながら，様々な旋律の重ね方を試すことができるように，用意した複数枚の楽譜に選択した旋律に印を付けながら演奏する機会を設定する。	◇旋律の重ね方の違いによる，曲想の違いについて発言や記述をしている。　　　　　　　　　　＜発言・学習プリント②＞
○グループのイメージに合わせて旋律の重ね方を考えられるように，グループのイメージと演奏の工夫とをつなげて記入できる，楽譜の記された学習プリントを用意する。	◇グループのイメージに合う旋律の重ね方について発言や記述をしたり，旋律の重ね方を変えて演奏したりしている。　　　　　　　　　　＜発言・学習プリント・表現②＞
○旋律の重なり合う響きのよさや美しさを味わうことができるように，体を動かしながら他のグループの合奏を聴く機会を設定する。	**◇グループのイメージに合わせて旋律の重ね方を工夫して，演奏している。** 　　　　　　　　　　**＜表現①②③＞**
○旋律の重なりの違いによる曲想の変化に気付けるように，曲想と旋律の重なり方を記すための総譜を，場面ごとに用意する。	**◇旋律の重なり合う響きのよさや美しさを感じ取ったり，旋律の重なりや音色の違いによる響きの違いを聴き取ったりしたことを記述している。** 　　　　　　　　　　**＜学習プリント②＞**

（7）音楽科学習指導案例　―本時の学習―

❶ ねらい

　本題材で育成を目指す生活や社会の中の音や音楽と豊かに関わる資質・能力に照らしたときに，本時の中心的な学習活動と，児童が身に付けることを端的に記述する。

歌唱例：2年「ようすをおもいうかべよう」
・歌詞の内容から，小ぎつねの気持ちや季節の移り変わりを想像し，歌詞に合わせて体を動かしながら歌うことを通して，小ぎつねの様子に合った音色や速度などの歌い方を工夫することができる。

器楽例：3年「いろいろな音のひびきをかんじとろう」
・少人数のグループに分かれ，「速度」「強弱」の観点から自分たちのグループのイメージに合う工夫を試行することを通して，曲想に合った合奏をすることができる。

音楽づくり例：2年「くりかえしを見つけよう」
・リズムカードを操作したり，工夫や工夫のよさや面白さを伝え合ったりすることを通して，反復の仕方や，組み合わせるリズムを工夫することができる。

鑑賞例：6年「詩と音楽の関わりを味わおう」
・同じ曲を，同声や女声，男声といった異なる形態で比較鑑賞することを通して，それぞれの声の特徴や響きの違いを感じ取ったり聴き取ったりすることができる。

❷ 指導上の留意点

　各学習活動において，重視する指導上の留意点を記述する。
　目的は，生活や社会の中の音や音楽と豊かに関わる資質・能力と照らして，ねらいを達成するために身に付けたり行ったりする必要があることを児童を主語にして記述する。
　学習指導の工夫は，指導上の留意点の目的に応じた内容を教師を主語にして具体的に記述する。
　目的と学習指導の工夫がつながるようにする。

学習活動	目的の例 （さらに具体化して記述する）	学習指導の工夫の例
めあてを つかむ	○曲に対し関心をもつことができるように ○〜という本時の見通しをもてるように	・曲に合わせて体を動かすよう**促す**。 ・使われている楽器や曲に関する写真を提示し，演奏されている場面や雰囲気等を**問いかける**。 ・自分の選んだ楽器で旋律を演奏し，目指す音楽表現に近付けるために必要なことを**問いかける**。
中心の活動	○試行しながら音楽表現の工夫を考えられるように	・イメージを基に，楽器の組合せを変えながらグループで演奏するよう**促す**。 ・イメージに合う奏法や使用する楽器の工夫を**問いかける**。 ・音の長さなどを変えて演奏しながら比較してみるよう**助言する**。 ・各グループの表現の工夫やそのよさを整理して**板書する**。
振り返りを する	○本時での音楽表現の高まりを実感できるように ○次時への意欲をもてるように	・旋律の重なる響きと工夫したこと（本時で学習したこと）を意識して，合奏をするよう**促す**。 ・目指す音楽表現に向けて，グループで協力しながら音楽表現の工夫をして合奏ができたことを**称賛する**。

本時の学習（5／7 時間）

❶**ねらい**　グループのイメージに合う旋律の重ね方を考えて演奏したり，グループ同士で互いの演奏を聴き合ったりすることを通して，グループのイメージに合わせて旋律の重ね方を工夫することができる。

評価項目　グループのイメージに合う旋律の重ね方について発言や記述をしたり，旋律の重ね方を変えて演奏したりしている。　　　　　　　　　　　　　　　　　　　＜発言・学習プリント・表現②＞

学習活動と児童の意識	❷指導上の留意点
1　**本時のめあてをつかむ。** ・ぼくたちは「2 人が楽しく踊った後に，リボンを結ぼうとしたけれど結べなくて，最後にできて喜ぶ」というイメージで演奏したいよ。どのように旋律を重ねるとぼくたちのイメージに合うか，試したいな。　　　　　　　（目的意識）	○前時の学習を想起できるよう，試した旋律の重ね方を問いかける。 ○グループのイメージに合わせて旋律の重ね方を工夫しながら試すという本時の見通しをもてるように，前時に考えた旋律の重ね方による曲想の違いをまとめた模造紙を提示し，グループのイメージや現段階での達成度と本時に取り組みたいことを問いかける。
めあて：グループのイメージに合うように，試しながら旋律の重ね方を工夫しよう	
2　**グループごとに，イメージに合った旋律の重ね方を試行する。** ・「2 人が楽しく踊っている感じ」を表すには，「伴奏に合わせて主な旋律を二つの楽器で交互に演奏する重ね方」が合いそうだね。試してみよう。 ・木琴とリコーダーで交互に演奏したら，わくわくする感じがしたね。他の楽器はどうかな。 ・ぼくたちは「2 人が楽しく踊っている感じ」を表すために，主な旋律を二つの楽器で交互に演奏したよ。もう少し喜ぶ感じも出したいな。友達のグループは，どんな重ね方で演奏しているのかな。 ・友達のグループは，結べなくて困る感じを出すために，主な旋律をキーボードで演奏しているね。 ・楽器を変えると，音色が変わっていろいろな感じを表せそうだな。ぼくたちも主な旋律の楽器を変えて，試してみよう。 ・重ねて演奏する旋律を変えたり，演奏する楽器を変えたりしたら，「2 人が楽しく踊る感じ」や「結べない感じ」「喜ぶ」のイメージに合った旋律の重ね方を考えることができたよ。 　　　　　　　　　　　　　（目的を達成した意識）	○グループのイメージに合わせて旋律の重ね方を試す手掛かりを得られるように，旋律の重ね方による曲想の違いをまとめた模造紙から，イメージに合わせて旋律の重ね方を選ぶよう促す。 ○旋律の重ね方の違う演奏を比較しながら，グループのイメージに合わせて旋律の重ね方を考えられるように，楽譜の記された学習プリントの演奏する旋律の部分を，試すごとに丸で囲むよう促す。 ○グループのイメージに合う様々な旋律の重ね方に気付けるように，グループ同士で旋律の重ね方を比較する時間を設定し，互いのイメージや，イメージに合った工夫を伝え合うよう促す。 ○旋律の重ね方によるイメージの違いを生かして，自分たちの演奏を工夫できるように，各グループの旋律の重ね方の工夫とイメージを板書する。 ○旋律の重ね方の違いによる曲想の違いに気付き，自分たちの工夫に生かせるように，楽器を変えて演奏しているグループを学級全体に紹介する。 ○グループのイメージに合う旋律の重ね方で演奏できるように，友達のグループのよいところを取り入れながら，再度試行するよう助言する。
3　**本時の学習の振り返りをする。** ・旋律の重ね方や楽器を工夫したら，表したいイメージに合う響きで演奏できるようになってきたな。次回は，違うグループの合奏も，旋律の重ね方に気を付けながら聴いてみたいな。	○グループのイメージに合わせて，それぞれの旋律の重ね方を工夫した成果を実感できるように，旋律の重ね方を試しながら工夫して演奏できたことを称賛する。

（8）音楽科の学習の工夫

板書計画 　板書は，2枚の黒板を横に用いる。1枚に題材のめあてと本時のめあてを板書し，もう
1枚に拡大楽譜を掲示する。例のように，楽譜が横につながるように用いることもある。

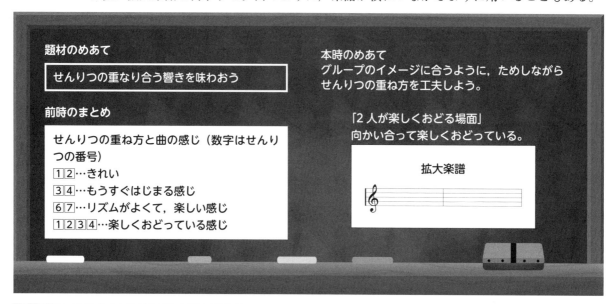

題材における段階的な課題の設定

　児童は，「つかむ」過程で，曲の概要をつかめていても，曲想については漠然とした捉えであった
り，よりどころとなる音楽を形づくっている要素の働きを把握できていなかったりすることが多い。そ
のため，児童が感じ取ったことと聴き取ったこととを結び付けながら表現を高めたり，鑑賞を深めたり
できるように，教師が題材構想の際に，段階に沿って課題を設定していくことが大切である。本時のめ
あては，この課題を基に設定していく。

（課題）音楽表現を高める：音楽を形づくっている要素を，どのように工夫するとよいのだろうか。
（めあて）グループのイメージに合うように，試しながらせんりつの重ね方を工夫しよう。

　それぞれの段階における課題例は以下のとおりである。

段階	課題例
①よりどころとなる音楽を形づくっている要素に気付く	・曲の特徴となる音楽を形づくっている要素とは何だろうか。 ・音楽を形づくっている要素はどのように表れているのだろうか。
②イメージを膨らませ，思いや意図を明確にする	・曲や音からどんなイメージが思い浮かぶだろうか。 ・どのように演奏すると，思いが表現できるのだろうか。
③音楽表現を高める（表現）	・思いや意図と音楽を形づくっている要素との関係は何だろうか。 ・音楽を形づくっている要素を，どのように工夫するとよいのだろうか。 ・イメージに合う音楽表現の工夫は何だろうか。
③聴き方を深める（鑑賞）	・作詞者（作曲者）がこの曲に込めた思いは何だろうか。 ・自分と友達の聴き方はどのように違うのだろうか。
④他の教材曲へ生かす	・既習の教材曲と新しい教材曲の共通点は何だろうか。 ・既習事項を，新しい教材曲ではどのように生かせるだろうか。

　①の課題例は題材によって，「つかむ」過程に入る場合と「追求する」過程に入る場合がある。ま
た，題材で扱う教材の数や，追求する音楽を形づくっている要素が複数ある場合には，①〜④の課題例
を複数回繰り返す場合がある。

　児童が，音や音楽を視覚的に共有するためにも，拡大楽譜を掲示することが望ましい。また，その拡大楽譜には，工夫したことや気付いたことを記述できるようにする。

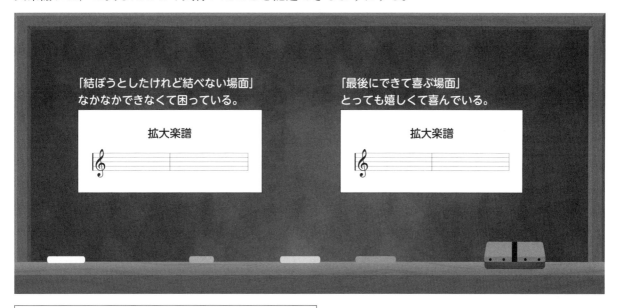

感じ取ったり聴き取ったりしたことの可視化

　表現領域・鑑賞領域ともに，児童が音や音楽から感じ取ったり聴き取ったりしたことを伝え合うことが大切である。なぜなら自分が感じ取ったり聴き取ったりしたことを伝えることで，他者との共通点や相違点が分かる。しかし，音や音楽は目に見えず，形にも残りにくいため，自分の捉えたことをうまく伝えられないことも多い。そこで，音や音楽を聴いて，自分が感じ取ったり聴き取ったりしたことの可視化を行う。可視化の方法は以下のとおりである。教師はそれぞれの方法を，ねらいや発達段階，曲に合わせて，選択したり組み合わせたりしていく。

方法	よさ（□把握のため，△共有のため）	具体例
動作	□音や音楽に合わせて，感覚的に表したり，瞬時に変えたりできる。 △言語能力に関わらず，表現を伝えることができる。 （例）体，ペープサート	2年　そりすべり（ペープサート）
絵・図	□音や音楽の特徴を感覚的にも視覚的にも捉えることができる。 □楽譜のない曲や，長い曲でも，テープ図を使うことで，音楽全体の流れを捉えることができる。 △記録として残るため，音や音楽から捉えたことの共有が容易にできる。	4年　山の魔王の宮殿にて （曲の流れと盛り上がりを表すテープ図）
文	□聴き取ったことと感じ取ったことを整理しながら，音や音楽を捉えることができる。 □言語化されて残り，見返した際も音や音楽の特徴を想起できる。	5年　春の海
楽譜	□具体的な旋律や部分を手がかりに，音や音楽を捉えることができる。 △共通の旋律や音を基に，伝え合うことができる。	6年　コンドルは飛んでいく

　可視化をする際に，児童が自分たちの演奏を客観的に評価したり，授業後に教師が指導方法を振り返ったりするために，ICT機器を活用することも有効である。

7 図画工作科

(1) 図画工作科の目標

> 　表現及び鑑賞の活動を通して，造形的な見方・考え方を働かせ，生活や社会の中の形や色などと豊かに関わる資質・能力を次のとおり育成することを目指す。
> (1) 対象や事象を捉える造形的な視点について自分の感覚や行為を通して理解するとともに，材料や用具を使い，表し方などを工夫して，創造的につくったり表したりすることができるようにする。
> (2) 造形的なよさや美しさ，表したいこと，表し方などについて考え，創造的に発想や構想をしたり，作品などに対する自分の見方や感じ方を深めたりすることができるようにする。
> (3) つくりだす喜びを味わうとともに，感性を育み，楽しく豊かな生活を創造しようとする態度を養い，豊かな情操を培う。

　「造形的な見方・考え方」とは，感性や想像力を働かせ，対象や事象を，形や色などの造形的な視点で捉え，自分のイメージをもちながら意味や価値をつくりだすことである。

　「生活や社会の中の形や色などと豊かに関わる資質・能力」とは，図画工作科の学習活動において，児童がつくりだす形や色，作品などや，家庭，地域，社会で出合う形や色，作品，造形，美術などと豊かに関わる資質・能力を働かせることが，楽しく豊かな生活を創造しようとすることにつながる。

(2) 図画工作科の内容

　教科の目標及び学年の目標を受けた内容は，「A 表現」，「B 鑑賞」及び〔共通事項〕で構成している。「A 表現」と「B 鑑賞」は，本来一体である内容の二つの側面として，図画工作科を大きく特徴付ける領域である。〔共通事項〕は，この二つの領域の活動において共通に必要となる資質・能力であり，指導事項として示している。

(3) 図画工作科の題材の学習過程

　図画工作科の題材の学習を進めていく過程は次のようなものである。

①図画工作科の題材のおおまかな学習過程

過　程	学　習　活　動
であう	材料や対象と出合い，活動の見通しをもつ
ひろげる・あらわす	自分なりの思いやイメージをふくらませて，試しながらつくる ⇕ 活動を通して情報を得ながら，新たな見方や感じ方で対象を見る
ふりかえる	自分なりに見いだしたよさや美しさ，学びの過程を振り返る

② A 表現の題材の学習過程

「A 表現」は，児童が進んで形や色，材料などに関わりながら，つくったり表したりする表現活動である。この造形活動は「造形遊びをする」と「絵や立体，工作に表す」に分けられる。「造形遊びをする」は身近にある自然物や人工の材料，その形や色から思い付いた造形活動を行うものである。「絵や立体，工作に表す」は感じたことや想像したこと，見たことなどから児童が表したいことを絵や立体，工作に表すものである。

過　程	造形遊びをする	絵や立体，工作に表す
であう	感じ取ったことを基にしながら，できることや，つくりたいものを思い付き，遊んだり，つくったりすることを通して，題材との関わりを深めていく。	題材との出合いの中で感じ取ったことを基にしながら，表すことをおおまかに思い描く。まず感じ取ったことを生かし，表せそうなことを思い浮かべる，発想を広げる段階がある。次に，表したいことを決め，おおまかな表し方を考えることで，表現の道筋を方向付けていく段階の二つに大別できる。
ひろげる・あらわす		思い描いたことを，表し方を工夫しながら実際に表していく。扱う材料，表現方法，形や色などを具体化しながら進めていく。
ふりかえる	自他の表現のよさや面白さ，美しさなどを感じ取る。ここでは，これまでの各過程での経験を通して培った見方・考え方を働かせ，自他の表現を鑑賞してよさを感じ取っていく。	

③ B 鑑賞の題材の学習過程

「B 鑑賞」は，児童が自分の感覚や体験などを基に，自分の作品や親しみのある美術作品などを見たり，自分の見方や感じ方を深めたりする鑑賞活動である。

過　程	学　習　活　動
であう	鑑賞する対象となる美術作品などと出合い，交流などを通して鑑賞する際の観点をつかむ。
ひろげる・あらわす	美術作品などを鑑賞する際に，主題や発想の観点や造形要素の観点，技術・表現技法の観点を基にして，多様な観点から造形に触れることで，見方や感じ方を広げる。
ふりかえる	広げた見方や感じ方を土台にしながら，美術作品などをより深く味わい楽しむ活動を通して自分なりの意味付けを行い，さらに見方や感じ方を広げていく。

（4）図画工作科の学習の特色

　図画工作科は，一人一人の児童の思いや願いを大切にするため，題材の範疇であれば，扱う材料や表現方法を選択できるという許容度の高さが大きな特色といえる。題材の導入では，同じ情報を得て活動を始めることとなるが，題材の終末に向かって，一人一人の表現が徐々に個性的になっていく。図画工作科の表現では，それらの多様な表現が許容され，認められていくべきものである。このような特色は，学習の過程で，自分のイメージや思いの具現化に向けて，多くの選択や創造を行うことで表れる。この選択や創造とは，テーマや扱う材料，用具，表現方法などを，自分のイメージや思いに合わせて選んだり考え出したりすることである。図画工作科の学習にあたっては，このような特性を踏まえ，創造的な雰囲気をつくり出すことが大切である。そのためには，児童が主体的に取り組むことのできる活動内容を具体化した題材を扱っていく必要がある。

○題材の具体化

　題材は，教科の目標の達成に向けて，学校や地域の特徴及び児童の実態を基に，育成すべき資質・能力を考慮し，設定する。したがって，題材の目標及び内容や条件，評価の内容は，各学校の地域性や目指す児童像，実態によって具体化することが重要である。

（5）図画工作科学習指導案例　一考察一

価　値

育成を目指す資質・能力に照らしたときの，単元・題材等で扱う対象や材，教材等を用いて学習する価値を記述する。

👉❶【知識及び技能】

題材で行う主な活動について記述する。
例：虫眼鏡を使って小さなものを拡大して描くことは，意図的に見なければ捉えにくい小さなものや対象の部分の形や色をよく見て，画面上の配置やバランス等にこだわらずに，繰り返し対象を見ながら絵に表すことができる。

👉❷【思考力，判断力，表現力等】

題材で行う主な活動で用いる道具や着目する視点について記述する。
例：絵の具の粘性を変化させることにより，絵の具の感触や伸び具合を感じながら，色の混ざり具合や塗った跡の形の面白さや美しさに気付いたり，表したものを思い付いたりすることができる。

👉❸【学びに向かう力，人間性等】

題材を通した材や他者との関わりについて記述する。
例：友達と一緒に材料の使い方や様々なボールの転がり方を試したり，互いに作ったボールが転がる仕組みで遊んだりするため，友達との表し方の違いや面白さを感じ，それらを共有することを楽しむ態度を養うことができる。

👉❹【対象や事象等】

題材で主として用いる材料について記述する。
例：児童たちは，水彩絵の具を混ぜて自由に色水をつくり，できた色水を見立てたり光を当てたりした遊びが好きである。色水は，光を通すため発色がよく，色水を入れる容器の大きさや形によって印象が大きく変わる。そのため，児童は様々な色を作ったり，容器や並べ方を変えたり，光を当てたりするなど，色水の生かし方を様々に工夫して作ることができる。

図画工作科学習指導案

【題　材】ふぞく小学校のようせい　すきま

考　察	知識及び技能
育成を目指す資質能力	・いろいろな隙間を見付けるときの感覚や行為を通して，いろいろな隙間の形や色，空間などに気付く力（共（1）ア） ・形や色，空間などを基に，自
児童の実態	・生活の中に様々な色や形があることを知っている。 ・生活の中の形や色の造形的な面白さや楽しさに気付くことはできていない。
価　値	👉❹・児童が生活する身の回りな自分自身や友達の作品を鑑や色などの造形的な面白さに 👉❶・「すきまちゃん」という自作人形を通して隙間を鑑賞することは，日常生活で気付かなかった隙間の造形に着目するきっかけを与え，隙間の造形的な面白さや楽しさに気付く力を高めることができる。
見方・考え方	隙間を形や色などの造形的な視点で
今後の学習	3年「『小さな自分』のお気に入り」く。

令和●年●月●日（●）　第2学年●組（第1図工室）　指導者　●●●●

ちゃんのすみか（鑑賞）

思考力，判断力，表現力等	学びに向かう力，人間性等
・いろいろな隙間の形などを基に，自分のイメージをもちながら，身の回りの隙間の造形的な面白さや楽しさについて，感じ取ったり考えたりし，自分の見方や感じ方を広げる力　（B（1）ア）	・つくりだす喜びを味わい，いろいろな隙間を見付ける学習活動を楽しむ態度

分のイメージをもつ力　（共（1）イ）

・身の回りの造形から抽象的なイメージを感じることができている。 ・身の回りの造形を基に造形的な見方・考え方を働かせ，自分なりのイメージを広げながら鑑賞に取り組む経験は少ない。	・意欲的に楽しく表現したり鑑賞したりする活動に取り組むことができている。 ・身の回りの生活空間を造形的な見方・考え方を基に鑑賞した経験は少ない。

は，屋内や屋外に関わらず，隙間が多く存在している。本題材では，これまで行ってきたよう賞するのではなく，隙間を鑑賞する。隙間を鑑賞することは，生活や社会の中にある隙間の形気付き，空間と豊かに関わることができる。

❷・自作人形のすきまちゃんを用いることは，人形に自己を投影したり，ペットなどに例えたりして，自分のイメージを膨らませながら活動に取り組むことができる。	❸・隙間を鑑賞題材にすることは遊びや日常の経験が隙間を鑑賞する際のイメージを広げ，隙間の鑑賞を楽しもうとする態度を養うことにつながる。

鑑賞し，想像力を働かせ，自分なりのイメージをつくりだす。

で，場所や場所にある材料から造形的な活動を思い付き，場所をつくりかえる学習へと発展してい

（6）図画工作科学習指導案例

―指導と評価の計画―

👆❶ 目　標

　本題材の最後に目指す児童の姿として，主な活動やその中での見方や感じ方の広がりについて記述する。

例：3年「パネルでころころ」
・様々なボールの転がり方を楽しみながら，材料の組合せ方や使い方を工夫したボールが転がる仕組みをつくっている。
例：2年「きらきらいろ　いろいろ」
・自分でつくった色水を使って，思い付いたものを工夫してつくっている。
例：3年「あっちから　こっちから」
・虫眼鏡で小さなものを拡大して表したいものを見付け，自分なりの見方を基にして絵に表す。

👆❷ 評価項目

　本時の中心的な学習活動において目指す児童の姿を記述する。教師が見取ることのできる姿を記述するため，作品，行動，発言，学習プリント等から評価をする。また，評価方法と中心となる評価の観点を記述する。

例：3年「パネルでころころ」
・表現したいボールの転がり方に合わせて，材料やボールの通り道について工夫したり発言したりしている。
　　　　　　　　　＜作品・行動・発言①＞
例：2年「きらきらいろ　いろいろ」
・色を選んだり，色水を作ったり，並べたり，光を当てたり，見立てたりしながら，自分なりに思い付いたものを作っている。　　　　　＜作品・行動・発言①＞
例：3年「あっちから　こっちから」
・自分や友達の作品を見合いながら，見方の面白さや表し方のよさについて書いたり発言したりしている。
　　　　　　　　＜行動・発言・学習プリント③＞

指導と評価の計画

👆❶

目標	すきまちゃんと一緒に身の回りの隙間を見		
評価規準	（①知　・　技） （②思・判・表） （③主体的態度）	すきまちゃんと一緒に 様々な隙間の形などを基 自分の見方や感じ方を広 つくりだす喜びを味わ	

過程	時間	学習活動	
であう	1	○見慣れた空間に様々な隙間があることに気付く。 ○すきまちゃんをつくる。	
ひろげる・あらわす	1	**○つくったすきまちゃんと一緒にすきまちゃんのすみかを探す。（本時）**	
ふりかえる		○見付けた隙間を紹介したり，置いた理由を伝えたりして活動の振り返りをする。	

付け，様々な形や色などを捉えながら，隙間の面白さや楽しさを感じ取り，見方や感じ方を広げる。

様々な隙間を見付けるときの感覚や行為を通して，様々な隙間の形などに気付いている。
に，自分のイメージをもちながら，身の回りの隙間の造形的な面白さや楽しさについて，感じ取ったり考えたりし，
げている。
い，すきまちゃんと一緒にいろいろな隙間を見付ける学習活動を楽しんでいる。

指導上の留意点	👆❷ 評価項目＜評価方法（観点）＞※太字は「記録に残す評価」
○見慣れた空間に様々な隙間を見付けようという思いをもてるように，教室の隙間に隠したすきまちゃんを提示する。	◇隙間を見付けるときの感覚や行為を通して，いろいろな隙間の形などに気付いている。　　　　　＜行動・発言①＞
○すみかを選んだ理由を明るさや形などの感じを基に見付けられるように，声掛けによって促す。 ○隙間の造形について感じ取れるように，隙間をのぞいてみたり，しゃがむことで視点を変えたりするよう促す。	◇**身の回りの隙間の造形的な面白さや楽しさについて，感じ取ったことを基に，すきまちゃんを隙間に置いている。**　　　　　＜行動①②③＞
○自分や友達の活動や意見のよさを感じ取れるように，気に入ったことを記入する学習プリントを用意する。	◇すきまちゃんと一緒にいろいろな隙間を見付けることを楽しんでいる。　　　　　＜行動・学習プリント③＞

（7）図画工作科学習指導案例　−本時の学習−

☞❶ ねらい

　題材の目標を達成するために，本時で達成できる具体的な児童の姿で記述する。

例：3年「パネルでころころ」
・友達と一緒にボールの転がり方を工夫することを通して，自分なりのボールの転がる仕組みをつくることを楽しむ。
例：2年「きらきらいろ　いろいろ」
・いろいろな色を見付け，色水の生かし方を工夫することを通して，色水から思い付いたものをつくる。
例：3年「あっちから　こっちから」
・虫眼鏡で小さなものを拡大して繰り返し見ながら大きく描くことを通して，自分なりに捉えた形や色の特徴を基に絵に表すことができる。

☞❷ 指導上の留意点

　各学習活動において，重視する指導上の留意点を目的と学習指導の工夫の面から記述する。
・目的：活動の中で着目すべきこと，達成状況の把握，表し方の工夫，よさの自覚など
　例：
　・これまでの達成状況を把握できるように
　・見たり試したりした感想を基に，自分の班の楽しいと思うボールの転がり方を言語化できるように
　・様々な材料の使い方や紙の加工方法，ボールの転がり方に目を向けられるように
　・表したい形や色の特徴に合わせて表し方を工夫できるように
　・自分なりに思い付いた色水の生かし方のよさを自覚できるように
　・自分や友達の活動のよさに気付けるように

・学習指導の工夫：感想や工夫している点への問いかけ，表現の工夫に対する助言など
　例：
　・ボールを転がす時間を確保し，その感想を問いかける。
　・使っている材料や工夫している点を問いかける。
　・材料と材料の加工例を中央に，その周りに机を設置し，自由に見に行ってよいことを助言する。
　・色を重ねたり，ひっかいて描いたりする等，パスによる表し方を変えている児童を紹介する。
　・作っているものを工夫している児童を称賛する。
　・自分や友達の作ったものや写真を見合い，学習プリントに記述した「できたこと」「工夫」「満足度」について称賛する。

本時の学習（2／2時間）

👆❶ **ねらい**　すきまちゃんのすみかを見付けながら，身の回りの隙間の造形的な面白さや楽しさについて，感じ取ったり考えたりすることを通して，隙間に対する造形的な見方や感じ方を広げる。

評価項目　身の回りの隙間の造形的な面白さや楽しさについて，感じ取ったことを基に，すきまちゃんを隙間に置いている。　　　　　　　　　　　　　　　　＜行動①②③＞

学習活動と児童の意識	👆❷ 指導上の留意点
1　**本時のめあてをつかむ。** ・すきまちゃんはいろいろな色や形の隙間に隠れていたのだな。私のすきまちゃんはどんなところをすみかにしようかな。　　　　　（目的意識）	○「すきまちゃん」に合ったすみかを見付けるという見通しをもてるように，教室内を見回したり，すきまちゃんに問いかけたりするよう促す。
めあて：すきまちゃんのお気に入りのすみかをさがそう	
2　**すきまちゃんのすみかを探す。** ・しゃがんで見ると棚の下に隙間があるな。奥にすきまちゃんを置いてみよう。 ・友達が太陽の光が差し込んでいる隙間を紹介してくれたよ。温かそうだな。でも私はもう少し暗いところをすみかにしたいな。 ・いい感じの隙間を見付けたけど，もう少し幅が狭いといいな。少しだけ物を動かして隙間の幅を狭くしよう。 ・私のすきまちゃんのすみかにぴったりな場所にしたよ。すみかの近くに表札を書いて友達に紹介しよう。 ・棚の奥が少し暗くて，静かな感じのすみかを見付けたよ。そこでゆっくり寝ているイメージですきまちゃんを置いてみたよ。 　　　　　　　　　　　　　（目的を達成した意識）	○隙間の造形について感じ取れるように，隙間をのぞいたり，しゃがんだりして視点を変えるよう促す。 ○友達と互いに見付けた隙間の面白さを感じ取れるように，自分が見付けた隙間を紹介したり，友達が見付けた隙間に遊びに行ったりするよう促す。 ○隙間の形や色，明るさや奥行きなどから，そこですきまちゃんがしていることなどのイメージが広げられるように，児童のつぶやきや思い付きを共感的に受け止めたり，問い返したりする。 ○自分や友達の活動や意見のよさを自覚できるように，学習プリントを配付し，気に入ったことを記述するよう促す。 ○造形的な視点ですきまちゃんのすみかを見付けられたことを実感できるように，すみかの形や色，明るさや奥行きなどから，自分なりのイメージを広げられている児童を称賛する。
3　**本時の学習の振り返りをする。** ・教室にはたくさんの隙間があるのだな。 ・家にも本棚や台所にたくさんの隙間があったな。家でも隙間を探してみよう。	○身の回りにある隙間に対して，学習したことをさらに生かせるように，家庭でもすきまちゃんと一緒に隙間を見付けるよう促す。

第6章

（8）図画工作科の学習の工夫

板書計画

　板書は，前時の活動をまとめたものと本時の内容を示すものの2つの内容で構成される。本時の導入で前時の振り返りをすることで本時との活動のつながりが可視化できる。本時の板書には「題材名」「めあて」「ふりかえり」を示す。題材によっては材料や用具の使い方を提示したり，活動中に気を付けることを記述したりする。

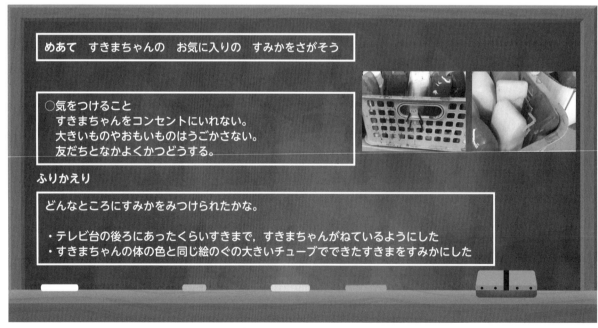

環境構成

　児童は，活動中に，その活動スペース内にある様々なものの制約を受けたり，情報を得たりして活動に取り組む。児童が自由に動き回り，目にしたり触れたりする物や人は，全て新たな発想の手がかりとなる。児童が造形的な創造活動の手がかりを得たり，意欲を高めたりできるような学習環境をつくるためには，材料や用具を保障するためのコーナーづくりや活動スペースの設定，参考資料の提示の有無や配置について十分配慮しなければならない。また，児童自身の思いや願いに寄り添った教師の言葉がけを行うことができるように，学習形態についても十分配慮する必要がある。

　造形遊びで木材や段ボール，新聞紙などを使用する際には，教室中央に材料置き場を設置することで，児童は材料を取りに行く際に友達の活動を見ることができる。友達の活動を見ることや机や椅子などを配置し，床との高低差を意図的に設定することで，児童は新たな活動のイメージを広げたり，つくったりすることができる。

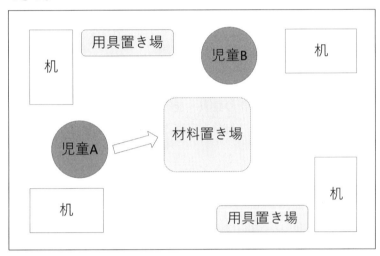

　版画などの学習では，彫る，刷る，乾燥させるなど活動の手順がある。手順が明確な題材では，手順に沿って活動場所を分けることで，児童の活動に応じた支援を行うことができる。

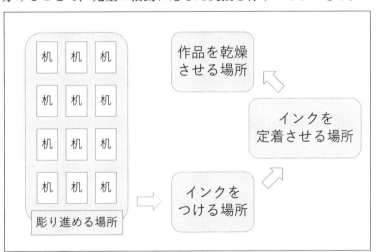

安全面への配慮

　図画工作は教科の特性上，刃物をはじめとする様々な用具を使用することが多い。そこで用具の上手な使い方や怪我につながる危険な使い方の提示をし，安全に活動できるよう指導する。

8 家 庭 科

(1) 家庭科の目標

> 　生活の営みに係る見方・考え方を働かせ，衣食住などに関する実践的・体験的な活動を通して，生活をよりよくしようと工夫する資質・能力を次のとおり育成することを目指す。
> (1)　家族や家庭，衣食住，消費や環境などについて，日常生活に必要な基礎的な理解を図るとともに，それらに係る技能を身に付けるようにする。
> (2)　日常生活の中から問題を見いだして課題を設定し，様々な解決方法を考え，実践を評価・改善し，考えたことを表現するなど，課題を解決する力を養う。
> (3)　家庭生活を大切にする心情を育み，家族や地域の人々との関わりを考え，家族の一員として，生活をよりよくしようと工夫する実践的な態度を養う。

　「生活の営みに係る見方・考え方」に示される「協力・協働」「健康・快適・安全」「生活文化の継承・創造」「持続可能な社会の構築」の四つの視点は，家庭科で扱う全ての内容に共通する視点であり，相互に関わり合うものである。そのため，学習内容や題材構成によって重視する視点が異なる。

　「生活をよりよくしようと工夫する資質・能力」とは，生涯にわたって健康で豊かな生活を送るための自立の基礎として必要なものである。この資質・能力が育まれることで，児童は，日常生活の中で自ら問題を見いだし，その解決を図る中で，自分と家族とのつながりを意識してよりよい生活の在り方を追究することができるようになる。

(2) 家庭科の内容

　家庭科の内容構成は，小・中・高等学校の各内容の接続が見えるように，以下の三つの枠組みに整理されている。

A　家族・家庭生活	B　衣食住の生活	C　消費生活・環境

　また，これらの三つの枠組みは，空間軸と時間軸の視点から学校段階別に学習対象が整理されている。小学校における空間軸の視点は，主に「自己と家庭」，時間軸の視点は，「現在及びこれまでの生活」である。

　なお，生活の科学的な理解を深め，生活の自立の基礎を培う基礎的・基本的な知識及び技能の確実な習得を図るために，調理や製作における一部の題材が以下のように指定されている。

> 【指定題材】「B　衣食住の生活」
> (2)　調理の基礎
> ア(エ)：加熱操作が適切にできるようにするために，ゆでる材料として青菜やじゃがいもなどを扱う
> ア(オ)：伝統的な日常食である米飯及びみそ汁を適切に調理できるようにするために，米飯及びみそ汁の調理を扱う
> (5)　生活を豊かにするための布を用いた製作
> 　ゆとりや縫いしろの必要性を理解するために，日常生活で使用する物を入れるための袋などの製作を扱う

（3）家庭科の題材の学習過程 ···

家庭科の題材の学習を進めていく過程は次のようなものである。

過　程	学　習　活　動
見つめる・つかむ	生活の中から問題を見いだし，解決すべき課題をつかむ 課題の解決につながる学習計画を立て，見通しをもつ
追究する	実践的・体験的な活動を繰り返して，課題を解決する 方法を試行する ⇄ 試行した方法の評価・改善をする 調理や製作等の実習を行う ※実習が位置付かずに，**家庭での実践**となる題材もある
まとめる・広げる	課題の答えを整理し，**家庭での実践計画を立てる** **家庭で実践する** **家庭で実践した結果や感想**を話し合い，題材の振り返りをする ※**家庭での実践**が一連の学習活動として位置付かない題材もある

（4）家庭科の学習の特色 ···

○実践的・体験的な活動の充実

　実践的・体験的な活動とは，家庭科特有の学習方法である。調理，製作等の実習や観察，調査，実験などの実践的・体験的な活動を通して，具体的な学習を展開することにより，児童は生活事象や他者と繰り返し関わり，日常生活に必要な知識を実感を伴って理解することができる。こうして，基礎的・基本的な知識及び技能を確実に身に付けるとともに，知識及び技能を活用して，身近な生活の課題を解決したり，家庭や地域で実践したりできるようにすることを目指している。

　教師が実践的・体験的な活動を設定する際の留意点と効果は以下のようになる。

留　意　点	効　果	
a　目標とする状態に近付くイメージをもてること	活動の見通しをもてる	児童が生活事象や他者との関わりを繰り返すことができる
b　新たに身に付ける知識や技能に着目できること		
c　追究する要因を焦点化できること		
d　短時間で簡単にできること	複数の結果や自他の評価を基に，試行した方法を改善できる	
e　他者との関わりが生まれること		

　実践的・体験的な活動は，留意点 a〜e とともに，題材によって，材料の種類を少なくする，分量を少量にする，製作物を小さくする，簡易装置を用意する等の工夫をして設定する。また，複数の方法を比較する場合には，ペアやグループの中で試行する内容を分担するとよい。

（5）家庭科学習指導案例　－考察－

【題　材】手作りソーイング工房－ミシン縫

価　値

育成を目指す生活をよりよくしようと工夫する資質・能力に照らしたときの，本題材で扱う教材（学習の対象や材など）の価値を記述する。

三つの柱の中の一つに焦点を当てて記述することが難しい場合は，枠を広げて記述する。

☞❶【知識及び技能】

小学校で指導する「知識及び技能」は，中学校及び高等学校の学習に発展していくことを意識し，確実な定着に資することを価値として記述する。知識及び技能は，次の視点に分けられる。
- □　生涯の生活における自立の基礎を培うものか
- □　日常生活に応用・発展できるか
- □　生活における工夫・創造につながるか
- □　健康で豊かな生活をするために必要か

☞❷【思考力，判断力，表現力等】

一連の学習過程を通じて，本題材で扱う教材が児童の課題を解決する力の定着に資することを価値として記述する。課題を解決する力は，次の視点に分けられる。
- □　日常生活の中から問題を見いだし，解決すべき課題を設定できるか
- □　自分の生活経験と関連付け，様々な解決方法を考えることができるか
- □　実践活動を評価・改善することができるか

☞❸【学びに向かう力，人間性等】

本題材で扱う教材が，児童の生涯にわたる家庭生活を支える基盤となる意欲や態度の涵養に資することを価値として記述する。意欲や態度は，次の視点に分けられる。
- □　家庭生活への関心を高め，衣食住を中心とした生活の営みを大切にしようとできるか
- □　家族や地域の人々と関わり，協力しようとする意識をもてるか
- □　一連の学習過程を通して身に付けた力を，家庭生活をよりよくするために生かして実践しようとできるか
- □　日本の生活文化を大切にしようとする意識をもてるか
- □　生活を楽しもうとする態度形成につながるか

考　察	知識及び技能
育成を目指す資質能力	・ミシンの安全な取扱い方や，生活を豊かにするための布を用いた製作についての基礎的な知識と，それらに係る技能
児童の実態	・手縫いの仕方についての知識と，それに係る技能を身に付けている。 ・ミシン縫いに初めて取り組むため，手縫いと比較したミシン縫いの特徴を見いだしていない。
価　値	☞❶・手縫いで製作したコースターを，ミシン縫いでも製作することで，手縫いと比較したミシン縫いの特徴が分かる。 ・同じ縫い方を繰り返す中で，ミシン縫いの基礎的知識と，それに係る技能を高められる。
見方・考え方	家族と共に使用するコースターや，点）に製作をすること。
今後の学習	5年「1年生に贈るはちまきをつくいく。

令和●年●月●日（●）　第5学年●組（被服室）　指導者　●●●●

いー

思考力，判断力，表現力等	学びに向かう力，人間性等
・ミシンの安全な取扱い方や，生活を豊かにするための布を用いた製作について問題を見いだし，適切に解決する力	・家族の一員としてよりよい生活の実現に向けて，楽しみながら生活を豊かにするための布を用いた製作をし，家庭や学校で活用しようとする態度
・手縫いによる縫い目の幅がそろった見た目のよい縫い方について問題を見いだし，適切に解決することができる。 ・解決に向けて実践した結果を振り返って改善点を考えたり，その改善点を次に生かしたりすることが十分にできてはいない。	・自ら手縫いで製作をしたコースターを家族に贈ったり，共に使ったりして，家族とのつながりを深める喜びや楽しさを感じている。 ・これまで家庭の仕事で活用できる布製品を製作した児童は少ない。
❷・コースターは，短時間で製作することができるため，何度も様々な縫い方を試すことができる。 ・エプロンは，同じ縫い方を繰り返すため，自分で見付けた改善点を次の製作過程に生かすことができる。	❸・自ら製作をしたコースターを家族と共に使ったり，エプロンを家庭の仕事で実際に活用したりすることは，家族とのつながりを深める喜びや楽しさを感じ，生活を豊かにするための布を用いた製作をする意欲を，さらに高めることができる。

家庭の仕事で活用できる（協力・協働の視点）エプロンを，きれいで丈夫（健康・快適・安全の視

ろう」で，ミシンを用いた直線縫いで，角が直角で幅が一定のはちまきを製作する学習へと発展して

（6）家庭科学習指導案例

―指導と評価の計画―

👆❶ 目　標

　本題材の最後に目指す児童の姿を記述する。

例：風の力を生かした室内の風通しをよくする窓の開け方や，不快な生活音の防ぎ方が分かり，日常生活に生かそうとする。
　　[5年B(6)快適な住まい方, 関連A(3)・C(2)]

👆❷ 評価項目

　家庭科の学習過程では，試しの活動（方法の試行）後に実習を位置付けるため，試しの活動の評価は個別の支援に生かすための評価（「指導に生かす評価」）である。なお，実習の評価は「記録に残す評価」であり，評定に生かす。

例：自分の手作りコースターを製作する。（試しの活動）
　　…この時間の評価は「指導に生かす評価」
　　家族の手作りコースターを製作する。（製作実習）
　　…この時間の評価は「記録に残す評価」

指導と評価の計画

👆❶ 目標	製作に必要な材料や手順，ミシンの安全な		
評価規準	（①知　・　技） （②思・判・表） （③主体的態度）	製作に必要な材料や手族の一員としての役割をミシンの安全な取扱い方ための活用場面に合わせ布を用いた生活を豊かに役割を果たすために製作	

過程	時間	学習活動	
見つめる・つかむ	1	○ミシンを用いた製作についての疑問点や，製作や活用によって深まる家族とのつながりを考え，課題をつかむ。 　課題 　家族と共に使う物や家庭の仕事に使用できる布製品を，「きれい」で「丈夫」につくるには，どのようにするとよいのだろう	
	1	○学習計画を立てる。	
追究する	1	○ミシンの準備の仕方を知る。	
	1	**○ミシンの直線縫いで，家族と共に使うコースターの製作をする。(本時)**	
	1	○家庭の仕事に使用できるエプロンの型紙を製作する。	
	家庭	○製作に必要な布や材料を準備する。	
	1	○型紙を用いて布にしるしを付け，裁断する。	
	3	○周りを三つ折りにして，ミシンで縫う。 ・わきを縫う。 ・襟と裾を縫う。 ・ひも通しを縫う。	
	2	○ポケットを縫い，ひもを通す。 ・ポケットの大きさを決める。 ・ポケットを縫い，ひもを通して仕上げる。	
まとめる・広げる	家庭	○製作したコースターやエプロンを家庭で活用したり，布を用いたこれら以外の物を製作したりする。	
	1	○家庭でコースターやエプロンを活用した感想や，布を用いたこれら以外の物を製作したことについて振り返りをする。	

使い方や直線縫いの仕方が分かり，布を用いた自分や家族の生活を豊かにする物を製作し，生活に生かそうとする。

順，上糸や下糸の準備の仕方，直線縫いの仕方が分かり，ミシンを安全に取扱い，家族と共に使うコースターや，家
果たすために活用できる，自分の体に合った大きさのエプロンをミシン縫いで製作することができる。
や，布を用いたエプロンの製作について問題を見いだし，エプロンの製作計画や，家族の一員としての役割を果たす
た使いやすいポケットの大きさや位置を考え，工夫している。
する物の製作に関心をもつとともに，製作する楽しさを味わい，家族と共に使うコースターや，家族の一員としての
したエプロンを家庭で活用しようとしている。

指導上の留意点	評価項目＜評価方法（観点）＞※太字は「記録に残す評価」
○家族の一員としての役割を果たすために活用する，自分の体に合った大きさのエプロンを製作することへの関心を高められるように，サイズの異なる複数のエプロンを用意する。	◇ミシンを用いた製作についての疑問点や，製作や活用によって深まる家族とのつながりを記述したり，発言したりしている。　＜学習プリント・発言①②③＞
○エプロンを製作することへの見通しがもてるように，試行する内容や製作の手順を話し合う時間を設定する。	◇エプロンを製作するために必要な道具や材料，試行する内容や製作の手順を記述したり，発言したりしている。　＜学習プリント・発言②＞
○ミシンの安全な取扱い方や上糸や下糸の準備の仕方を理解できるように，ミシンの取扱い方に関わる資料やミシンの拡大写真，糸の通し方が分かる映像資料を用意する。	◇ミシンを安全に取り扱って上糸や下糸を準備し，糸の通し方を説明している。　＜活動・発言①＞
○縫い目を確かめながら直線縫いができるように，ミシンの直線縫いの見本や，角の縫い方が分かる映像資料を用意する。	◇ミシンを安全に取り扱って直線縫いをし，きれいで丈夫なコースターを製作している。　＜活動・作品①＞
○自分の体の大きさを捉えられるように，体を覆う大きさの不織布を用意する。	◇自分の体の大きさや形に合わせて，動きやすいゆとりを考えた型紙を製作している。　＜活動・型紙①＞
○自分の体に合った大きさのエプロンを製作できるように，裁断する前にしるしを付けた布を自分の体にあててサイズを確認する観点「たけ」「はば」を提示する。	◇型紙に合わせて，できあがり線や縫いしろのしるしを付け，しるしに沿って裁断をしている。　＜活動・布①＞
○縫い方の手順を確かめながら製作を進められるように，エプロンの見本や製作段階が分かる資料を用意する。	**◇ミシンを正しく操作し，三つ折りにした縫いしろを直線縫いしている。**　＜活動・布①＞
○家族の一員としての役割を果たすための活用場面に合わせた使いやすいポケットの大きさを考えられるように，複数の大きさの見本や，大きさの決め方についての参考資料を用意する。	**◇活用場面に合わせた使いやすいポケットの大きさや位置を記述したり，型紙を用いて試したりしている。**　＜学習プリント・活動②＞
○製作した物を活用できたことや，家族とのつながりが深まったことの喜びを味わったり，布を用いた生活を豊かにする物を製作する意欲をさらに高めたりできるように，話し合う際の観点として，「活用や製作で深まった家族とのつながり」を提示する。	**◇コースターやエプロンを家庭で活用したり，布を用いてこれら以外の物を製作したりしたことで身に付いたことや，深まった家族とのつながりを記述している。**　＜学習プリント①②③＞

（7）家庭科学習指導案例　ー本時の学習ー

☝❶ **ねらい**

　本題材で育成を目指す生活をよりよくしようと工夫する資質・能力に照らしたときに，本時の中心的な学習活動と，児童が身に付けることを端的に記述する。

例：ほうれん草のゆで方を試した結果について，歯ごたえを基に話し合うことを通して，葉菜は沸騰した湯で短時間ゆでて冷水にさらすことで，適度に歯ごたえよくゆでられることが分かる。
　　［5 年 B (2)調理の基礎］

☝❷ **指導上の留意点**

　各学習活動において，重視する指導上の留意点を記述する。
　目的には，ねらいを達成するために身に付けたり，行ったりする必要があることを記述する。
　学習指導の工夫には，目的に応じた具体的な行為を記述する。なお，活動や場の設定は記述しない。活動や場の中で用いる道具や提示する視点，問いかけや助言，称賛などを記述する。

学習活動	目的の例	学習指導の工夫の例
めあてをつかむ	～を（想起できる・進められる・目的をもてる等）ように	～（前時にもった活動の見通し，気を付けること，試す内容や方法等）を**問いかける・提示する**
中心の活動	～を（身に付けられる・考えられる・気付ける・見付けられる等）ように ～を（確認・共有・予想・検討・再考・判断・決定・実感・理解・把握・情報収集・整理・調査・明らかに等）できるように ～への**自信がもてる**ように	～（見本と比べる，映像資料を見る，観点に沿って確かめる，伝え合う，比較する，繰り返し試す，記述する等）よう**促す・助言する** ～（資料，学習プリント等）を**用意する・提示する・板書する** ～（改善したこと等）を**問いかける** ～（〇〇している子ども）を**称賛する**
振り返りをする	～（振り返りができる・見通しをもてる・意欲を高められる・自覚できる等）ように	～（学習プリントに記述する，次時までに考えておく等）よう**促す・伝える** ～（〇〇できたこと）を**称賛する**

本時の学習（4／12 時間）

ねらい　ミシン縫いの縫い目を，見本と比較して確認しながら製作することを通して，ミシンを安全に取り扱って，家族と共に使用するコースターをきれいで丈夫に製作することができる。

評価項目　ミシンを安全に取り扱って直線縫いをし，きれいで丈夫なコースターを製作している。

<活動・作品①>

学習活動と児童の意識	指導上の留意点
1　本時のめあてをつかむ。 ・家族に喜んでもらえるように，好きな色を組み合わせたコースターを，ミシンを正しく使って，きれいで丈夫に縫いたいな。　　　（目的意識）	○ミシンを使って家族と共に使用するコースターをきれいで丈夫に製作するという目的意識をもつことができるように，ミシンの縫い方の手順や目標とする状態を問いかける。 ○ミシンを正しく安全に使いながら家族と共に使用するコースターの製作を進めることができるように，ミシンを使う際に具体的に気を付けることを問いかける。
めあて：ミシンを安全に使い，家族と共に使用するコースターをきれいで丈夫につくろう	
2　ミシン縫いでコースターの製作をする。 ・上糸の通し方や下糸の向きを間違えてしまうときれいに縫えないから，ペアの友達に確認してもらうと安心だな。 ・角で縫う向きを変えるときに，針を刺さずに回してしまったら，角の縫い目だけ浮いてしまったな。映像を見ると，針を刺した状態で向きを変えることで，きれいな縫い目になるのだな。 ・友達は，縫い始めと縫い終わりを2cmくらい重ねて縫えば，返し縫いをしたときと同じように糸が抜けずに丈夫に縫えると言っていたから，試してみよう。 ・返し縫いや，友達の言った縫い始めと縫い終わりの重なりを，縫い目が一本に見えるようにしっかり重ねたら，縫い目がきれいになったな。それに，重なった方が，糸が抜けないから丈夫にも縫えたな。　　　（目的を達成した意識）	○ミシンの正しく安全な使い方を身に付けることができるように，上糸や下糸の通し方，縫い始めや縫い終わり，角の縫い方をペアで確認しながら製作をするよう促す。 ○角の縫い方を繰り返し確認できるように，コースターの見本や，角の縫い方を示す映像資料を見るよう促す。 ○縫い始めや縫い終わりを丈夫に縫うことができるように，糸が抜けないように縫う方法を問いかける。 ○自分の縫い方の仕上がり具合を把握できるように，きれいで丈夫なコースターを製作するために改善してきたことを問いかける。 ○ミシンの使い方や縫い方に戸惑っている児童には，コースターをきれいで丈夫に製作できるように，ミシンの操作の仕方や，縫い始めの位置や直線縫いをする位置を助言する。 ○製作への自信がもてるように，コースターの見本と比較して自分の製作したコースターの縫い方を振り返ったり，繰り返し縫ったりしている児童を称賛する。
3　本時の学習の振り返りをする。 ・家族の人数分のコースターをミシンで縫うことで，ミシンの正しい使い方が分かったよ。次は，家庭の仕事に使用できるエプロンをきれいで丈夫に縫っていきたいな。	○次時から家庭の仕事に使用できるエプロンを，ミシンを使ってきれいで丈夫に製作していく意欲を高められるように，コースターの製作をしたことで「分かったこと」「今後取り組みたいこと」を視点に振り返りをするよう促す。

第6章

（8）家庭科の学習の工夫

板書計画

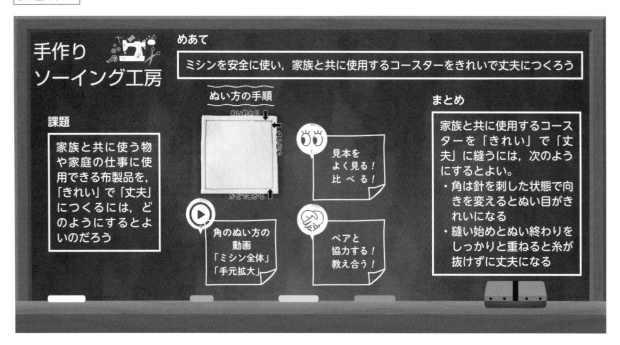

○家庭科で使用する調理室や被服室は，黒板が2段であることが多い。そのスペースを有効に活用する。

○左側に来ることが多い「題材名」と「課題」は，画用紙や模造紙に書いておくと，毎時間掲示することができる。

○中央には，本時で児童が取り組む活動に必要な情報を書いたり，掲示したりする。授業によっては，児童が活動の中で見いだした内容や考えを板書する。

○児童とともに立てた題材の学習計画を掲示することで，学習の見通しをもつことができる。

実践的・体験的な活動

○本時における具体

留意点	本時における具体
a 目標とする状態に近付くイメージをもてる b 新たに身に付ける知識や技能に着目できる c 追究する要因を焦点化できる d 短時間で簡単にできる e 他者との関わりが生まれる	・見本のコースターと自分で製作したコースターを見比べる ・ミシンの「直線縫い」・「角の縫い方」・「返し縫い」を行う ・「きれい」で「丈夫」にミシン縫いをする ・製作物をコースターとする ・ミシンを2人で1台とし，交互に使用する

○実践的・体験的活動の例

内容	実践的・体験的な活動の例
A 家族・家庭生活 B 衣食住の生活 C 消費生活・環境	家庭生活を再現したロールプレイング，家族へのインタビュー　など 調理や製作等の実習，観察，調査，実験，整理整頓，清掃　など シミュレーション（模擬購入）　など

課題の設定について

家庭科では，以下の流れで課題を設定する。

① 学習内容によって，「見本となる実物の観察」，「実際の試し」，「具体的な生活場面の想起」から見いだした問題を整理する。

② 整理した問題を基に，解決の目的となる自分と家族とのつながりを明確にする。

③ 整理した問題を基に，生活の営みに係る「見方・考え方」の四つの視点から，目標とする状態にふさわしい解決の条件や方法を選択する。

④ ②③を基に，課題を設定する。

例： 5年「Warm and Bright!」 B⑹快適な住まい方

① 日当たりの異なる室内の温度や湿度，明るさを測定する活動から見いだした問題を整理する。

⇒児童から出される疑問点や調べたいこと，知りたい，できるようになりたい思いを板書して整理する。

② 整理した問題を基に，解決の目的となる自分と家族とのつながりを明確にする。

⇒寒い季節を自分や家族が快適に過ごす。

③ 整理した問題を基に，「生活の営みに係る見方・考え方」の四つの視点から，目標とする状態にふさわしい解決の条件や方法を選択する。

⇒寒い室内を暖かくする。乾燥しないよう湿度を保つ。必要な明るさを保つ。（健康・快適・安全の視点）

⇒日光の光を利用する。暖房や照明機器を上手に使う。（持続可能な社会の構築の視点）

④ ②③を基に，課題を設定する。

> 課題：寒い季節を<u>自分や家族が快適に過ごせる</u>ために，（自分と家族とのつながり）
> <u>日光を生かしながら</u>，<u>暖房や照明を上手に使い</u>，（持続可能な社会の構築の視点）
> <u>室内を暖かく，適度な湿度にしたり，明るくしたりする</u>（健康・快適・安全の視点）
> には，どのようにするとよいのだろう

家庭科における ICT の活用例

動画の撮影・視聴	シミュレーション	プログラミング

活動の記録，前後の比較，活動の振り返りなどができる	繰り返し試行することができる	教科の学びを深めることができる

9　体　育　科

(1) 体育科の目標

> 　体育や保健の見方・考え方を働かせ，課題を見付け，その解決に向けた学習過程を通して，心と体を一体として捉え，生涯にわたって心身の健康を保持増進し豊かなスポーツライフを実現するための資質・能力を次のとおり育成することを目指す。
>
> ⑴　その特性に応じた各種の運動の行い方及び身近な生活における健康・安全について理解するとともに，基本的な動きや技能を身に付けるようにする。
>
> ⑵　運動や健康についての自己の課題を見付け，その解決に向けて思考し判断するとともに，他者に伝える力を養う。
>
> ⑶　運動に親しむとともに健康の保持増進と体力の向上を目指し，楽しく明るい生活を営む態度を養う。

　「体育の見方・考え方」とは，運動やスポーツは特性に応じた楽しさや喜びがあることと体力の向上につながっていることに着目するとともに，「すること」だけでなく「みること」，「支えること」，「知ること」など，自己の適性等に応じて，運動やスポーツとの多様な関わり方について考えることである。「保健の見方・考え方」とは，個人及び社会生活における課題や情報を，健康や安全に関する原則や概念に着目して捉え，疾病等のリスクの軽減や生活の質の向上，健康を支える環境づくりと関連付けることである。

　「生涯にわたって心身の健康を保持増進し豊かなスポーツライフを実現するための資質・能力」とは，「知識及び技能」，「思考力，判断力，表現力等」，「学びに向かう力，人間性等」の三つを指している。生涯にわたって運動やスポーツを日常生活の中に積極的に取り入れ，生活の重要な一部とすること，また，現在及び将来の生活において，健康に関する課題に対応して，保健の知識及び技能等を活用して，自己の健康を保持増進するために的確に思考し判断するとともに，それらを表現することができるような資質・能力を育成することを目指している。

(2) 体育科の内容

　体育科の内容構成は，次表のとおりである。運動領域においては，発達の段階のまとまりを考慮するとともに，基本的な動きや技能を身に付け，運動を豊かに実践していくための基礎を培う観点から，発達の段階に応じた指導内容の明確化・体系化が図られている。保健領域については，身近な生活における健康・安全に関する基礎的な内容を重視し，健康な生活を送る資質や能力の基礎を培う観点から，小学校においては，「健康な生活」，「体の発育・発達」，「心の健康」，「けがの防止」及び「病気の予防」の五つの内容としてある。

　内容の構成を基本的に，低・中・高学年の3段階で示すことにより，各学年での運動の取り上げ方や年間計画においても弾力性をもたせることができるようになっている。このことは，個に応じた多様な学習を積極的に行うことを目指すものである。

学年	1・2	3・4	5・6
領域	体つくりの運動遊び	体つくり運動	
	器械・器具を使っての運動遊び	器械運動	
	走・跳の運動遊び	走・跳の運動	陸上運動
	水遊び	水泳運動	
	ゲーム		ボール運動
	表現リズム遊び	表現運動	
		保健	

（3）体育科の単元の学習過程 ……………………………………………

体育科の学習を進めていく過程は次のようなものである。

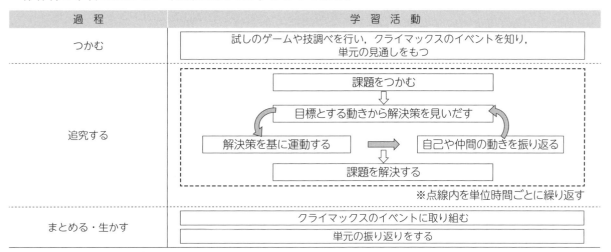

過　程	学　習　活　動
つかむ	試しのゲームや技調べを行い，クライマックスのイベントを知り，単元の見通しをもつ
追究する	課題をつかむ ↓ 目標とする動きから解決策を見いだす 解決策を基に運動する　→　自己や仲間の動きを振り返る ↓ 課題を解決する ※点線内を単位時間ごとに繰り返す
まとめる・生かす	クライマックスのイベントに取り組む 単元の振り返りをする

（4）体育科の学習の特色 ……………………………………………

①安全面への配慮と基本的な学習習慣の確立について

　体育の授業は，安心・安全な活動が前提である。教師は，常に児童の安全な活動に気を配るとともに，児童に適切に声をかけ，児童の安全な活動への意識を高めていく必要がある。また，体育は，教室の授業と異なり，校庭や体育館など広い空間で行うため，学習道具の置き場所，試技やゲームの順番，役割などの約束を単元開始時にしっかりと確認しておく必要がある。

②教材づくりの工夫について

　体育の授業を構想する際には，児童に味わわせたい運動の楽しさや喜びを想定し，学習内容を明確にすることが重要である。そのためには，次の三つの視点を意識して教材づくりを行う必要がある。

> ○児童の発達段階や技能に応じた内容であること
> ○児童が不安に感じそうなことを取り除き，安心して活動できること
> ○運動を行う必要感をもつことができ，課題解決の見通しが明確であること

③ICT機器の活用について

　動きは一瞬で，再現することが難しい。児童が動きを改善するには，動きを可視化する教具を用意することが有効である。例えば，ICT機器の活用が挙げられる。ICT機器を活用することで，一瞬で消えてしまう動きを動画として残すことができ，遅れ再生やスロー，コマ送りで見ることができる。そうすることで，動きを見直し，改善することができる。また，前時の様子を撮影しておき，課題をつかむ際に提示することで，取り組む運動への必要感を高めることができる。さらに，動画を撮り貯めておき，動きの変容を実感できるようにするなど，ポートフォリオとして活用することもできる。ICT機器を効果的に活用することが重要である。そのためには，次の四つの点に留意するとよい。

> ○運動量の確保を前提として，活用する場面を選択する。
> ○「何を」「いつ」「どのように」「どこから」などの撮影の視点を明確にする。
> ○ICT機器の活用と授業のねらいとの関係を明確にする。
> ○事前に，動きを評価・判断する視点を共有し，できばえを検討する機会を設定する。

第6章

（5）体育科学習指導案例 　ー考察ー

価　値

　取り組む運動やスポーツの価値について，以下の内容を明らかにして記述する。

👆❶【知識及び技能】

　単元で取り組む運動やスポーツの特性に応じた各種の運動の行い方の理解をすることと，基本的な動きや技能を身に付けることに資すると考えられる要素を記述する。

例：表現遊びで扱う題材とした動物は，体のつくりや大きさ，動きの特徴が明確である。そのため，動きのイメージをもちやすく，即興的になりきって踊ることができる。また，自分の体を動物の体に見立てたり，高低の差や速さの変化をつけた動きをしたりして，様々な動物の特徴を捉え全身で踊ることができる。

👆❷【思考力，判断力，表現力等】

　運動やスポーツついての自己の課題を見付け，その解決に向けて行い方や練習の仕方などを選んだり，工夫したりすることや他者に伝える力を養うことに資すると考えられる要素を記述する。

例：ロンダート，倒立ブリッジ，頭はね起き及びその発展技はホップ，着手，倒立姿勢やはね起き，着地という局面ごとの動きが明確であるため，自己の動きと連続図や演示といった目標とする動きを比べることにより，自己の課題を見いだすことができる。また，見いだした自己の課題に応じた練習方法を選び，友達と解決策を伝え合いながら練習に取り組むことができる。

👆❸【学びに向かう力，人間性等】

　それぞれの運動が有する特性や魅力に応じて，その楽しさや喜びを味わうとともに，公正に取り組む，互いに協力する，自己の役割を果たす，仲間の考えや取組を認める，安全に留意するなどの態度を育むことに資すると考えられる要素を記述する。

例：「6の3走り高跳び記録会」というクライマックスのイベントをすることは，児童がこの記録会に向けて，目的意識をもって練習することができ，友達と互いに励まし合ったり，よい動きを認め合ったりすることができる。

👆❹【運動やスポーツ】

　三つの柱をまたいで記述する内容は，運動やスポーツの特性に応じた楽しさや喜びと，運動やスポーツを教材化した価値である。

例：ソフトバレーボールの教材化にあたり，ゲームをプレーする人数を3対3とした。これにより，自陣でレシーブやトス，アタックという攻撃を組み立てるために，3人が必ず1回ずつボールに触れる機会が生まれ，連係プレーのためのトスを経由した攻撃を生み出す役割を経験する機会の平等性を確保できる。

体育科学習指導案

【単　元】ハンドボール

考　察	知識及び技能
育成を目指す資質能力	・ハンドボールの行い方についての知識やパスやシュートといった基本的なボール操作とパスが受けられる位置に移動するといったボールを持たないときの動きの技能
児童の実態	・センタリングサッカーにおいて，攻守が入り交じるゲームの行い方を経験している。 ・手や足でパスやシュートをすることができる。 ・手で素早くパスをしてボールを前に運び，シュートする技能は身に付いていない。
価　値	👆❹ハンドボールは，パスで相手シュートをし，相手チームと得る人数を3対2とした。守り側より，状況判断が容易になる。動きを制限する。これにより，トをすることができる。 👆❶・本単元で扱うボールは片手で持つことができ，ボール操作が容易であるため，ボールを前に運ぶパスやねらったところに力強いシュートをすることができる。
見方・考え方	ハンドボールを，空いている場所をントを見付けたりしている。
今後の学習	5年「ハーフコートバスケットボー

令和●年●月●日（●） 第4学年●組（体育館） 指導者　●●●●

思考力，判断力，表現力等	学びに向かう力，人間性等
・ハンドボールにおけるチームの課題を見付ける力や簡単な作戦を選ぶ力，チームの課題の解決のために考えたことを伝える力	・ハンドボールに進んで取り組むとともに，勝敗を受け入れたり，運動する場や用具の安全に気を配ろうとしたりする態度
・動きのポイントを踏まえ，センタリングサッカーにおける簡単な作戦を選ぶことができる。 ・空いている場所に素早く動くことについての解決策を見いだすことに難しさを感じている児童がいる。	・ルールを守り，進んでボール運動に取り組み，友達のよい動きを認めることができる。 ・勝敗にこだわり過ぎてしまい，運動を楽しめなくなってしまう児童がいる。

ゴールへ向けてボールを前進させ，ノーマークの場所へ動いてボールを受け，片手で思い切り点を競い合うことに面白さや楽しさの中心がある。ハンドボールの教材化にあたり，プレーすの人数をキーパー1人を含む2人として，攻撃側がアウトナンバーになるようにする。これにまた，キーパーがゴールを回り込まないとシュートを防ぐことができないように，キーパーのゴールを防ぐまでに時間差が生じ，攻撃側はノーマークの場所へ動いてボールを受け，シュー

☞❷・得点を取るためには，チームで連携して動くことが必要であり，必要感をもって，作戦の動きと取り組んだ動きを比較することにより，空いている場所に素早く動くことについての解決策を見いだすことができる。

☞❸・「4の〇ハンドボール大会」というクライマックスイベントの設定により，チームで目標をもち，協力してハンドボールに取り組むことができる。児童が大会を運営することにより，判定に従うことやフェアなプレイの大切さについて学ぶことができる。

使ってシュートを打つまでの動きに着目して捉え，プレーしたり，アドバイスをしたり，動きのポイ

ル」で，得点しやすい場所に移動し，パスを受けてシュートをする学習へと発展していく。

（6）体育科学習指導案例

―指導と評価の計画―

目　標

　学習指導要領解説の本文等を参考に，単元で育成を目指す資質・能力に照らして，運動に取り組む態度や運動の技能，活動の工夫などについて，単元の最後に目指す児童の姿を記述する。

例：1年「水慣れ遊び」
　　友達と仲よく，きまりを守り安全に気を付けながら，いろいろな水慣れ遊びができる。

例：3年「タグラグビー」
　　互いに協力し，動きを習得するための練習やみんなが楽しめるルールや作戦を工夫しながら，攻めや守りをして，タグラグビーができる。

例：5年「ハードル走」
　　きまりを守り，進んでハードル走に取り組み，友達と協力してハードルの走り越え方のポイントを見付けて，課題に合った練習方法を選んだり，考えたことを伝えたりして上体を前傾にしてリズミカルにハードル走をすることができる。

評価項目

　学習活動のねらいを「おおむね満足できる状況」として達成している児童の姿を記述する。本時の終末において，ねらいを達成する児童が，中心的な学習活動で目指す姿を想定するとよい。評価方法は，評価項目の児童の姿を見取る上で適した方法を記述する。また，＜＞内に，評価方法と中心となる評価の観点を記述する。体育科の評価方法には，行動や学習プリント，発言などが挙げられる。

例：
・プレルでつないだボールを，相手コートへシュートすることができる。　　　　　　　＜行動①＞
・「いち・にーい，いち・に・さん」のリズムで助走し，振り上げ足の裏を見せて振り上げ，跳び越すことができる。　　　　　　　　　＜行動①＞
・後方支持回転の動きのポイントを基に，自分の課題に合った練習方法を選んでいる。　＜行動②＞
・マットを突き放すことや目線をマットに向けるなど，見付けた動きのポイントを記述している。
　　　　　　　　　　　　　　　　＜学習プリント②＞
・試しの鉄棒運動で得た感想を基に具体的なめあてを記述している。　　　＜学習プリント③＞

例：2年「鉄棒を使った運動遊び」知識及び技能
　単元の評価規準
手や腹，膝で支持したり，ぶら下がったり揺れたりして遊ぶことができる。

　一単位時間の評価項目（記録に残す評価）
ふとん干しやこうもり，さる，ぶたの丸焼き，ツバメの行い方を試し，遊んでいる。　＜行動①＞

例：6年「走り高跳び」思考力・判断力・表現力等
　単元の評価規準
走り高跳びの動きの中で助走，踏切り，振り上げ足の動きのポイントを踏まえ，目標とする動きと取り組んだ動きを比べて自分の課題を見付け，課題に合った練習方法を選び，考えを伝えている。

　一単位時間の評価項目（記録に残す評価）
自分に合った踏切り位置で上体を起こして力強く踏み切るという動きのポイントを踏まえ，自分の課題を記述している。　　　＜学習プリント②＞

指導と評価の計画

目標		チームで協力し，作戦を選んだり，教え合っ	
評価規準		（①知　・　技）　ハンドボールの行い方を （②思・判・表）　ハンドボールにおけるパ 　　　　　　　　　を友達に伝えたりしてい （③主体的態度）　規則を守り，互いに協力	

過程	時間	学習活動	
つかむ	1	○試しのゲームを行い，共通のめあてと自分のめあてを立てる。 　┌ 共通のめあて ── 　│ 4の○ハンドボール大会に向けて，パスやシュート，サポートの動きのポイントを見付け，友達と協力しながら練習しよう	
追究する	1	○パスやシュートの動きのポイントを見付ける。	
	1	○パスやシュートの動きのポイントを踏まえ，ゲームに取り組む。	
	1	○サポートの動きのポイントを見付ける。	
	1	○コートを縦に広く使う方法を考え，考えたことを踏まえてゲームに取り組む。	
	1	**○コートを横に広く使う方法を考え，考えたことを踏まえてゲームに取り組む。（本時）**	
	1	○チームで作戦を選び，ゲームをする。	
まとめる・生かす	1	○「4の○ハンドボール大会」を行い，友達の動きのよさやがんばりを認め合い，学習のまとめをする。	

たりしながら，パスやシュートをしたり，サポートの動きをしたりして，ハンドボールができる。

理解し，ねらった方向へパスやシュートをしたり，空いている場所へ動いたりして，ハンドボールができる。
スやシュート，サポートの動きのポイントを見付けたり，作戦を選んだり，チームの課題の解決のために考えたこと
る。
したり，勝敗を受け入れたりして公正にハンドボールをしようとしている。

指導上の留意点	☞❷ 評価項目＜評価方法（観点）＞※太字は「記録に残す評価」
○ハンドボールの中で取り組んでいく動きや学び方の見通しをもてるように，「できるようになりたい動き」「学び方」「楽しく安全に運動するためにできること」の視点を提示する。	◇ノーマークでパスを受ける，チームで作戦を立ててシュートをたくさん打てるようになるなど，具体的なめあてを記述している。　　　　　　　　　　　　　　＜学習プリント③＞
○パスやシュートの動きのポイントに気付けるように，「膝」「目線」「ボールの軌道」の視点を提示する。	◇ボールを持ったらゴールを見る，足をボールを投げる方に１歩出すなどの動きのポイントを記述している。＜学習プリント②＞
○パスやシュートの出来映えを自覚できるように，チーム内で互いの動きを見合う役割を設定する。	◇目線を対象に向けてパスやシュートをしている。　　　＜行動①＞
○サポートの動きのポイントに気付けるように，「三人の形」「パスした後」「距離」の視点を提示する。	**◇三人で三角形を作る，パスをしたら止まらない，三人の距離は近過ぎないなどの動きのポイントを記述している。**　　　　　　　　　　　　　　　　　　＜学習プリント②＞
○サポートにおけるチームの課題の達成状況を自覚できるように，作戦板でチームの動きを確認する時間を確保する。	◇コートを縦に広く使う方法について考えたことを発言したり，記述したりしている。　　　　　　＜発言・学習プリント①＞
○コートを横に広く使う動きを評価することができるように，作戦板に表した動きと取り組んだ動きを比較する機会を設定する。	**◇守りのいないコートの横のスペースに動いている。**　　＜行動①＞
○パスやシュート，サポートの動きに関わるチームの作戦のよさに気付けるように，動きを視覚化できる作戦板や作戦が記述してある作戦カードを用意する。	◇選んだ作戦でシュートを打つことができる。　　　　＜行動①＞
○学習の成果を実感できるように，ハンドボールにおける「楽しかったことやうれしかったこと」という振り返りの視点を提示する。	**◇ハンドボールにおける自分や友達の動きのよさやがんばりを記述している。**　　　　　　　　　　　＜学習プリント③＞

第6章

（7）体育科学習指導案例　－本時の学習－

☝❶ ねらい

　本時の中心的な学習活動と，児童が身に付けることを端的に記述する。体育科では，繰り返し試行したり，練習したりするなどの体を動かす活動は欠かすことはできない。その活動の中で行うことを明確にして記述する。
　例：（本時の中心的な学習活動）を通して，（児童が身に付けること）ができる。
　5年　マット運動
　　・自分の課題に応じた練習方法を取り組む中で，跳び前転の目標とする動きと取り組んだ動きを比較したり，動きの基準で動きを評価したりすることを通して，腰角度が開いた跳び前転ができる。
　4年　セストボール
　　・パスでボールを運ぶことにおけるチームの課題に応じた練習方法を選んで，繰り返し練習することを通して，相手のいないところに動くことができる。
　5年　フラッグフットボール
　　・作戦記録カードの記録を基に交流戦の結果を振り返ったことを基に，チーム内で考えた動きを繰り返し試行することを通して，チームの特徴に合った作戦を立てることができる。

☝❷ 指導上の留意点

　本時のねらいを達成するための主な学習指導の工夫を，以下の例のように具体的に記述する。

目的
　目的は，ねらいを達成するために気付いたり，考えたり，行ったりする必要があることを児童を主語にして記述する。

・学習の見通し
　例：自己の課題に応じた練習方法で伸膝台上前転をできるようにするという学習への見通しをもてるよう
・課題の想起
　例：両膝掛け振動下りの自分の課題を想起することができるよう
・課題の追究
　例：両膝掛け振動下りにおける頭の振りの動きを判断することができるよう
・変容の自覚
　例：投げる動きの変化や高まりに気付けるよう
・振り返り
　例：動きのできばえと練習方法の妥当性を判断することができるよう

学習指導の工夫
　活動や場の設定を学習指導の工夫として記述しない。活動や設定された場でねらいを達成するために，必要があることを，以下の例のように具体的に記述する。

・提示
　例：ケンステップ，発砲ポリエチレンバー，ゴムひもを使った局面ごとの課題に応じた練習方法をまとめた図を提示する。
・問いかけ
　例：取り組んでいる練習方法を選んだ理由を問いかける。
・促し
　例：観察する人の役割を設定し，観察して気付いたことを友達に伝えるよう促す。
・称賛
　例：空いている場所に動いてボールをもらおうとしている児童を称賛する。

本時の学習（6／8 時間）

❶ねらい 目標とする動きと取り組んだ動きを比較して見いだした課題を解決するために話し合ったことを基に，繰り返し練習することを通して，コートを横に広く使って，ノーマークの場所へ動いてシュートをすることができる。

評価項目 守りのいないコートの横のスペースに動いている。　　　　　　　　　　　　　　　＜行動①＞

学習活動と児童の意識	❷ 指導上の留意点
1　**本時のめあてをつかむ。** ・縦に攻めた後に，守りにつかれてしまうと，シュートまでつなげることができなかったな。 ・ボールを持ってる友達と反対側のスペースを使って攻めるにはどうすればよいのかな。（問題意識）	○ノーマークでシュートをすることにおける，チームの課題を想起することができるよう，前時の振り返りが書かれた学習プリントの記述を見返すよう促す。 ○コートを横に広く使ってノーマークの場所に動けるようにするという本時の見通しをもてるよう，「つかむ」過程で作成した資料を提示し，本時できるようになりたい動きを問いかける。
めあて：コートを横に広く使って攻めるにはどうしたらよいか考え，ノーマークでシュートをしよう	
2　**タスクゲームを行う。** ・コートの真ん中に寄ると，守りとの距離が近くなってしまうな。だからノーマークではないのだな。どこを走ればよいのかな。 ・コートの真ん中に寄らないようにするためには，走り込む場所は，コートの端の方がいいね。走るコースは，大きくカーブを描くようにしてみよう。 ・何度も試してみたら，縦のスペースだけではなく，横のスペースも使って攻められるようになってきたぞ。 3　**メインゲームを行う。** ・動画を見ると，もう少し奥に走り込む必要があることが分かったよ。 ・大きくカーブは描けているけど，友達が，パスを出した後すぐに動けていないと教えてくれたよ。 ・コートを横に広く使って攻めるには，コートの真ん中を走るのではなく，パスを出した後すぐに，コートの横の方をカーブを描くように走ればよいのだな。　　　　　（問題を解決した意識） ・動画を見たら，作戦板で確認した動き方ができていることが分かったよ。コートを横に広く使うと，ノーマークでシュートを打つ回数がとても増えたよ。 4　**本時の学習の振り返りをする。** ・コートを横に広く使うことができたな。次は，作戦カードを使って，コートを横にも縦にも広く使って攻めたいな。	○攻めがコートの中央に寄り，コートの横のスペースが使えないことを自覚できるよう，前時の試合の様子を撮影した動画を提示し，コートの中央で守りにマークされてしまう理由を問いかける。 ○コートを横に広く使うための動きの手がかりを得られるよう，「走りこむ場所」「走るコース」という視点を提示し，目標とする動きを作戦板に表すよう促す。 ○作戦板に表したコートを横に広く使うための動きができるよう，チーム内で繰り返し試行するよう促す。 ○コートの中央に寄ってしまう児童には，走り込む場所や走るコースが中央寄りになっていることを自覚できるよう，取り組んだ動きを撮影した動画を提示し，作戦板に表した動きとの差異を問いかける。 ○コートを横に広く使うための動きの変化や高まりに気付けるよう，観察する人の役割を設定し，観察したことを友達に伝えるよう促す。 ○自分の動きに自信がもてるよう，コートを横に広く使ってボールをもらおうとしている児童を称賛する。 ○チームの課題の達成状況を判断できるよう，ゲームとゲームの間に，作戦板に表した動きを確認し，タブレット PC で撮影した動画と比較するよう促す。 ○本時の学習の成果を実感することができるよう，「できるようになった動き」「次時に取り組みたいこと」という振り返りの視点を提示する。

（8）体育科の学習の工夫

単元の見通し

　児童が主体的に学習するためには，学習の見通しをもって追究することが必要である。そこで，導入の試しのゲームや技調べに取り組む中でもった，各種の運動の楽しさや喜び，難しさについての感覚や感想を教師と児童で整理する。児童と単元の見通しを共有することで，ゴールの姿と一単位時間がつながり，取り組む技や基本的な技能を身に付けるための練習に必要感が生まれる。

４年○組　ハンドボール

できるようになりたい動き

> ノーマークでシュートする
> パスですばやく攻める
> シュートを強く打つ
> パスをもらえるように動く
> 作戦を使って攻める

学び方

> ポイントを見付ける
> 友達の動きを参考にする
> タブレットで動画をとる
> 課題が分かる
> アドバイスをし合う

楽しく安全に

> みんなでもり上げる，大会に向けて協力して練習する，
> はげまし合う，失敗を責めない

授業マネジメント

　体育の授業において，児童が安全に活動するために，安全面への配慮は欠かせない。教師は常に，『活動の安全』，『体調面での安全』への配慮，管理を行っていかなければならない。

　学習の規律が確立されていることは，よい体育授業の基礎的条件にも挙げられるほど，体育授業に欠かすことはできない。場の準備・片付けの仕方や学習道具の置き場所，試技やゲームの順番，役割などの約束を決め，児童と共有しておけば，児童の活動の時間が確保される。また，活動の説明を聞く時間が減り，教師も児童一人一人に関わることができるようになる。

『活動の安全』

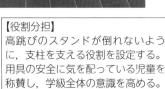

【道具の配置】
道具が動かないように滑り止めを敷いたり，落下した際けがを防げたりするようにマットを敷いたりする。

【役割分担】
高跳びのスタンドが倒れないように，支柱を支える役割を設定する。用具の安全に気を配っている児童を称賛し，学級全体の意識を高める。

【準備・片付け】
自分たちが使う物は自分たちで管理することが大切である。自分たちで行うことで，安全に関わる意識が高まる。

『体調面での安全』

　授業の最初と最後の体調管理を必ず行う。特に最初と最後で表情が違う子は注意し，積極的に声をかける。また，気温や湿度が高いときは，水分を補給する時間を確保する。

授業の約束等

単元の一時間目に，校庭や体育館に来てからの動きや準備・片付けの仕方，慣れの運動などの授業の約束を確認する時間をとる。

試技のローテーションの仕方を児童と一緒に確認する。高学年なら，児童が考えてもよい。

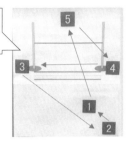

ローテーションと合わせて，試技を観察する位置を確認する。正しい位置で観察すれば，動きを評価・判断しやすくなる。

教材・教具の工夫

　学習内容の習得のためには教材・教具の工夫が欠かせない。教材・教具の工夫により，進んで学習に参加することができ，児童の技能が伸びたり，考えが深まったりする。教材・教具を工夫する際には，児童の発達段階に応じて，局面ごとに動きを焦点化できるようにする。

【ボールを投げクジラ】
クジラの尾から口をめがけてボールを投げる。目標をしっかりと見据えることと，楽しむことを兼ねられる。

【腰の動きをチェックタオル】
タオルを後ろから前に動くように，腰を捻る。自分では見ることができない，腰の動きを視覚化できる。

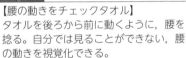

【体の振りをチェックミラー】
鏡を見ることで，体の振りを意識しながら運動を行うことができる。また，鏡にラインを引くことで，体の振れ幅を段階的に大きくできる。

【着手ぴったりテープ】
着手の位置を確認しながら，跳び箱運動を行う。どの跳び箱の技にも対応できる。

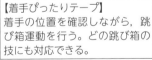

【やわらか跳び箱マット】
跳び箱と同じように技を行う。跳び箱に恐怖心がある児童でも安心して技を行うことができる。

【踏切りぴったりテープ】
踏切り位置の目安をもちながら跳ぶ。友達に自分では確認しづらい踏切りの位置を判断してもらい，アドバイスをもらうことができる。

道 徳 科

※特別の教科道徳を道徳科とする。

(1) 道徳科の目標

> 道徳教育の目標に基づき，よりよく生きるための基盤となる道徳性を養うため，道徳的諸価値についての理解を基に，自己を見つめ，物事を多面的・多角的に考え，自己の生き方についての考えを深める学習を通して，道徳的な判断力，心情，実践意欲と態度を育てる。

「道徳科の見方・考え方」とは，様々な事象を，道徳的諸価値の理解を基に自己との関わりで多面的・多角的に捉え，自己の生き方について考えることとされている。この見方・考え方は，資質・能力の三つの柱全てに深く関わる，各教科等を学ぶ本質的な意義の中核をなすものであり，教科等の教育と社会をつなぐものである。

「道徳科で育てる資質・能力」とは，「道徳性」であり，道徳的な判断力，心情，実践意欲と態度である。その「道徳性」を育てるために，道徳的諸価値についての理解を基に，自己を見つめ，物事を多面的・多角的に考え，自己の生き方についての考えを深める学習を行う必要がある。

(2) 道徳科の内容

児童が人間として他者とよりよく生きていく上で学ぶことが必要と考えられる道徳的価値を含む内容を内容項目という。内容項目は，以下の四つの視点に分けて示されている。

> A　主として自分自身に関すること
> B　主として人との関わりに関すること
> C　主として集団や社会との関わりに関すること
> D　主として生命や自然，崇高なものとの関わりに関すること

上の四つの視点は，相互に深い関連をもっている。「第1学年及び第2学年」，「第3学年及び第4学年」，「第5学年及び第6学年」の各学年段階においては，視点の関連を考慮しながら，四つの視点に含まれる全ての内容項目について適切に指導しなければならない。

(3) 道徳科の主題の学習過程

道徳科の主題の学習を進めていく過程は次のようなものである。

過　程	学　習　活　動
導入	生活経験を想起する 学習課題を把握する
展開	学習課題の解決に向けて話し合う
終末	学習課題の解決をし，自己の生き方について考える

（4）道徳科の学習の特色

①一人一人の児童の実態把握

　本時に扱う道徳的価値に対する児童の感じ方や考え方，これまでの体験など，児童の実態を把握することで，学級全体の傾向が見え，具体的なねらいや学習課題を立てることができる。そこで，日常生活における観察，アンケートによる調査など，実態把握をする際には，道徳的価値に応じて視点を明確にすることが欠かせない。

②ねらいとする道徳的価値への方向付け

　道徳の時間では，児童が意欲的に考え，主体的に話し合うことが大切である。そのためには，児童が本時にねらいとする道徳的価値について自分自身のこととして考え，学習課題の解決に向けての意欲を高められるよう，導入を工夫していく必要がある。具体的な方法としては，ねらいとする道徳的価値に関わるアンケートの結果やその場面の映像，画像を提示し，それらに関しての感想や疑問を問いかけることが考えられる。

③教材の扱い方

　道徳科における教材は，児童が自分の在り方や生き方などについての考えを深め，学び合う共通の素材として重要な役割をもっている。したがって，ねらいとする道徳的価値と児童の実態に即した資料を選定するとともに，活用の仕方を工夫していく必要がある。教材には，道徳的価値を実現して満足しているものや，道徳的価値を実現できずに満足していないもの，道徳的価値を実現する上で自分の弱さと葛藤しているもの，複数の道徳的価値が対立して悩んでいるものなど，様々なものがある。そのため，それぞれの教材に合わせて，児童が道徳的価値を自分との関わりで考えることができるように，ねらいとする道徳的価値に合わせて児童に考えさせたいことを吟味することが求められる。

　教材を提示する際の工夫としては，絵や紙芝居などを提示したり，実物や映像，画像，効果音などを併用したりすることが考えられる。低学年では，人形やペープサートなどを使うことも効果的である。

④発問

　教師による発問は，児童が自分との関わりで道徳的価値を理解したり，自己を見つめたり，物事を多面的・多角的に考えたりするために重要である。発問によって児童の問題意識や疑問などが生み出され，多様な感じ方や考え方が引き出される。そのためにも，「考える必然性や切実感のある」発問，「自由な思考を促す」発問，「自分以外の視点から考えることを促す」発問などを心がけることが大切である。

⑤話合い

　話合いは，児童同士の考えを深める上で中心となる学習活動である。それぞれの児童の道徳的価値に対する感じ方や考え方を伝えたり聞いたりすることで，新たな道徳的価値に気付いたり，自らの道徳的価値に対する感じ方や考え方を深めていくことができる。その際に，考えを出し合う，まとめる，比較するなどの目的に応じて効果的に話合いが行われるように工夫する。また，座席の配置を工夫したり，討議形式で進めたり，ペアでの対話やグループによる話合いを取り入れたりするなどの形態を工夫することも重要である。

⑥表現活動

　自らの感じ方や考え方を表現することは，児童が道徳的価値に対する理解を深めるために重要である。そこで，課題に対する考えやこれからの生活についての思いを記述できるような学習プリントを準備する。また，動きやせりふを真似する動作化や即興的に演じる役割演技を取り入れることも考えられる。これらの活動を取り入れる際には，演じる目的を明確にする必要がある。

第6章

（5）道徳科学習指導案例　ー考察ー

価　値

👆❶【道徳的価値】

　前半は，本主題で扱う道徳的価値について
の分析を記述する。その際に，学習指導要領
の内容項目について記述されているページを
参考にしながら，本主題で扱う内容項目の価
値（よさや大切さ）があるかを明確にする必
要がある。また，同じ内容項目でも，各学年
段階に応じて，指導の要点は異なるので，系
統を意識しながら記述する。

例：1年「正直，誠実」
・失敗のごまかしをしないで素直であること
は大切である。なぜなら，失敗をしてもしっ
かりと反省して自分自身の成長につなげ，
明るい心で伸び伸びと生活することができ
るからである。しかし，ごまかしをすると，
罪悪感を感じ自分自身の心を苦しめたり，
周りの人に迷惑をかけたりしてしまうこと
になる。つまり，ごまかしをすることで，
一時的な苦しみや恥ずかしさからは逃れる
ことができても，明るい心で伸び伸びと生
活することができない。したがって，失敗
のごまかしをしないで素直に生活しようと
思えることが大切である。

👆❷【教材の内容】

　後半は，資質・能力の三つの柱に照らした
ときの本主題で扱う教材の内容と児童にとっ
ての価値を記述する。始めに，児童が問題意
識をもつ場面について記述する。次に，立場
や時間などに着目して，多面的・多角的に考
えることを具体化する。最後に，この教材に
よる学習を通して，目指す姿を記述する。

例：1年「正直，誠実」
・頼まれたものを食べたことのごまかしをす
る主人公の姿から，児童は失敗のごまかし
をしないで素直に生活することの問題意識
をもつことができる。また，ごまかしをし
た時としなかった時の主人公の心情に着目
することで，ごまかしをしないと自分の心
がすっきりするという，失敗のごまかしを
しないで素直に生活することのよさに気付
くことができる。

道徳科学習指導案

【主　題】義務を果たすと「セルフジャッジ」

考　察	道徳的諸価値に ついての理解
育成を 目指す 資　質 能　力	・「義務」についての自分の生活 をもち，学習課題「どうした や果たしていない人の気持ち， の生き方について考える学習
児童の 実　態	・一人一人が義務を果たして 生活していかなければいけ ないことは知っているが， その理由については，理解 していない。
価　値	👆❶・社会生活を営む上で，果たさ して生活できるようになっ せないことがある。そうする る。そこで，義務を果たすこ 👆❷・セルフジャッジを行うことの いての問題意識をもつことが と果たせていなかったときの きることに気付き，自分の弱
見方・ 考え方	「義務」についての自分の生活経験を 学習課題「どうしたら，自分の弱さ ち，義務を果たしたときと果たせて
今後の 学　習	6年「マナーとルール」でのルール
他の教 育活動 と　の 関　連	・自分の弱さに負けずに義務を果た 例：休み時間に，当番や係，委員 　　休み時間に，クラス全体で静 　　学活の学級会で決めたことを

令和●年●月●日（●）　第5学年●組（5年●組教室）　指導者　●●●●

（内容項目 C12「規則の尊重」）

自己の生き方についての考え	道徳性（道徳的判断力，道徳的心情，道徳的実践意欲と態度）

経験を基に，日常生活と教材から「自分の弱さに負けずに義務を果たすこと」についての問題意識
ら，自分の弱さに負けず，義務を果たすことができるのだろう」について，義務を果たしている人
義務を果たしていたときと果たせていなかったときの気持ちや状況などから考え，これからの自己
を通して，自分の弱さに負けずに義務を果たそうとする道徳的判断力を養う。

・忙しくなったり，面倒に思ったりして，自分や友達に甘えてしまい，義務を果たせないことがあると考えている。
・義務を果たすことが難しくても，果たしていかなければならないと考えている。

・約束や社会のきまりの意義を理解し，それらを守ろうとする道徳的判断力をもっている。
・自分の弱さに負けずに，義務を果たすという道徳的判断力はもてていない児童もいる。

なければならない義務は数多くある。誰もが，義務を果たすことによって，個人や集団が安心
ている。しかし，それらを知っていても，忙しくなったり，面倒に思ったりして，義務を果た
と，周りの人の迷惑になってしまったり，自分も嫌な気持ちになってしまったりすることがあ
とで個人や集団が安心して楽しく生活できるようになることに気付くことが大切である。

難しさを感じる主人公の姿から，児童は自分の弱さに負けずに義務を果たすことの難しさにつ
できる。また，義務を果たしている人や果たしていない人の気持ち，義務を果たしていたとき
気持ちや状況などに着目することで，義務を果たすことで個人や集団が安心して楽しく生活で
さに負けずに義務を果たそうとすることができる。

基に，日常生活と教材から「自分の弱さに負けずに義務を果たすこと」についての問題意識をもち，
に負けず，義務を果たすことができるのだろう」を義務を果たしている人や果たしていない人の気持
いなかったときの気持ちや状況などから考え，これからの自己の生き方について考えること。

からマナーへ変えることのよさについて考える学習へと発展していく。

すことについて
会活動の仕事を行う場面
かに教室移動をする場面
行う場面

第6章

（6）道徳科学習指導案例　ー本時の学習ー

👆❶ ねらい

　本主題で育成を目指す資質・能力に照らしたときに，本時に行う中心的な学習活動と，児童が身に付けることを端的に記述する。本時に行う中心的な学習活動は，道徳的価値に対する話合いとなる。また，児童が身に付けることは，道徳的諸様相となる。ここでは，学習者である児童が主語で書かれる。

　学習指導案例では，本時に行う中心的な学習活動が「自分の弱さに負けずに義務を果たす方法について話し合うことを通して」である。「義務を果たすことで個人や集団が安心して楽しく生活できることに気付くこと」が本時に学ぶ道徳的価値のよさや大切さであり，学習活動2を終えた後の児童の姿である。「自分の弱さに負けずに義務を果たして生活していこうとする判断力」が育成を目指す資質・能力となり，道徳性の諸様相の面から記述する。

例：「（本時に行う中心的な学習活動）を通して，（本時に学ぶ道徳的価値のよさや大切さ）に気付き，〜〜しようとする道徳的判断力（道徳的心情，道徳的実践意欲と態度）を養う」と記述する。

道徳性を構成する諸様相
　・道徳的判断力…………それぞれの場面において善悪を判断する能力。人間として生きるために道徳的価値が大切なことを理解し，様々な状況下において人間として望まれる対処方法を判断する力。
　・道徳的心情……………道徳的価値の大切さを感じ取り，善を行うことを喜び，悪を憎む感情のこと。人間としてのよりよい生き方や善を志向する感情。
　・道徳的実践意欲と態度…道徳的判断力や道徳的心情によって価値があるとされた行動をとろうとする傾向性。道徳的実践意欲は，道徳的判断力や道徳的心情を基盤とし道徳的価値を実現しようとする意思の働き。道徳的態度は，それらに裏付けられた具体的な道徳的行為への身構え。

👆❷ 指導上の留意点

・目的
　○○への方向付けができるよう，○○についての問題意識をもてるよう，○○について多面的・多角的に考えられるよう，○○に気付けるよう，○○を理解できるよう，○○への意欲をもてるようなど

・学習指導の工夫
　〜を問いかける，〜を提示する，〜と〜を対比して板書する，〜を記述し，発表するよう促す，〜を称賛するなど
　用意：学習プリント，場面絵，役割演技用お面，電子黒板など
　提示：場面絵，視点「これからしていきたいこと」など
　問いかけ，促し，助言：○○の経験を問いかける，○○についての感想や疑問を問いかける，○○について大切だと思ったことを問いかける，学習課題に対する考えを発表するよう促す，○○についてペアで伝え合うよう促す，○○の場面の役割演技をするよう促す，「○○」の視点を提示する，○○と○○を対比して板書するなど

本時の学習（1／1時間）

☞❶ **ねらい**　自分の弱さに負けずに義務を果たす方法について話し合うことを通して，義務を果たすことで個人や集団が安心して楽しく生活できることに気付き，自分の弱さに負けずに義務を果たして生活していこうとする判断力を養う。

評価項目　自分の弱さに負けずに義務を果たすことについて，登場人物の複数の立場から考えたり，義務を果たせなかったときの気持ちなどから考えたりするなど，多面的・多角的に考えたことを，発言したり記述したりしている。　　　　　　　　＜発言・学習プリント＞

学習活動と児童の意識	☞❷ 指導上の留意点
1　教材を読み，学習課題をつかむ。 ・セルフジャッジをするという義務を果たさなかったから楽しくなくなったんだな。アンケートで面倒に思うと義務を果たすことができないっていうのは主人公と同じだな。どうしたら自分の弱さに負けず，義務を果たすことができるのかな。　　　　　　　　　　　（問題意識）	○果たしている義務と果たしていない義務についての自分やクラスの実態を自覚できるよう，事前に行ったアンケート結果をまとめた資料を提示する。 ○「自分の弱さに負けずに義務を果たすこと」についての問題意識をもてるよう，教材「セルフジャッジ」の範読後，登場人物の行為と事前に行ったアンケート結果の相違点を問いかける。
学習課題：どうしたら，自分の弱さに負けず，義務を果たすことができるのだろう	
2　学習課題の解決に向けて話し合う。 ・義務を果たした後には，自分の気持ちはすっきりしているだろうから，義務を果たした後のことを考えればよいと思うな。 ・友達の「義務を果たせなかったときには，よくないことが起こる」という考えも分かるな。よくないことが起こって，自分が後悔するだけでなくて，周りの人にも嫌なことが起こりそうだな。 ・義務を果たすのは当たり前のことだけど，義務を果たせたときには，自分も周りの人もきちんとできて，楽しいと思うな。 ・主人公は遊びだから自分が楽しみたいって思っていたのではないかな。自分も忙しくて時間がないから義務を果たせなくてもいいやと思ってしまうことがあったな。 **3　学習課題を解決し，自己の生き方について考える。** ・義務を果たすことが大変なこともあるけれど，周りのことを考えたり，義務を果たしたときのことを考えたりすると，自分もみんなも安心して楽しく生活できると思うな。　　　（問題を解決した意識） ・今までは義務を果たせないこともあったけれど，これからは自分もみんなも安心して楽しく生活できるように，係や当番活動などの自分がしなければならない義務はしっかり果たしていきたいな。	○学習課題について自ら多面的・多角的に考えられるよう，ロイロノート（タブレット）上に視点カード（○○の気持ち，○○する前と後，もし…）を配付する。 ○自分なりの考えをもてていない児童には，そのきっかけを得られるよう，義務を果たしている登場人物や果たしていない登場人物の気持ちを問いかける。 ○学習課題についての自分の考えをより深められるよう，自分の考えが書けたら，ロイロノート上に提出し，友達と自分の考えを比べるよう促す。 ○自ら進んで多面的・多角的な考えとすることができるよう，多くの友達と自他の考えを比べながら理由を聞いていることを称賛する。 ○義務を果たすことの自分や周囲への影響に気付けるよう，義務を果たせたときの自分や周りの人の気持ちを問いかける。 ○義務を果たすことの難しさに気付けるよう，義務を果たせなかった主人公や，義務を果たせなかった自分の理由を問いかける。 ○自分の弱さに負けずに義務を果たすことで，個人も集団も安心して楽しく生活することができることを理解できるよう，再度，学習課題を問いかける。 ○自分の弱さに負けずに義務を果たすことと，自分の生活とを結び付けられるよう，「これからしていきたいこと」の視点を提示する。 ○これからの生活への意欲をもてるよう，生活の見通しを具体的にもてたことを称賛する。

（7）道徳科の学習の工夫

本時の板書計画

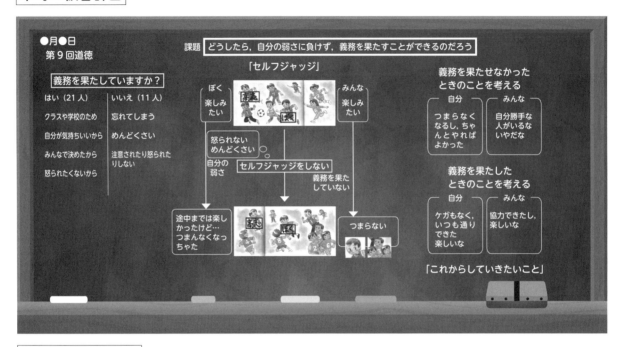

その他の板書計画

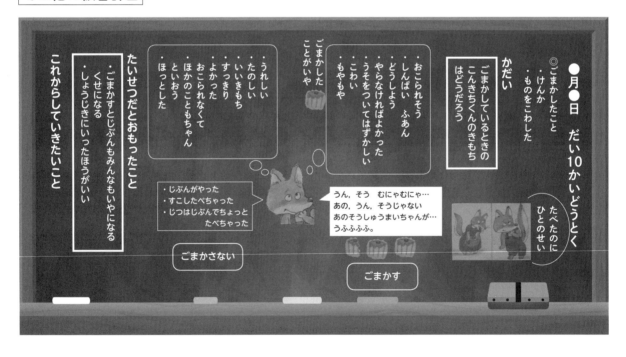

板書の構成要素

　日付，道徳科の授業回数，道徳的価値に対する始めの意識，学習課題，学習課題に対する考えなどを板書する必要がある。その中でも，学習課題に対する考えは，比較したり，関連付けたりすることができるように，枠で囲ったり，色付けをしたり，矢印や線で結んだりする。

　板書は，横書きの場合は，左上から右下に向けて，縦書きの場合は，右上から左下に向けて思考が深まっていく様子が分かるようになるとよい。児童の発達段階や内容項目などに応じて工夫する。

学習課題の設定

　児童が学習課題を把握する際に，道徳的な問題に関わって児童が考えたことや感じたこととのずれ，教材の登場人物の行為や気持ちとのずれを基にして学習課題をつかめるようにする。

【学習課題の設定に向けての教師の支援の流れ】

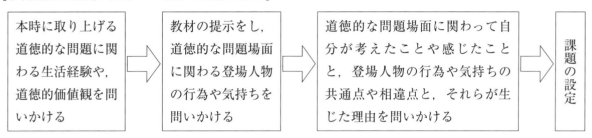

本時に取り上げる道徳的な問題に関わる生活経験や，道徳的価値観を問いかける　→　教材の提示をし，道徳的な問題場面に関わる登場人物の行為や気持ちを問いかける　→　道徳的な問題場面に関わって自分が考えたことや感じたことと，登場人物の行為や気持ちの共通点や相違点と，それらが生じた理由を問いかける　→　課題の設定

事前アンケート

　事前にアンケートをとることで，授業で扱う道徳的価値に関する自己の生活経験を想起できる。想起した自己の生活経験をクラスで共有し，教材を読むことで，友達との意識のずれや教材の登場人物とのずれが明確になる。これらのずれから問題意識をもつことができ，学習課題を把握することにつながる。

道徳アンケート
（　　）番　名前＿＿＿＿＿＿＿

○義務…しなければならないこと
　　　　係，委員会，掃除，学活で決まったことなど

1　あなたは義務を果していますか？
　　　はい　　　いいえ

2　果たしているのはどうしてですか？
　　果たしていないのはどうしてですか？

※道徳アンケートの結果は，左ページ「(7) 道徳科の学習の工夫　本時の板書計画」を参照

視点カード

　視点カード「○○の気持ち」，「○○の前と後」，「もし…」を提示することで，児童が多面的・多角的に考えることを促す。「○○の気持ち」は主人公以外の立場の人の気持ちから考え，「○○の前と後」は出来事の前後の気持ちや状況から考え，「もし…」は異なる条件から考えることができる。これらの視点を意識しながら学習課題について考えることで，自己の考えをより深めることができる。

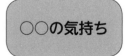

○○の気持ち　　　△△する前と後　　　もし…

（1）外国語活動・外国語科の目標 ‥‥‥‥‥‥‥‥‥‥‥‥‥‥‥‥‥

外国語活動

　外国語によるコミュニケーションにおける見方・考え方を働かせ，外国語による聞くこと，話すことの言語活動を通して，コミュニケーションを図る素地となる資質・能力を次のとおり育成することを目指す。

(1)　外国語を通して，言語や文化について体験的に理解を深め，日本語と外国語との音声の違い等に気付くとともに，外国語の音声や基本的な表現に慣れ親しむようにする。

(2)　身近で簡単な事柄について，外国語で聞いたり話したりして自分の考えや気持ちなどを伝え合う力の素地を養う。

(3)　外国語を通して，言語やその背景にある文化に対する理解を深め，相手に配慮しながら，主体的に外国語を用いてコミュニケーションを図ろうとする態度を養う。

外国語科

　外国語によるコミュニケーションにおける見方・考え方を働かせ，外国語による聞くこと，読むこと，話すこと，書くことの言語活動を通して，コミュニケーションを図る基礎となる資質・能力を次のとおり育成することを目指す。

(1)　外国語の音声や文字，語彙，表現，文構造，言語の働きなどについて，日本語と外国語との違いに気付き，これらの知識を理解するとともに，読むこと，書くことに慣れ親しみ，聞くこと，読むこと，話すこと，書くことによる実際のコミュニケーションにおいて活用できる基礎的な技能を身に付けるようにする。

(2)　コミュニケーションを行う目的や場面，状況などに応じて，身近で簡単な事柄について，聞いたり話したりするとともに，音声で十分に慣れ親しんだ外国語の語彙や基本的な表現を推測しながら読んだり，語順を意識しながら書いたりして，自分の考えや気持ちなどを伝え合うことができる基礎的な力を養う。

(3)　外国語の背景にある文化に対する理解を深め，他者に配慮しながら，主体的に外国語を用いてコミュニケーションを図ろうとする態度を養う。

　「外国語によるコミュニケーションにおける見方・考え方」とは，外国語で表現し伝え合うため，外国語やその背景にある文化を，社会や世界，他者との関わりに着目して捉え，コミュニケーションを行う目的や場面，状況等に応じて，情報を整理しながら考えなどを形成し，再構築することである。

　外国語活動は，外国語の知識及び技能の習得をすることが目標ではなく，外国語の音声や基本的な表現に慣れ親しむことが目標とされている。また，外国語によるコミュニケーションを体験したり，外国の言語や文化に触れたりすることを通して，主体的に外国語を用いてコミュニケーションを図ろうとする態度を養うとともに，日本と外国の言語や文化についての理解を深め，コミュニケーションを図る素地となる資質・能力を育成することを目標としている。外国語活動では，「聞くこと」「話すこと」について目標が設定されており，「読むこと」や「書くこと」については取り扱わない。

　外国語科は，外国語活動での「聞くこと」「話すこと」についての指導に加えて，「読むこと」「書くこと」について指導をし，中学校で身に付けるべき実際のコミュニケーションにおいて活用できる技能の基礎的なものを身に付けることとなる。また，外国語科では，日本語と外国語との音声の違いにとど

まらず，文字，語彙，表現，文構造，言語の働きなどについても，外国語でコミュニケーションを図る際に活用される，生きて働く知識として理解されることを求めている。さらに，外国語によるコミュニケーションを図ることを通して，「読むこと」「書くこと」を扱うため，目の前にいる「相手」だけではなく，「他者」に配慮しながら主体的に外国語を用いてコミュニケーションを図ろうとする態度を養うとともに，外国語の背景にある文化に対する理解を深め，コミュニケーションを図る基礎となる資質・能力を育成することを目指している。

　小学校学習指導要領では，外国語活動は第3学年及び第4学年に，外国語科は第5学年及び第6学年に位置付けられているが，各学年の目標は示されていない。したがって，各学校において，児童や地域の実態に応じて，各学年の目標を定め，外国語活動並びに外国語科の目標の実現を図るようにしなければならない。

　そこで，本校では，外国語活動を「英語活動」，外国語科を「英語科」とし，第3学年を「英語によるコミュニケーションに触れる段階」，第4学年を「英語によるコミュニケーションの質を高める段階」，第5学年を「自由に英語表現を選んだり組み合わせたりし，コミュニケーションを図る段階」，第6学年を「自由に英語表現を選んだり組み合わせたりし，コミュニケーションを図る力を高める段階」として捉え，英語活動・英語科の目標を以下のように設定している。

第3学年	英語によるコミュニケーションに触れる段階
	日本語と英語との音声の違いに気付き，ジェスチャーやアイコンタクト，返答をしながら，自分の好みや身の回りの物の数や形状などについて，1往復程度の質問・返答をしたり発表したりすることを楽しむ。
第4学年	英語によるコミュニケーションの質を高める段階
	言語やその背景にある文化に対する理解を深め，ジェスチャーやアイコンタクト，返答をしながら，自分の好みやその理由，自分の生活などについて，2往復程度の質問・返答をしたり発表したりすることを楽しむ。
第5学年	自由に英語表現を選んだり組み合わせたりし，コミュニケーションを図る段階
	自分や第三者のこと，日本文化などについて，読むことや書くことに慣れ親しみ，自分が知りたいことの質問・返答をしたり，質問されたことを生かして発表したりすることができる。
第6学年	自由に英語表現を選んだり組み合わせたりし，コミュニケーションを図る力を高める段階
	自分のことや地域，他教科と関連のある内容などについて，読むことや書くことに慣れ親しみ，自分が知りたいことの複数の質問・返答をしたり，質問されたことを生かして発表したりすることができる。

第6章

（2）外国語活動・外国語科の内容 ···

小学校学習指導要領では，外国語活動・外国語科の内容を以下のように定めている。

	知識及び技能	思考力，判断力，表現力等
外国語活動	ア　言語を用いて主体的にコミュニケーションを図ることの楽しさや大切さを知ること。 イ　日本と外国の言語や文化について理解すること。	ア　自分のことや身近で簡単な事柄について，簡単な語句や基本的な表現を使って，相手に配慮しながら，伝え合うこと。 イ　身近で簡単な事柄について，自分の考えや気持ちなどが伝わるよう，工夫して質問をしたり質問に答えたりすること。
外国語科	ア　音声 イ　文字及び符号 ウ　語，連語及び慣用表現 エ　文及び文構造	ア　身近で簡単な事柄について，伝えようとする内容を整理した上で，簡単な語句や基本的な表現を用いて，自分の考えや気持ちなどを伝え合うこと。 イ　身近で簡単な事柄について，音声で十分に慣れ親しんだ簡単な語句や基本的な表現を推測しながら読んだり，語順を意識しながら書いたりすること。

（3）外国語活動・外国語科の単元の学習過程 ·························

外国語活動・外国語科の単元の学習を進めていく過程は次のようなものである。

過　程	学　習　活　動
つかむ	コミュニケーションを図る目的や場面，状況に対する単元全体の見通しをもつ 英語表現や伝え方に関する単元全体の課題（Unit Goal）をつかむ
追究する	英語表現に対する見通しをもつ 英語表現や伝え方に関する課題をつかむ 英語表現を取り込む 英語表現を用いて伝え合う 英語表現をなぞり書きしたり書き写したりする（英語科） 英語表現を用いたコミュニケーションについて振り返りをする ※単位時間ごとに繰り返し行う
まとめる・生かす	単元で学習した英語表現や既習の英語表現を用いて伝え合い，単元全体の課題（Unit Goal）を解決する 課題の解決状況と相手と分かり合えた程度について振り返りをする

（4）外国語活動・外国語科の学習の特色

①コミュニケーションの目的や場面，状況などを明確にした活動

　児童が，「話したい」「伝えたい」「聞きたい」という思いをもてるようにするためには，コミュニケーションの目的や場面，状況を明確にすることが大切である。

ア　友達との関係性の深まりを主な目的にしたコミュニケーション

　友達との関係性を深めるために，これまで知らなかったことを友達と伝え合う。

例：好きな物，遊び，家ですること，誕生日，小学校の思い出など

イ　外国の方に伝えることを主な目的にしたコミュニケーション

　ALT を含む外国の方と交流するために，ALT に伝えることや地域に住む外国の方や留学生を招くこと，外国の学校とビデオレターなどのやりとりをする。

例：日本文化や地域の魅力の紹介など

ウ　身近な場面での対話をすることを主な目的にしたコミュニケーション

　実際の場面に生かすために，生活にある身近な場面を設定し，やりとりをする。

例：買い物やレストランなど

エ　言語や文化に対する気付きや理解を深めることを主な目的にしたコミュニケーション

　言語や文化に対する気付きや理解を深めるために，世界の国々の特徴やよさの紹介や質問・返答を行う。

例：アルファベットや数，世界の挨拶など

②教材・教具の活用

ア　カード・実物

…教師が提示したり児童が使用したりすることで，伝える内容を補ったり，相手が伝えようとしていることへの理解を手助けしたりすることができる。

イ　学習プリント

…聞く活動の際は，イラストを選んだり印を付けたりする形式の学習プリントを活用することで，聞き取ったことを記録に残すことができる。

ウ　歌・チャンツ

…何度も聞いたり歌ったりすることで，雰囲気づくりだけでなく，英語表現やリズムに慣れ親しむことができる。

③クラスルーム・イングリッシュの活用

　児童が英語表現をたくさん取り込むためには，教師や ALT が，授業中に児童が理解できる英語表現を繰り返し用いることが大切である。その際，児童の実態を考慮し，複雑になりすぎたり一度に多くの表現を用いたりしないようにする。また，ジェスチャーや表情，行動などと組み合わせることで児童が英語表現をより理解できるため，効果的に取り込むことができる。クラスルーム・イングリッシュとしては，例示，指示，説明，問いかけ，称賛などが挙げられる。

④「書くこと」の指導

　「書くこと」の指導については，発音される文字の読み方を聞いて，活字体の大文字，小文字を書く活動や，音声で十分に慣れ親しんだ簡単な語句や基本的な表現について書き写したり，例の中から選んで書いたりする活動がある。簡単な語句や基本的な表現については，音声で十分に慣れ親しんでから「書くこと」の指導を行うこととし，単元の初めに行わない。また，簡単な語句や基本的な表現を書く際には，なぞり書きをしたり，例の中から選んで書き写したりする。また，小学校学習指導要領に示されているため，「犬を英語で書きなさい。」のように，犬（dog）の例なしに書くことを求める指導を小学校段階で行ってはいけない。

第6章

価　値

育成を目指す資質・能力に照らしたときの，本単元で設定する活動の価値を記述する。

❶【知識及び技能】

語句の慣れ親しみや扱う英語表現を習得する上での価値について，本単元で扱うコミュニケーションを図る目的や場面，状況を取り上げて記述する。外国語科においては，「書くこと」の学習との関係についても記述する。

❷【思考力，判断力，表現力等】

英語表現を選んだり組み合わせたりして伝え合う上で大切となる価値について，コミュニケーションを図る目的や場面，状況もしくは活動において設定する工夫やルールを取り上げて記述する。

❸【学びに向かう力，人間性等】

伝えたいという気持ちをもつ上での価値について，コミュニケーションを図る目的や場面，状況もしくは活動において設定する工夫を取り上げて記述する。

❹【主な活動】

本単元で扱うコミュニケーションを図る目的や場面，状況と児童の生活との関係について記述する。

【単　元】Let's design your dream!〜夢を

考　察	知識及び技能
育成を目指す資質能力	・将来の夢や必要な教科等について伝える際に用いる英語の音声や文字，英語表現，文構造，言語の働きについての知識 ・将来の夢や必要な教科等について伝える基礎的な技能
児童の実　態	・これまでに "I want a (an) 〜." を用いて欲しい物を伝える英語表現の理解をしてきている。 ・"I want to〜." の不定詞の文構造や言語の働きについて初めて学習する。
価　値	❹ 夢を叶える時間割を提案したり ❶・夢を叶える時間割を紹介することは，"I want to (be/ study) 〜" 等を用いて繰り返し英語表現に触れることができる。 ・紹介する文を書き写すことは，不定詞の文構造の理解を深められる。
見方・考え方	英語やその背景にある文化を捉え，コ（友達に夢を叶える時間割を提案したり
今後の学　習	６年「Let's go to Italy.〜海外旅行のを用いて，行きたい国とその理由を紹

令和●年●月●日（●）　第5学年●組（英語ルーム）　指導者　●●●●

叶える時間割を提案しよう～

思考力，判断力，表現力等	学びに向かう力，人間性等
・将来の夢や必要な教科等に応じて，英語表現を選んだり組み合わせたりし，分かりやすく英語を用いて伝える力	・英語を用いて相手に伝わるように工夫しながら，将来の夢や必要な教科等について伝えようとする態度
・"I like ～." "I can～." "I want a (an) ～." 等の英語表現を選んだり組み合わせたりし，好きなことや得意なこと，欲しい物を紹介できるようになってきている。 ・将来の夢や必要な教科等を紹介することは，"I want to" に続く動詞と目的語を選ぶことになり，表現することが難しい児童もいる。	・英語を用いて，相手に伝わるように工夫しながら好きなことや得意なこと，欲しい物を紹介しようとしてきている。 ・聞き手として知りたいことを質問したり，"Good." "Me, too." 等を用いて反応したりしようとしない児童もいる。

紹介したりすることは，友達の夢を知り，自分の今後の生活に生かそうとする思いをもてる。

❷・提案者がドリームデザイナーとして相談者の夢を叶える時間割を提案する活動は，質問・返答をしながら相談者の夢を叶えるために必要な教科やしたいこと等を基に，合意形成を図る必要があるため，相手の反応を確かめながら相談者の勉強したい教科等を聞いたり時間割を提案したりできる。

❸・夢を叶える時間割を提案することは，友達の夢に寄り添って，質問したり反応したりする必要感が高まる。
・時間割にパソコンやテニス，野球等のオリジナルの教科等を扱うことは，友達の夢を叶えるために必要なことを提案したいという気持ちをもてる。
・聞き手として知りたいことを質問したり反応したりすることは，友達の夢や必要な教科等についての英語表現を改善できる。

ミュニケーションを図る目的（自分の夢のためにできることを知り，自分の生活に生かすために），場面，状況
紹介したりする）及び相手の反応に応じて，英語表現や伝え方を選んだり組み合わせたりすること。

計画を立てよう～」において，"I want to go to ～, because I want to eat/see/visit～." 等の英語表現
介する学習へと発展していく。

（6）外国語活動・外国語科学習指導案例

―指導と評価の計画―

☞❶ **目　標**

　英語表現を用いてコミュニケーションを図る目的や態度，伝え合う上での工夫，伝え合う内容などについて記述する。外国語活動と外国語科では，学習指導要領に示されている目標が異なるため，語尾が変わる。外国語科では，知識及び技能の習得を目標としているため，「～できる」という語尾になる。

例：4年　「遊びにさそおう」（外国語活動）
・天気に応じて休み時間にする遊びの約束をするために，友達の好きな遊びを聞いたり，自らの好きな遊びに誘ったりする。

例：6年　「夏休みの思い出を伝え合おう」（外国語科）
・相手に伝わるように，夏休みの思い出について発表したり，友達の夏休みの思い出について書かれた表現を読んで意味を理解したりすることができる。

☞❷ **評価項目**

　外国語活動では，「聞くこと」，「話すこと［やりとり］」，「話すこと［発表］」の三つの領域，外国語科では，外国語活動の三つの領域に「読むこと」，「書くこと」を加えた五つの領域について，児童が英語を用いてコミュニケーションを行う際の具体的な姿で示す。

「聞くこと」の評価項目例
3年　「好きなものをつたえよう」
　モデルの中でALTが言った好きな物の話を聞いて内容を記述している。
<振り返りシート①>

「話すこと［やり取り］」の評価項目例
4年　「おすすめの文房具セットをつくろう」
　友達が持っている文房具について"Do you have～？"等の英語表現を用いて話している。
<行動②>

「話すこと［発表］」の評価項目例
5年「日本文化を紹介しよう」
　相手の反応を基に，日本文化を紹介する英語表現や伝え方を工夫しながら話そうとしている。
<行動③>

「読むこと」の評価項目例
5年　「道案内をしよう」
　友達が書いた道案内をする英語表現を読んで目的地までたどり着いている。　<行動①>

「書くこと」の評価項目例
6年　「小学校の思い出を伝えよう」
　小学校の思い出について，"My best memory is～." "I enjoyed～."等の英語表現を用いて記述している。　<学習プリント②>

指導と評価の計画

☞❶

目標	英語を用いて将来の夢と夢を叶えるために
評価規準	（①知　・　技）　将来の夢や時間割を提案　夢や教科等を表す英語表 （②思・判・表）　将来の夢や教科等に応じ （③主体的態度）　相手に伝わるように工夫
言語材料	What do you want to be? I want to tennis/swim/dance/cook...). What do you want to study? I want calligraphy/moral education/ How about～? Do you want to study

☞❶

過程	時間	学習活動	
つかむ	1	○ ALTとJTEによるモデルを見聞きし，夢を叶える時間割を提案し，紹介するために必要な英語表現について話し合い，単元の課題をつかむ。 ┌ 単元の課題例 ─ 英語で友達の夢を叶える時間割を提案し，紹介できるようになろう	
追究する	1	○ "What do you want to be?" "I want to be (a/an)～." を用いて将来の夢を伝え合う。	
	1	○教科等を表す英語表現を用いたビンゴゲームをし，"What do you want to study?" "I want to study～." を用いて夢を叶えるために必要な教科等を伝え合う。	
	1	○ "What do you want to do?" "I want to～." を用いて夢を叶えるためにしたいことを伝え合う。	
	1	○ "How about～?" "Do you want to study～?" を用いて時間割提案ゲームをする。	
	1	**○友達の夢を叶える時間割を提案する。（本時）**	
まとめる・生かす	1	○夢を叶える時間割を紹介する。	
	1	○将来の夢，必要な教科等やしたいことをまとめる。	

第6章

必要な教科等やしたいことを表現できる。

する英語表現の理解をしている。
現を英語の語順や音声で発音している。
て英語表現を選んだり組み合わせたりし，質問・返答をしたり書き写したりしている。
しながら，英語を用いて将来の夢を叶える時間割を提案したり紹介したりしようとしている。

be (a/an) (doctor/teacher/soccer player/vet/illustrator...). **What do you want to do? I want to** (play

to study (Japanese/English/math/social studies/science/arts and crafts/P.E./home economics/
computer/tennis/baseball).
~?　※太字は新出言語材料

指導上の留意点	☞❷ 評価項目＜評価方法（観点）＞※太字は「記録に残す評価」
○英語を用いて夢を叶える時間割を提案し，紹介するという見通しをもてるように，ジェスチャーやイラストを用いながらコミュニケーションのモデルを演示する。	◇夢を叶える時間割を提案し，紹介するモデルで話されていた内容について，分かったことを発言したり記述したりしている。 ＜発言・振り返りシート①＞
○将来の夢を伝える英語表現を選んだり組み合わせたりできるように，グループ内で英語表現を確認し合う機会を設定する。	◇夢を表す英語表現を選んで伝えている。　　　　＜行動②＞
○教科等を表す英語表現を繰り返し聞いたり発音したりできるように，ビンゴゲームで用いるビンゴシートとカードを用意する。	◇教科等を表す英語表現を英語の音声で発音している。＜行動①＞
○夢を叶えるためにしたいことを伝える英語表現を選んだり組み合わせたりできるように，英語表現を一覧にした表を用意する。	◇夢を叶えるためにしたいことを表す英語表現を選んで伝えている。　　　　＜行動②＞
○提案する英語表現を繰り返し聞いたり発音したりできるように，将来の夢や教科等，したいことが描かれたカードを用意する。	◇**提案する英語表現を英語の語順や音声で発音している。** **＜行動①＞**
○提案する英語表現を選んだり組み合わせたりできるように，時間割の一つの曜日に同じ教科等は2時間まで入れられるというルールを設定する。	◇夢を叶えるために必要な教科等，したいことについて質問・返答をしている。　　　　＜行動②＞
○夢を叶える時間割に対する相手の反応を確かめられるように，聞き手が返答をする際に用いる英語表現を一覧にしたReaction Words List を提示する。	◇**相手の反応を確かめながら夢を叶える時間割を紹介している。** **＜行動③＞**
○将来の夢，必要な教科等やしたいことを表す英語表現の文字や語彙を確かめられるように，英語表現の見本と四線が書かれた学習プリントを用意する。	◇**将来の夢，必要な教科等やしたいことを表す英語表現を選んだり組み合わせたりして書き写している。　＜学習プリント②＞**

（7）外国語活動・外国語科学習指導案例　ー本時の学習ー

👆❶ ねらい

　本単元で育成を目指すコミュニケーションを図る素地もしくは基礎となる資質・能力に照らしたときに，本時の中心的な学習活動と本時にねらっている児童の姿を端的に記述する。

4年　「ほしいものは何かな？」
　　　相手を替えて繰り返しお気に入りのセットメニューをつくるための食材を売り買いする活動を通して，英語表現を選んだり組み合わせたりし，欲しい物や数を尋ねたり答えたりすることができる。

6年　「中学校の抱負を伝え合おう」
　　　中学校の抱負を表す英語表現や語句の見本を見ながら四線に書き写す活動を通して，中学校の抱負について"I want to〜.""I'm good at〜."等の英語表現を用いて書くことができる。

👆❷ 指導上の留意点

　児童が英語を用いてコミュニケーションを図る上で本時のねらいを達成するために，学習活動において教師が行う学習指導の工夫を目的とともに記述する。

学習活動	目的の例	学習指導の工夫の例
めあてをつかむ	・英語表現の想起 〜の英語表現を想起できるように， ・本時の見通し 〜という本時の見通しをもてるように，	〜の英語表現を問いかける。 〜するモデルを演示し，話の内容を問いかける。
中心の活動	・英語の音声の確認 〜の英語表現の英語の音声を確認できるように， ・英語表現の取り込み 〜の英語表現を繰り返し聞いたり発音したりできるように， ・伝え合う活動の中での工夫 相手を替えて繰り返し〜できるように，英語表現を用いて〜できるように， ・表現や伝え方の改善 〜しながら伝え合うよさに気付けるように， 自信をもって〜を伝える英語表現を用いて〜できるように，	〜の英語表現を提示し，ALTの後に続けて発音するよう促す。 〜をする機会を設定し，〜するよう促す。 〜を伝え合う機会を設定し，〜するよう促す。 〜の英語表現を助言する。 〜をしている児童同士のモデルを紹介し，話の内容や伝え方のよい点を問いかける。 〜している児童を称賛する。
振り返りをする	・英語表現や伝え方についての振り返り 〜についてよかった点や改善点をもてるように， ・次時への見通し 次時の学習への見通しをもてるように，	〜を観点として振り返りシートに成果と課題を記述するよう促す。 学習計画表を提示し，次時の学習内容を問いかける。

本時の学習（6／8時間）

☞❶ **ね ら い**　夢を叶えるために必要な教科等やしたいことについて相手を替えて繰り返し質問・返答
をすることを通して，友達の夢を叶える時間割を提案することができる。

評価項目　夢を叶えるために必要な教科等や，したいことについて質問・返答をしている。

<行動②>

学習活動と児童の意識	☞❷ 指導上の留意点
1　本時のめあてをつかむ。 ・"What do you want to do?" で友達がしたいことを聞けるのだったな。友達は本が読みたいと言っていたよ。 ・これまでに "What do you want to be?" を使って将来の夢を伝え合ったな。 ・今日はいよいよ友達の夢を叶える時間割を提案するのだな。友達に伝わるように提案できるかな。 （課題意識）	○"What do you want to do?"等の既習の英語表現を用いることに自信がもてるように，Quesstion Listを提示し，グループ内で休日にしたいことについて質問・返答をするよう促す。 ○前時までに学習した "What do you want to be?" "I want to be a(an) ～"等の英語表現を想起できるように，将来の夢を伝える英語表現を問いかける。 ○将来の夢や必要な教科等に応じて，時間割を提案するという本時の見通しをもてるように，ALTとモデルを演示し，話の内容を問いかける。

めあて：友達のしたいことを聞きながら，夢を叶える時間割を提案しよう

2　夢を叶える時間割を提案する。 ・まずは，友達の将来の夢を知りたいから "What do you want to be?" と聞いて水曜日の時間割を提案してみよう。 ・友達はパティシエになりたいのか。料理の勉強が必要だから家庭科を2時間入れてみよう。 ・他の曜日にも家庭科が多いから， "Sorry." と言われてしまったな。"What do you want to do?" と聞いたらケーキをデザインしたいから "I want to study arts and crafts." と教えてくれたよ。図工を1時間入れたら，友達に "Very nice." と言ってもらえたよ。 ・友達は，相手の目を見ながら，したいことを聞いて時間割を提案できているな。私も友達の目を見ながら提案してみよう。 ・たくさんの友達と話したら，友達の目を見ながら，したいことを聞いて夢を叶える時間割を提案できるようになったな。　（課題を解決した意識）	○夢を叶える時間割を提案する英語表現を確認できるように，グループ内で提案し合うよう促す。 ○自信をもって夢を叶える時間割を提案できるように，英語表現や発音を助言する。 ○英語表現を用いて，将来の夢や必要な教科等について伝える際の改善の手がかりが得られるように，学級全体で提案者の位置を決め，相談者が自由に動いて伝え合う機会を設定し，Question List を参考にして質問するよう促す。 ○相手の反応を確かめられるように，時間割を2時間ずつ区切って提案するよう促す。 ○相手と目を合わせ，相手の反応を確かめながら話すことのよさに気付けるように，将来の夢や必要な教科等に応じて提案している児童同士のモデルを紹介し，話の内容や伝え方のよい点を問いかける。 ○教科等やしたいことについて質問・返答をする英語表現に自信をもてるように，夢を叶えるために必要な教科やしたいことに応じて英語表現を選んだり組み合わせたりしている児童を称賛する。
3　本時の学習の振り返りをする。 ・友達の目を見ながら，したいことに合わせて，夢を叶える時間割を提案できるようになったな。 ・次回は，完成した夢を叶える時間割を紹介するのだな。みんなに紹介したいな。	○友達やALTに伝え合えたことについて達成感をもてるように，「英語で伝えられたこと」「意識したコミュニケーションポイント」を観点として，Try シートに成果を記述するよう促す。 ○次時の学習への見通しをもてるように，Unit List を提示し，次時に取り組むことを問いかける。

(8) 外国語活動・外国語科の学習の工夫

コミュニケーションを図る目的や場面，状況を明確にした課題の設定

　児童が，単元において見通しや目的意識をもってコミュニケーションを図れるようにするためには，目的（何のために）や場面（いつ？どこで？何をする？），状況（誰と？どのように？）を明確にした単元の課題（Unit Goal）を設定することが大切である。単元の課題とは，単元を通して児童が解決する問題のことである。単元の課題は，単元の一時間目に設定する。

目的（何のために）
夢のためにできることを知る
自分の生活に生かす

場面（いつ？どこで？何をする？）
夢を叶える時間割を提案したり紹介したりする

状況（誰と？どのように？）
友達

Unit Goal

夢のためにできることを知り、自分の生活に生かせるように、
友達に夢を叶える時間割を提案したり紹介したりできるようになろう

単元の課題（Unit Goal）の例

到達目標を基に自らの表現を確認する機会の設定

　児童が，外国語科の学習で単元において目指す姿を明確にもてるようにするためには，単元の一時間目に目標を提示し，その目標を基に自らの表現を確認する機会を設定することが大切である。確認する機会は，コミュニケーションを図った後や，単位時間の振り返りをする際に設定する。

Check List

観点		OK	Good	Excellent	最終 自己評価
聞く		□将来の夢の聞き取り	□将来の夢と夢を叶えるために必要な教科やしたいことの聞き取り	□将来の夢と夢を叶えるために必要な教科やしたいこととその理由の聞き取り	
話す （発表）	内容	□将来の夢	□将来の夢と夢を叶えるために必要な教科やしたいこと	□将来の夢と夢を叶えるために必要な教科やしたいこととその理由	
	伝え方	□聞き取りやすい声の大きさ	□聞き取りやすい声の大きさや速さ	□笑顔・アイコンタクト □相手に伝わらなかったらジェスチャー・リピート・スローダウン	
話す （やりとり）	内容	□将来の夢についての質問や返答	□夢を叶えるために必要な教科やしたいことについての質問や返答	□将来の夢と夢を叶えるために必要な教科やしたいことの理由についての質問や返答	

到達目標の例

児童のコミュニケーションのモデルを基に話の内容や伝え方を確認する機会の設定

　児童が，授業においてコミュニケーションを図る際に目指す姿を明確にもてるようにするためには，児童のコミュニケーションのモデルを基に話の内容や伝え方を確認する機会を設定することが大切である。児童のコミュニケーションのモデルを紹介することは，児童にとって，教師や ALT のコミュニケーションのモデルに比べ，目指す姿を具体的にすることができる。

児童のコミュニケーションモデルを紹介している様子

相手を替えて繰り返しコミュニケーションを図る機会の設定

　児童が，英語表現を用いて自らの考えや気持ちを表現できるようにするためには，相手を替えて繰り返しコミュニケーションを図る機会を設定することが大切である。また，児童が，コミュニケーションを図る際に，円滑に相手を替えたり，教師が児童の学習状況を的確に把握したりできるように，役割に応じて児童の位置を固定するなどの机の配置を工夫することが重要である。

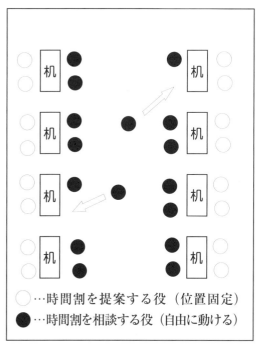

○…時間割を提案する役（位置固定）
●…時間割を相談する役（自由に動ける）

机の配置の工夫例

時間割を提案する役

時間割を相談する役

相手を替えて繰り返しコミュニケーションを図っている様子

（1）総合的な学習の時間の目標

　探究的な見方・考え方を働かせ，横断的・総合的な学習を行うことを通して，よりよく課題を解決し，自己の生き方を考えていくための資質・能力を次のとおり育成することを目指す。

(1)　探究的な学習の過程において，課題の解決に必要な知識及び技能を身に付け，課題に関わる概念を形成し，探究的な学習のよさを理解するようにする。

(2)　実社会や実生活の中から問いを見いだし，自分で課題を立て，情報を集め，整理・分析して，まとめ・表現することができるようにする。

(3)　探究的な学習に主体的・協働的に取り組むとともに，互いのよさを生かしながら，積極的に社会に参画しようとする態度を養う。

　「探究的な見方・考え方」とは，各教科等における見方・考え方を総合的に活用して，広範な事象を多様な角度から俯瞰して捉え，実社会・実生活の課題を探究し，自己の生き方を問い続けるという総合的な学習の時間の特質に応じた見方・考え方である。

　「よりよく課題を解決し，自己の生き方を考えていくための資質・能力」とは，変化が激しく，未知の課題への対応力が求められる実社会・実生活において，納得解を見いだし，自分らしく生きるために必要な資質・能力である。探究的な見方・考え方を働かせながら，右図のような，探究的な学習に取り組むことを通して，この資質・能力は育まれていく。

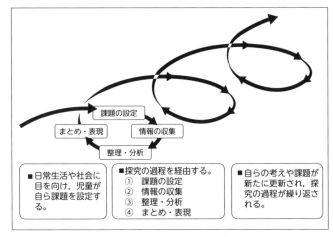

探究的な学習における児童の学習の姿

（2）総合的な学習の時間の内容

　総合的な学習の時間では，各学校が，地域や学校，児童の実態に応じて，目標と内容を定め，創意工夫を生かした特色ある教育活動を展開する必要がある。総合的な学習の時間の目標は，学校の教育目標を具体化したものであり，その目標が各教科の学習と関連付くことで，総合的な学習の時間が軸となりながら，各学校の教育目標のよりよい実現につながっていく。また，総合的な学習の時間の内容は，「目標を実現するにふさわしい探究課題」と「探究課題の解決を通して育成を目指す具体的な資質・能力」の2つによって構成される。探究課題は，探究的に関わりを深めていく人・もの・ことを，具体的な資質・能力は，探究課題を通してできるようになることを示している。

　本校では，児童が学校の一員として活動したり，保護者や地域の方に親しんでもらい，つながりを作ったりしていけるよう，総合的な学習の時間の名称を学校のシンボルから「くすの木タイム」と名付け，3年生から6年生までの学習の全体計画を作成している。学校教育目標やくすの木タイムで設定した資質・能力を育成できるよう，学習する内容を設定している。

（3）くすの木タイムの単元の学習過程

くすの木タイムの単元の学習を進めていく過程は次のようなものである。

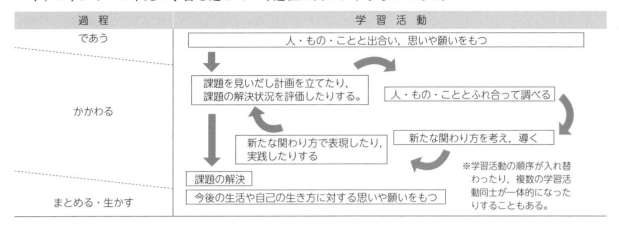

過　程	学　習　活　動
であう	人・もの・ことと出合い，思いや願いをもつ
かかわる	課題を見いだし計画を立てたり，課題の解決状況を評価したりする。／人・もの・こととふれ合って調べる／新たな関わり方を考え，導く／新たな関わり方で表現したり，実践したりする
まとめる・生かす	課題の解決／今後の生活や自己の生き方に対する思いや願いをもつ

※学習活動の順序が入れ替わったり，複数の学習活動同士が一体的になったりすることもある。

（4）くすの木タイムの特色

①児童が，追究していく学習材を自己決定する。

　総合的な学習の時間では，よりよく課題を解決し，自己の生き方を考えていくための資質・能力の育成を目指していく。そのためには，自ら学習を進めようとする意欲をもてるように，児童が学習材を自己決定することが大切である。くすの木タイムでは，学習材を決定する際に，右図のような「学習材を選択するための視点」を活用し，クラスで大切にしたい視点を話し合う。その後，地域や社会が抱える諸問題に対して，取り組むべき学習材の候補をあげ，クラスで大切にしたい視点を基に，取り組むべき学習材を決定している。また，学習材が決定した後は，右図「学習の進め方の手引き」を利用して，学習の計画を立て，自ら学習を進められるようにしている。

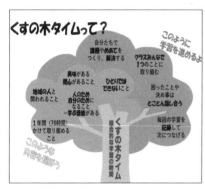

学習材を選択するための視点

学習の進め方の手引き

②外部人材との関わりをもてる活動を取り入れる。

　くすの木タイムでは，児童が主体的に課題解決に取り組んだり，課題解決に向けた自らの考えを深めたりできるように，外部人材との関わりをもてる活動を重視している。特に，課題に関する専門家やプロと呼ばれる人との関わりを積極的に取り入れるとよい。児童は，専門家やプロと呼ばれる人をはじめ，様々な人々と関わる中で，その人々の思いに触れたり，取組を聞いたりすることで憧れや新たな思いなどを抱き，より主体的に学習に取り組むことができる。また，専門家やプロと呼ばれる様々な人々から，解決に必要な情報を得たり，これまでの取組の評価をもらったりすることで，自らの考えを深めていくことができる。

竹細工職人の話を聞く様子

価　値

　育成を目指す資質・能力に照らしたときの，本単元で扱う学習材（学習の対象である「人・もの・こと」）の価値を記述する。以下は，学年ごとの概念的理解の例である。

学年・単元名	概念的理解
3年 「オープン！ときめき竹細工工房」	普段気に留めていない物を多様な角度から見て，自分なりの価値を見いだしていける大人
4年 「目指せ！幸せ届ける笑学生」	人を楽しませて，それを自分の喜びとして生きていける大人
5年 「うんまい！地元食材料理」	食に目を向けて，地元を愛し，生産者の思いを大切にしていける大人
6年 「ふるさと再発見プロジェクト」	働くことの意味ややりがいを自分なりに見いだしていける大人

☞❶【知識及び技能】

　小単元での活動（学習材の特徴・よさを見いだすことに重点を置いた活動や特徴・よさを広めることに重点を置いた活動など）に焦点を当てて記述する。

☞❷【思考力・判断力・表現力】

　小単元での活動（学習材の特徴・よさを見いだすことに重点を置いた活動や特徴・よさを広めることに重点を置いた活動など）を追究する際に，直面する困難さに多様な角度から俯瞰して考える活動に焦点を当てて記述する。

☞❸【学びに向かう力，人間性等】

　社会の問題から見いだした問題を解決する活動やこれまでの取組に対する自分たちの成果を話し合う活動に焦点を当てて記述する。

☞❹【学習材】

　帯についての内容は，総合的な学習の時間の目標の一つである自己の生き方を考えることにつながる学習材の価値を記述する。具体的には，学習材に関わる課題を追究することで児童が理解する概念を焦点化して記述する。なお，概念的理解は，目の前の児童が納得できる生き方を送れる大人になれるという視点で教師が考えていくことが大切である。

【単　元】若い人に落語に興味をもってもら

考　察	知識及び技能
育成を 目指す 資　質 能　力	・落語や落語に関わる人々の特徴・よさ，それらを得るのに必要な技能
児童の 実　態	・校内への落語会をして，落語や落語に関わる人々の特徴・よさを得てきている。 ・これまでに得た落語の特徴・よさと社会の問題とのつながりに気付いていない。
価　値	☞❹落語は，演者の話し方・仕草とではなく，聴き手の反応に合わ者を意識しながら話し方・仕草ことが大切さであるといった，会の発展により，文字のみのコ生き方を広げていくことができ ☞❶・これまでに得た落語の特徴・よさと社会の問題とのつながりに気付き，人を楽しませることについての知識及び技能を得たり，新たにしたりできる。
見方・ 考え方	落語に関わる広範な事象を多様な角き手との関わり方を問い続ける。
今後の 学　習	次の小単元「これまでの取組を振り発展していく。

令和●年●月●日（●）　第４学年●組（４年●組教室）　指導者　●●●●

える落語会を開こう（目指せ！幸せ届ける笑^{しょうがくせい}学生）

思考力，判断力，表現力等	学びに向かう力，人間性等
・落語や落語に関わる人々の特徴・よさ等を関連付けながら課題を見いだし，解決方法を導き実践する力	・落語や落語に関わる人々と関わることへの意欲や自信を高めながら，自ら探究する態度
・落語の魅力を見付けることについての課題に対して，噺や落語の形式と相手の反応とを結びつけながら自らの考えを導いてきている。 ・校外への落語会に関わる課題に対して，より多様な角度から見た根拠のある解決方法を導く経験が少ない。	・落語の魅力を見付けることについての課題に向けて，噺や落語の形式等の解決方法を自己決定・集団決定し，課題の解決への意欲と自信をもてるようになってきている。 ・校外への落語会に関わる課題の解決への意欲につなげることができていない。

聴き手の想像力の両者によって噺の世界を広げていく。ゆえに演者は単に暗唱した噺を話すのせて話し方・仕草を変え，聴き手の心を惹き付けることを大切にしている。落語を通して，他を考えていくことは，人を楽しませるには自分も楽しみながら話すことや，自分らしさを出す人を楽しませることについての概念的な理解をすることにつながる。これらにより，情報化社ミュニケーションが増えつつある現代において，自ら人と関わることを楽しもうとする自分のる。

❷・落語会の企画・運営について追究することで，「これまでに気付いた落語の魅力」や「調べた若い人のニーズ」，「自分たちならではのこと」等の多様な角度から分析的に落語会の企画・運営方法を考えることができる。	❸・これまでの校内落語会の成果に自信をもち，進んで落語会の企画・運営方法を考えることができる。 ・より多くの人に落語のよさを知ってほしいという思いをもつことができる。

度から俯瞰して捉え，若い人に落語の魅力を発信することについての課題を探究し，自分と落語の聴

返ろう」において，１年間の取組を振り返り，地域への貢献の成果と自己の成長を実感する学習へと

（6）くすの木タイム学習指導案例

―指導と評価の計画―

👆❶ **目　標**

　学習課題の追究を通して，概念的に理解することや自己の生き方を考えているといった単元の最後の児童の姿を想定し，記述する。

例：3年「オープン！ときめき竹細工工房」

・ものを作るときに込められた思いなど，ものの価値について多面的に見つめ直すことの大切さについての概念的な理解をし，ものの選び方や使い方を問い直す。

例：5年「広がれ！うんまい焼まんじゅう」

・前橋市の歴史や農業，気候，人々の暮らしが地域食材料理と深い関係にあることや，進んで地産地消を推進することが地域のためにも自分の食の安心・安全にもつながることといった概念的な理解をし，前橋市への愛着を高める。

👆❷ **評価項目**

　関わり方についての工夫やよさ，人・もの・ことに対する思いや願いなどを記述したり発言したりしている姿など，評価項目の児童の姿を見取る上で適した方法を記述する。

例：3年「あがれ！広がれ！ぼくらのべえ凧プロジェクト」

・対象にしたいものを自分なりに決め，その理由をおもしろそうなものや挑戦してみたいものといった，対象を選択する視点を記述したり発言したりしている。
<学習プリント・発言②>

例：5年「広がれ！うんまい焼まんじゅう」

・「食材」や「味付け」等の複数の視点から根拠のある改善策を記述したり発言したりしている。　<学習プリント・発言②>

例：3年「オープン！ときめき竹細工工房」

・来館者の感想を基に，竹細工を作るときに込められた思いやものの価値について，多面的に見つめ直すことの大切さを記述している。　　<学習プリント③>

指導と評価の計画

👆❶ 目標	相手の反応に応じたり立場を想像したり手との関わり方を問い直す。		
評価規準	（①知　・　技）	地域の寄席の客の年齢層をしている。落語についての調査結果したりしている。	
	（②思・判・表）	落語にあまり興味のない実践している。	
	（③主体的態度）	若い人に落語への興味を	

過程	時間	学習活動	
であう	3	○校内の落語会の参加者の感想や，落語家や商店街寄席の企画者の思いの調査結果を基に，これから取り組みたいことを話し合い，課題をつかむ。 ┌課題───── 若い人（校外の人）に落語に興味をもってもらえる落語会にするには，どうしたらよいだろう	
かかわる	2	○落語会を開催する会場やゴールイメージについて話し合い，計画を立てる。	
	2	**○落語の魅力とその発信方法について話し合い，落語会の内容を決める。（本時 2/2）**	
	2	○落語会を開催するために必要な役割や時間配分について話し合い，役割分担を決める。	
	3	○落語会のPR方法について調べ，今回の落語会に合ったPR方法を決める。	
	4	○役割分担に沿って落語会の準備をする。	
	2	○リハーサルをし，成果と問題点について話し合う。	
	2	○リハーサルで得た成果と問題点を基に改善策を話し合い，練習や修正をする。	
	4	○1回目の落語会を開催し，参加者の感想を基に，成果と問題点について話し合う。	
	4	○落語会の成果と問題点を基に改善策を話し合い，練習や修正をする。	
まとめる・生かす	4	○2回目の落語会を開催し，参会者の感想を基に成果について話し合う。	

して解決方法を導くことと，相手を楽しませるには自分も楽しみながら話すことの大切さとその難しさを自覚し，相

の偏り，「落ち」に気付いて笑う奥笑いのよさ，相手の反応に応じて演じ方を変えること等の落語の特徴・よさの理解

や落語の特徴・よさの比較・分類をする思考ツールを使ったり，他者の考えを把握して，その考えを解決方法に生か

若い人についての課題を設定し，必要な情報を収集し，収集した情報や他者の発言等を根拠として解決方法を導き，

もってもらうことへの関心を高め，取組への思いや自信をもち，自分と相手との関わり方の変化を感じている。

指導上の留意点	👆❷評価項目＜評価方法（観点）＞※太字は「記録に残す評価」
○落語を発信する目的と相手について，自分の好みだけでなく，第三者の考えを聞く必要性に気付けるように，「地域の人の役に立つ」の視点で考えを整理するマトリクスを用意する。	◇課題を設定した理由として，自分の好みだけでなく，寄席に来る人の年齢層に大きな偏りがあることなどの地域が抱える問題について発言したり記述したりしている。　＜発言・ノート③＞
○自分たちの落語で若い人に興味をもたせられた状態を具体的に想定できるように，落語の魅力を整理する「評価する人」と「評価してもらう方法」の視点を提示する。	◇**落語の特徴・よさを複数記述している。**　　　　　＜ノート①＞
○落語会の内容の案とその根拠について把握できるように，複数の内容の案とその根拠を可視化して整理するマトリクスを用意する。	◇落語会の内容やその選び方について，複数の根拠を基に発言したり記述したりしている。　　　　＜発言・ノート②＞
○落語会の運営に必要な役割分担を考えられるように，客席や人員配置の案を示した会場図を用意する。	◇落語会の運営に必要なことを基に役割分担について発言したり記述したりしている。　　　　＜発言・ノート①＞
○落語会のPR方法とその根拠を明らかにできるように，課題を解決した状態の具体図とメリット・デメリットを整理する思考ツールを用意する。	◇**落語に興味のない人の立場を想定して，落語会をPRする方法について記述している。**　　　　＜ノート②＞
○落語会に向けた班の中での自己貢献度を自覚できるように，振り返りで記述した「友達の頑張り」を相手に伝え合う時間を確保する。	◇役割分担の大切さや自分と友達の役割について前向きな感情を記述している。　　　　　　＜ノート③＞
○リハーサルの成果と問題点について把握できるように，課題を解決した状態の具体図とリハーサルを録画した動画を用意をする。	◇リハーサルの感想を成果と問題点に分類して発言したり記述したりしている。　　　　　　＜発言・ノート①＞
○「時間内にできる」等の新たな角度から改善策を見付けられるように，成果と問題点を整理するPMNシートを用意する。	◇落語会の改善策について，根拠を明確にして発言したり記述したりしている。　　　　　　＜発言・ノート②＞
○落語会の成果と問題点について把握できるように，課題を解決した状態の具体図，参加者の感想，落語会を録画した動画を用意する。	◇落語会の参加者の感想を成果と問題点に分類して発言したり記述したりしている。　　　　＜発言・ノート①＞
○「自分も楽しむ」等の新たな角度から改善策を見付けられるように，成果と問題点を整理するPMNシートを用意する。	◇**落語会の改善策について，根拠を明確にして記述している。**　　　　　　＜ノート②＞
○落語会を開催した成果を実感できるように，課題を解決した状態の具体図と，参加者の感想，落語会を録画した動画を用意する。	◇**若い人に落語に興味をもってもらえた自信や自分たちの班の頑張りを記述している。**　　　　＜ノート③＞

（7）総合的な学習の時間指導案例　ー本時の学習ー

👆❶ねらい

　育成を目指す，よりよく課題を解決し，自己の生き方を考えていくための資質・能力に照らしたときに，本時の中心的な学習活動と，児童が身に付けることを端的に記述する。

例：3年「オープン！ときめき竹細工工房」
・校内博物館の来館者からの感想にある魅力が，若い人に伝える竹細工の魅力として相応しさを話し合うことを通して，竹細工に込められた思い等の新たな竹細工のよさに価値を見いだす。
例：5年「広がれ！うんまい焼まんじゅう」
・開発した焼まんじゅうの提案の評価を基に改善策について話し合うことを通して，開発した焼まんじゅうの特徴・よさを多様な角度から見直し把握する。

👆❷ 指導上の留意点

●目的の例
・本時の活動への意欲
　これまでの自分たちの取組の成果についての友達との認識のずれを感じられるように，
　他者からの評価を基にして改善策を考えたいと思えるように，
・活動の中で着目すべきこと
　自分たちの班の提案について，多様な角度から根拠のある改善策を導けるように，
　考えた改善策が根拠のあるものになるように，
・達成状況やよさの自覚
　友達と協力し，これまでの取組を基に改善策を導けたことを自覚できるように，

●学習指導の工夫の例
・本時の活動への意欲
　班の中で前時の振り返りシートを読み合うよう促す。
　他者からの評価と全体で設定したゴールイメージを比べるよう促す。
・活動の中で着目すべきこと
　これまでに行った〜の調査結果や〜の資料を見返すよう助言する
　改善策を書く際に，他者からの評価と改善策とを矢印でつなぐよう促す。
・今後の取り組みへの自信
　改善策を導く過程のよさと，そのよさを得られた自分の頑張りについて発言したり記述したりしたことを称賛する。

本時の学習（7／32 時間）

❶ねらい 落語会の内容とその根拠について話し合うことを通して，多様な角度から俯瞰的に見た内容の根拠同士の関係に気付き，納得のいく内容を選ぶ。

評価項目 落語会の内容やその選び方について，複数の根拠を基に発言したり記述したりしている。

<発言・ノート②>

学習活動と児童の意識	❷ 指導上の留意点
1 本時のめあてをつかむ。 ・ぼくは，「落語」に加えて「小噺の紹介」をしたいと思ったけれど，友達の「落語の仕草体験」もいいな。いろいろな案の中から，落語に興味のない人でも１時間居たくなるものを話し合って選びたいな。（目的意識）	○友達の考えとのずれを感じ，根拠を知りたいという思いをもてるように，案を記した短冊を提示する。 ○様々な案の中から落語会に取り入れるべきものを決めるという目的意識をもてるように，振り返りを基に取り組むべきことを問いかける。
めあて：落語に興味のない人が１時間居たくなるように，意見を基に落語会でやることを決めよう	
2 落語会の内容の案の根拠を出し合い，整理する。 ・ぼくは「小噺の紹介」がいいと思うよ。ニーズ調査でも人気だったし，ぼくは自分の好みの噺に出会って落語が好きになったからね。 ・友達の「落語を学習してよかったことの紹介」はニーズに応えられて話し方が変わるという魅力を伝えられて，しかも自分たちならではのことにもなるのは，説得力があるな。 ・「小噺の紹介」は，「自分たちならでは」の面では弱そうだな。	○考えた内容の案の根拠を明確にできるように，落語会へのニーズ調査結果と，児童が感じている落語の魅力の一覧を提示する。 ○どの案にも根拠があり，案のよさを再度考える必要があることに気付けるように，根拠を整理するマトリクスを板書する。 ○複数の案の根拠を多様な角度から見られるように，内容を選ぶ視点『ニーズに応える』『落語の魅力が伝わる』『自分たちならでは』で根拠を色分けして板書する。
3 複数の内容の案からふさわしいものを話し合い，選ぶ。 ・どの案にもよさがあって，すぐに選べないな。大切にする視点が決まれば，選びやすいな。 ・ぼくたちでも，今までに校内の落語会を成功させてきたし，小学生でもできることを知って欲しいから『自分たちならでは』を優先したらどうかな。すると，「落語を学習してよかったことの紹介」が今回にふさわしい内容だよ。（目的を達成した意識）	○複数の案とその根拠の状況から，内容の選び方を考える必要があることに気付けるように，マトリクスに整理された案とその根拠を見て気付いたことを問いかける。 ○内容の案の選び方として，視点の優先順位を考えることができるように，視点を導いた情報源と，各自が大切にしたい思いを問いかける。 ○優先したい視点を基に納得をして内容の案を選べるように，落語会に取り入れる内容を再度問いかける。
4 本時の学習の振り返りをする。 ・たくさんの理由を基に決めたから納得のいく内容を選べたな。この内容で落語に興味のなかった人が興味をもってほしいな。	○今後の追究への意欲と自信を高められるように，落語会の内容を選んだ過程のよさと，そのよさを得られた自分や友達の頑張りについての発言や記述を行えたことを称賛する。

第6章

(8) くすの木タイムの学習の工夫

板書計画

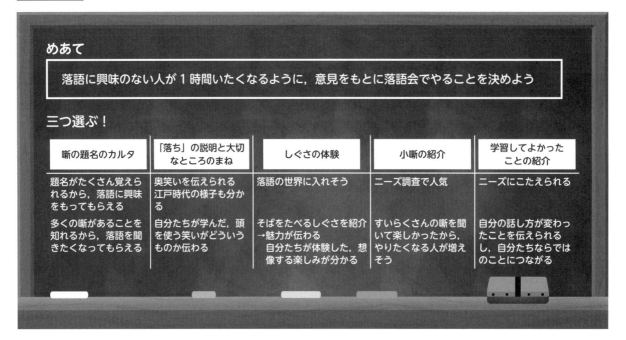

くすの木タイムの学習では，児童が調べたことや，体験を通しての感想，外部講師から聞いたことなどが教材となる。そのため，本時に使用する資料は，これまでの取組で蓄積してきたものを使用する。資料は，話し合うための視点として活用したり，自分たちの課題の進捗状況を確かめたり，新たな人・もの・ことの特徴・よさを見いだしたりする際に使用する。

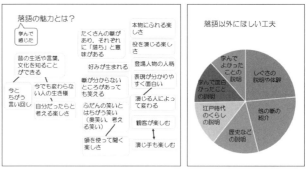

黒板の近くに掲示する本時に使用する資料

○めあて

児童は，単元のめあてを達成するために，学習の計画を立てる。児童が自分たちの計画通りに学習を進めて行くためには，本時の学習のめあてを設定する際に児童の言葉からめあてを構成していくことが欠かせない。そこで，前時の振り返りに「次にやりたいこと」の視点を提示し，本時の始めに振り返りの記述を読み合う機会を設定する。互いの振り返りを読み合った児童は，本時に取り組むべきことを明確にしたり，考え方のずれに疑問をもって話合いをしたいという思いをもったりする。それらを基に，本時に取り組むべきことを全体で共有し，板書することが大切である。

○児童の考え

板書計画を立てる際には，単元の流れの中での児童の意識や，前時の振り返りを基にした本時の意識を想定することが大切である。児童の話合いの方向について，あらゆる可能性を考えておくことで，教師の関わり方が変わり，児童の学びも深まるようになる。授業の中では，想定した児童の考えと実際の考えを照らし合わせながら，話合いの内容を多様な角度から俯瞰して捉えられるように，構造化して板書する。また，くすの木タイムでは，年間70時間かけて取り組むという長いスパンの学習となるため，児童の意識の想定は，本時のみでなく，単元全体で考えていく必要がある。

新たな考えを記述できる共有ボードの用意

くすの木タイムの学習では、学級全体で課題を解決するために話し合うことはもちろん、興味・関心が同じ児童同士の班に分かれ、活動することも多い。その際、班ごとに自分たちの課題を解決した状態に照らして改善策等を見いだし、試行錯誤して課題の解決に向かう姿が見られる。そのため、班ごとに自分たちの取組に対する改善策等を考えることができるように、新たな考えを記述できる共有ボードを用意する。

共有ボードの例　　　　　　　　　　　　　　共有ボードの使い方の例

課題を解決した状態（ゴール）の明確化

くすの木タイムの学習では、課題解決に向け、自らが学習したことを自覚しながら、自分の進むべき方向を見いだすことが欠かせない。そこで、右図のような自己評価の指標となる、課題を解決した状態の具体図の作成と提示をする。この具体図は、学習過程の中の計画を立てる段階で作成する。作成する際には、左上に評価者、中央部に評価の言葉を記述する。さらに評価の言葉を具体化した人・もの・

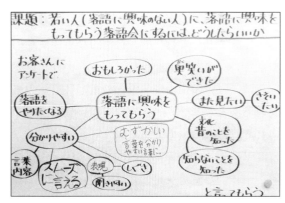

課題を解決した状態の具体図

ことの特徴・よさを図のように記述していく。学習を進めるにあたり、児童が自分の課題解決の進捗状況を確かめるために、具体図と自分の取組の成果を照らし合わせて使用する。

対話を支える心構えの提示

くすの木タイムの学習では、児童が課題に対して、多くの考えを共有しながら、よりよい解決策を見いだしていくことが欠かせない。そこで、児童が安心して自分の考えを伝え合ったり、自他の関わり方のよさを感じながら合意形成をしたりできる雰囲気や習慣が保障されるように、対話を支える心構えを提示する。教室に掲示し、常に目に入るようにしておくとともに、教師が心構えの大切さを伝える。また、話合いの際の視点として提示をし、活用する。

対話を支える心構え

13 特別活動

※特別活動は，学級活動や児童会活動，クラブ活動及び学校行事の四つの内容から構成されている。学習指導に関わり，ここでは学級活動について示す。

(1) 学級活動の目標

> 学級や学校での生活をよりよくするための課題を見いだし，解決するために話し合い，合意形成し，役割を分担して協力して実践したり，学級での話合いを生かして自己の課題の解決及び将来の生き方を描くために意思決定して実践したりすることに，自主的，実践的に取り組むことを通して，第1の目標に掲げる資質・能力を育成することを目指す。

(2) 学級活動の内容

小学校学習指導要領では，学級活動は以下の三つの内容に分類される。
(1) 学級や学校における生活づくりへの参画
(2) 日常の生活や学習への適応と自己の成長及び健康安全
(3) 一人一人のキャリア形成と自己実現

(1)は，主として自発的，自治的な集団活動の計画や運営に関わる内容を扱う。学級としての議題選定や話合い，合意形成とそれに基づく実践を重視する。これらは，日々の学級経営の充実と深く関わる。

(2)は，日常の生活や学習への適応と自己の成長及び健康や安全に関する内容を扱う。児童に共通した問題であるが，一人一人の理解や自覚を深め，意思決定とそれに基づく実践を行うものであり，個々に応じて行われるものである。

(3)は，個々の児童の将来に向けた自己実現に関わる内容を扱う。一人一人が自己のキャリアを見つめ，主体的な意思決定に基づく実践にまでつなげることをねらいとしている。

(3) 学級活動の学習過程

学級活動を進めていく過程は次のようなものである。

学習過程	内容 (1)	内容 (2)，(3)
①問題の発見・確認	学校生活上の諸問題から課題を見いだし，議題を全員で決定する。課題解決の必要性を共有し，話合いの計画を立て，解決に向けて自分の考えをもつ。	日常生活の共通の問題から教師が設定した題材について知り，自己の現状を理解したり，解決すべき自己の課題や将来に向けた自己の生き方に関する課題を見いだしたりする。
②解決方法の話合い	よりよい生活づくりのために，取り組む内容や方法，役割などについて意見を出したり，比べたりしながら話し合う。	題材について，共通の問題を確認し合い，原因や改善の必要性を探ったり，具体的な解決方法等を見付けたりするために話し合う。
③解決方法の決定	多様性を認め合い，折り合いを付けるなど集団としての考えをまとめたり決めたりして「合意形成」を図る。	話合い活動で見付けた解決方法等を参考にし，自分に合った具体的な解決方法を決めるなど，「意思決定」する。

④決定したことの実践	決定したことについて，自己の役割を果たしたり，互いのよさを生かして協働したりして実践する。	意思決定した解決方法や活動内容について粘り強く実践する。
⑤振り返り	実践の成果や課題を振り返り，結果を分析し成長を実感したり，次の課題解決に生かしたりするなど，実践の継続や新たな課題の発見につなげる。	実践を定期的に振り返り，意識化を図るとともに結果を分析し，次の課題解決に生かす。実践の継続や新たな課題発見につなげる。

※内容（1）では，学級や学校における生活をよりよくするための課題について，児童が主体となって具体的に解決の方法を話し合い，決定したことについて協力して実践していく活動が中心となる。内容（2）（3）は教師が中心となって行う。

（4）学級活動（1）の学習の特色

　学級活動（1）は集団による話合いの活動が中心となる。児童の自治的，自発的な話合いにより問題が解決されるように，「事前」「本時」「事後」における指導の特色を以下に述べる。

①「事前」の指導

ア　計画委員会の組織
　発達の段階に応じて，事前に計画委員会を組織する。構成の一例として，議長，副議長，黒板書記，ノート書記等の役割が考えられる。低学年では，教師の助言を受けながら話合いを進めることが多くなるが，段階的に児童に任せる部分を増やしていけるとよい。
イ　問題の意識化
　児童一人一人が問題意識をもって話合いに参加できるように，事前に「話合いカード」を配付し，自分の考えを記述したり，話合いに必要な情報を収集したりするとよい。
ウ　計画の作成
　教師の適切な指導の下，計画委員会が中心となり話合いのめあてや話し合う内容や順番などの活動計画を作成する。

②「本時」の指導

　本時の中心は話合い活動である。基本的には**「意見の共有→検討→決定」**の流れに沿って，計画委員会の児童の進行で話合いが進められる。児童が自治的・自発的に話し合えるように，マニュアル（手引き書）を用いるとよい。教師は，必要に応じて話合いの方向付け等の助言を行う。また，検討の段階では，児童が具体的なイメージをもって話合いを進められるように，計画委員会が，リハーサルを行うと効果的である。

③「事後」の指導

ア　決定したことの実践
　児童が，話合いで決定したことを実践できるよう，教師は機会を設定する。実践する場面は，題材によって多岐にわたることが考えられる。その際，他教科やその他の領域，家庭，地域との連携が図れるようにすることが大切である。
イ　実践のまとめ
　実践後，活動のよかった点や課題点を話し合う機会を設け，実践を振り返れるようにする。また，十分に取り組めた児童を称賛する等して，さらなる活動への意欲付けを行う。

第6章

（5）特別活動　学習指導案例　ー考察ー

価　値

議題の価値について，以下の内容を明らかにして記述する。価値には，活動の内容，教具，話合いのポイント（忘れてはいけないこと）等を含んで記述していく。

☞❶【知識及び技能】

話合いの進め方，よりよい合意形成や意思決定の方法，協働して実践するための役割分担の方法を理解し，行動の仕方を身に付けるために必要な要素と，それによって高められる知識及び技能を記述する。

☞❷【思考力，判断力，表現力等】

解決すべき問題を発見する力，よりよい合意形成や意思決定する力，様々な場面で多様な他者と協働しようとする力を身に付けるために必要な要素と，それによって高められる思考力，判断力，表現力等を記述する。

☞❸【学びに向かう力，人間性等】

多様な他者と関わる集団の中で，自主的かつ実践的に問題を解決しようとする態度や，他者との違いや多様性を認め，協働的に活動に取り組もうとする態度の育成につながる要素と，それによって育まれる学びに向かう力，人間性等を記述する。

【議　題】室内ゲーム集会をしよう

（1）学級や学校における生活づくりへの参画

ア．学級や学校における生活上の諸問題の解決

考　察	知識及び技能
育成を目指す資質能力	・室内ゲーム集会について，話し合って解決することや友達と協働することの大切さへの理解，合意形成の手順や活動の方法に対する技能
児童の実態	・外遊び集会については，話合いでの進め方に沿って意見を伝え合うことができた。ただ，室内遊びについては，自分の意見に固執してしまい，友達の意見をなかなか認めることができないことがある。
価　値	・室内ゲーム集会で行うことに対して，賛成する内容を選択するという順序で話し合うことは，友達の意見のよさを踏まえた上で話し合うことができる。
見方・考え方	クラス全員が仲よくなるために，学
今後の学習	進級後のクラス替えがあった学級に

令和●年●月●日（●）　第3学年●組（3年●組教室）　指導者　　●●●●

思考力，判断力，表現力等	学びに向かう力，人間性等
・室内ゲーム集会を行って仲よくなるための課題を見いだし，解決するために話し合い，友達の意見を受け入れ，多様な意見を生かして合意形成を図り，協働して実践する力	・問題の解決のために，進んで話合いに参加したり，室内ゲーム集会で友達と仲よく取り組んだりして，日常生活の向上を図ろうとする態度
・外遊び集会については，仲よく行うための課題を見いだし，友達の意見を受け入れ，合意形成を図り，協働して取り組むことができた。ただし，室内ゲーム集会については，仲よく行うための課題を把握できず，合意形成を図ることにまだ難しさがある。	・外遊び集会については，進んで話し合いに参加し，集会で仲よく遊びに取り組むことができた。ただし，室内ゲームについては，特定の児童とだけ遊んだり，新しいことに取り組むことができなかったりする。
❷・順位付けを伝える思考ツールを用いて，室内ゲーム集会で行うことを決めていくことで，友達の意見のよさを基に合意形成を図ることができる。	❸・事前に計画委員が決めた忘れてはいけないこととした「仲よくなること」という言葉から，具体的な意見を共有することは，室内ゲーム集会で行うことと実践を結び付けながら，話合いに参加することができる。

級会で室内ゲーム集会について話し合い，合意形成されたことを実践と結び付けること。

おけるクラスの友達と仲よくなるための集会につながる。

（6）特別活動　学習指導案例

―指導と評価の計画―

👆❶ **目　標**

本議題の最後に目指す児童の姿を記述する。具体的には，話合いでの姿と話合いを基に行われた活動での姿を示す。

例：低学年「かかりをつくろう」(1)
・自分から進んで仕事に取り組むよさを基に，学級に適した係について根拠を明らかにして話し合い，係とその仕事内容を集団決定するとともに，毎日の係活動に取り組むことによって，全員で仕事を分担，協力して取り組む楽しさを味わう。

例：中学年「自まん大会をしよう」(1)
・友達のよさを知る楽しさを基に，友達のよさを見付ける集会の発表内容について根拠を明らかにして話し合い，よりよい集会の内容を集団決定するとともに，役割を分担して協力して集会を行うことによって，友達のよさを見付ける楽しさを味わう。

例：高学年「最上級生としての役割を果たそう」(1)
・最上級生の大切さを理解し，6年生としてよりよく役割を果たす方法について話し合い，自分に合った取組を決定するとともに，一人一人が実行し，学校のリーダーとして自らを向上させながら生活する。

👆❷ **評価項目**

目標を達成した児童の姿を焦点化・具体化し，記述する。

例：低学年「かかりをつくろう」
・自分から進んで活動の計画を立て，ポスターに表すことができる。
　　　　　　　　　　＜ポスター①②③＞

例：中学年「自まん大会をしよう」
・友達のよさが分かること等の観点に沿って，根拠を明らかにして自分の考えを学習プリントに記述している。
　　　　　　　　　＜学習プリント①②③＞

例：高学年「最上級生としての役割を果たそう」
・学校のリーダーとしてふさわしいことや，自分に合っていること等の観点に沿って，根拠を明らかにして自分の考えを記述している。　＜学習プリント①②③＞

指導と評価の計画

👆❶

目標	室内でできる遊びを行う集会について，達とのきずなを深める。	
評価規準	（①知　・　技）　友達と仲よくするための （②思・判・表）　友達と仲よくするための （③主体的態度）　進んで友達と関わりなが	

過程	時間	学習活動	
事前		○本時に話し合う議題を知る。	
授業	1	**○室内ゲーム集会で行うことを話し合う。（本時）**	
休み時間		○計画委員は，室内ゲームの進め方やルールなどを話し合う。	
授業	1	○決定したことを基に，室内ゲーム集会をする。	
事後		○話し合いであがった他の遊びを休み時間や放課後に実践する。	

自分とは異なる意見を認めながら自分の意見を伝えて合意形成をし，役割を分担して協力して集会を行い，学級の友

室内ゲーム集会の内容を話し合って解決することや友達と協働して取り組むことの大切さを理解している。
課題を見いだし，解決するために話し合い，多様な意見を生かして合意形成を図り，協働して実践する。
ら，室内ゲーム集会について話し合ったり室内ゲーム集会を行ったりしようとしている。

指導上の留意点	❷評価項目＜評価方法（観点）＞※太字は「記録に残す評価」
○本時の議題について自分の意見をもてるように，室内ゲーム集会の内容とその根拠を記述する話合いカードを用意する。	
○自分とは異なる意見を認めながら自分の意見をもてるように，「みんなで協力できること」「いろいろな人と話すきかいがあること」という視点と「仲よくなる」という状態についてのアンケート結果を提示する。	◇「仲よくなること」を根拠に，折衷案や改善案を出したり，賛成や反対を示したりしている。　　　　　＜発言・様子①②③＞
○前時に決まったことを生かして室内ゲーム集会の進め方やルールなどを決められるように，学級の学活ノートを用意する。	
○室内ゲーム集会に進んで取り組めるように，遊び方やルール等を提示する。	◇室内ゲーム集会を通して，仲よくなれた状態を判断し，その後の生活に向けての思いを記述している。　＜話合いカード①②③＞
○遊んだことを生かして友達と関われるように，話合いカードに記述した実践の振り返りを確認する機会を設定する。	

（7）特別活動　学習指導案例　ー本時の学習ー

☝❶ ねらい

　本議題で育成を目指す姿を資質・能力に照らしたときに，本時の中心的な学習活動と，児童が身に付けることを端的に記述する。

低学年「かかりをつくろう」(1)
　自分から進んで仕事に取り組むよさを基に，学級に適した係について根拠を明らかにして話し合うことを通して，係とその仕事内容を合意形成することができる。

中学年「自まん大会をしよう」(1)
　友達のよさを知る楽しさを基に，友達のよさを見付ける集会の発表内容について根拠を明らかにして話し合うことを通して，自慢の内容を合意形成することができる。

高学年「最上級生としての役割を果たそう」(1)
　最上級生の大切さを理解し，6年生としてよりよく役割を果たす方法について話し合うことを通して，取組の内容を合意形成することができる。

☝❷ 指導上の留意点

　目的は，ねらいを達成するために身に付けたり行ったりする必要があることを記述する。
　学習指導の工夫は目的に応じた内容を具体的に記述する。また，一つの目的につき，一つの学習指導の工夫にして対応させる。なお，学習指導の工夫は，活動の設定は記述しない。活動の中で用いる道具や提示する視点，問いかけや助言を記述する。また，指導上の留意点と児童の意識は，対応することが望ましい。

目的例	学習指導の工夫例
○本時のめあてをつかむ ・（自分の考えをもつ，意欲を高める，話合いの必要性を確認する）ことができるように，	・振り返る時間を設定する。 ・問題を問いかける。 ・資料を提示する。
○話合いをする ・（問題意識を高める，具体的に話合う，よりよい意見を見いだす，自分たちに合った方法を見付ける，）ことができるように，	・確認するよう助言する。 ・資料を提示する。 ・場面を想像するよう促す。 ・選択するよう促す。
○本時の学習の振り返りをする ・（達成感を得る，実践への意欲を高める）ことができるように，	・○○ができたことを称賛する。 ・活動に向けて励ます。

　学級活動では，話合いの活動の時間を中心として，その準備にあたる議題を知る時間，話し合ったことを基に活動する時間が設定される。活動内容を具体的に記述する。

本時の学習（1／2 時間）

☞❶ **ね ら い**　室内ゲーム集会で行うことについて，「みんなで協力できること」「いろいろな人と話す
きかいがあること」の視点を基に話し合うことを通して，自分とは異なる意見を認めな
がら自分の意見を伝えて，室内ゲーム集会の内容を合意形成をすることができる。

評価項目　「仲よくなること」を根拠に，折衷案や改善案を出したり，賛成や反対を示したりして
いる。　　　　　　　　　　　　　　　　　　　　　　　　　　　　　　　　＜発言・様子①②③＞

学習活動と児童の意識	☞❷ 指導上の留意点
1　本時のめあてをつかむ。 めあて：室内ゲーム集会ですることを決めよう。 ・今日の議題の「室内ゲーム集会をしよう」は，もともとクラスのみんながもっと仲よくなるためにはどうしたらよいかという問題から立てられたのだったな。　　　　　　　（目的意識）	○室内ゲーム集会をするという目的を確認できるように，学級活動コーナーの掲示物を示し，議題の基になった学級の問題を問いかける。 ○室内ゲーム集会で行うことの決定に向けての意欲を高められるように，室内ゲーム集会をすることのよさを問いかける。
議題：室内ゲーム集会をしよう	
・みんなで考えた室内ゲームをするとクラスの仲がよくなりそうだな。 **2　室内ゲーム集会の内容を話し合う。** ・「椅子取りゲーム」がいいと思います。どうしてかというと，みんながよく知っているし，笑顔になれると思うからです。 ・「新聞ゲーム」は，新聞を折ったとき，どうやってみんなで上に乗るか，作戦を話し合うし，「わすれてはいけないこと」の仲よくなることができるのだね。 ・「宝探し」もいいな。友達と相談しながら宝を探せるから，友達と話す機会が多くなり，仲よくなれそうだな。 ・「ゆずり合う」ことも仲よしだって，アンケートの表にあるな。そうすると，新聞ゲームなら，立つ場所を譲り合うこともできそうだな。 ・「宝探し」も，作戦タイムをとったり順番を決めたりすれば，「わすれてはいけないこと」にも当てはまりそうだね。 ・「新聞ゲーム」のグループを何回か変えてやれば，いろいろな子と話す機会ができるね。私は「新聞ゲーム」に賛成だな。みんなもよく知っているし，笑顔になれるから，今回の決定には納得できたな。　　　　（目的を達成した意識）	○理由とともに意見を伝えられるように，自分の意見と理由を記述できる学習プリントを授業前に配付する。 ○多くの児童の意見が反映されるように，発表した児童の名前の書かれたマグネットを意見の下に貼るよう助言する。 ○挙げられた意見の中からよりよい意見を見いだせるように，「比べ合い」の前に「わすれてはいけないこと」を再度確認するよう議長に助言する。 ○室内ゲーム集会での内容の不十分さを補うことができるように，「仲よくなること」という視点を示した思考ツールを用いて出された意見を分ける機会を設け，友達の意見のよさを基に賛同する意見を選択するよう促す。 ○室内ゲーム集会の内容を決定できるように，特定の意見，合併や条件付けなどによる複数の意見，多数決などの中から決め方を提案するよう議長に助言する。 ○出された意見の中から室内ゲーム集会の内容を選べず悩んでいる児童には，出された意見のよさに気付けるように，具体的な場面を想像するよう促す。
3　本時の学習の振り返りをする。 ・「わすれてはいけないこと」を意識して，自分の意見が言えたな。友達ともっと仲よくなれるように，集会では協力して楽しみたいな。	○室内ゲーム集会の内容を決定できた達成感を得られるように，仲よくなることを目指し，理由を明確にして話し合えたことを称賛する。

第6章

（8）学習指導上の工夫

本時の学習を行うために必要なもの

話合いカード

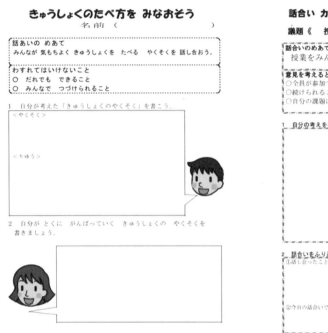

低学年用 　　　　　　　　　高学年用

席札・学級会ノート

席札は，児童が学級会を行う際に使用する。実態に応じて人数を変更する。

学級会ノートは，ノート書記が記入する。

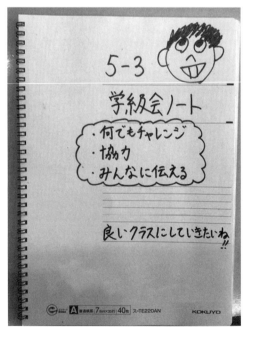

学級会の進め方（マニュアル）

（低学年用）

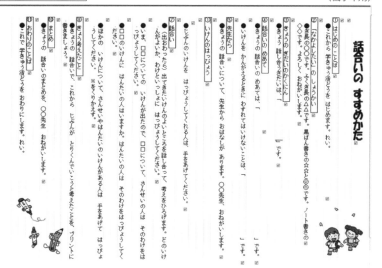

計画委員会　話合いの進め方（高学年用）

	副議長	議長
1	初めの言葉	○これから，学級活動を始めます。礼。
2	計画委員会の紹介	○議長は～，副議長は～，黒板書記は～，ノート書記は～です。よろしくお願いします。
3	議題の確認	○今日，話し合う議題は，「　　　　　　　　」です。
4	議題提案の理由	○この議題を出した（この議題に決定した）理由を（　　　　）から説明してもらいます。お願いします。 ※ノート書記や議題提案者が，議題提案の理由を話す。 ○今日の話合いについて，先生からお話があります。先生，お願いします。
5	話合いのめあて	○今日の話合いのめあては，「　　　　　　　　」です。 ○意見を考える時に，忘れてはいけないことは，「　　　　　　　　」です。 ○これらのことを忘れずに話し合っていきましょう。
6 話合い （　時　分） ①意見発表 （　時　分） ②賛成や反対意見 （　時　分） ③まとめる意見 （　時　分） ④決まったこと		○それでは「　　　　　　　　」（議題）についての意見を発表してください。 ・ここでは，同じ意見を出さないでください。他にありますか。 ・今手をあげている人で最後にします。 ○出された方法（工夫，内容）の中で，よりよいものを見つけていきます。いくつかの方法（工夫，内容）を比べながら，忘れてはいけないことに合った理由をつけて，賛成や反対の意見を発表してください。 ・今，□□について意見が出たので，□□について賛成や反対の意見を発表してください。 ・□□以外の方法（工夫，内容）についても，賛成・反対意見を発表してください。 ○賛成や反対意見から，クラスで取り組んでいくことを決めます。 ・□□について，反対意見がなければ，□□は取り組んでいくことに決めていいですか。 ・□□については，意見が分かれているので，賛成意見を聞いて納得できれば，反対から賛成に変わるといいと思います。このような人は発表してください。 ・他にも反対から賛成に変わる人はいませんか。 ・これでこの□□について反対する人が納得してくれました。このような人は発表してください。 ・この□□も取り組んでいくこととして決めていいですか。 ○今日の話合いで決まったことをノート書記から発表してもらいます。
7	まとめ	○今日の話合いのまとめをします。先生，お願いします。
8	おわりの言葉	○これで，学級活動をおわりにします。礼。

児童が，学級会を円滑に進めていくことができるよう，事前に渡し，打合せをする。

授業後の板書

　低学年では，教師が板書を担当したり，マグネットを置いたりする。高学年では，主に黒板書記が板書を担当する。

巻 末 資 料

‥‥‥‥‥‥‥‥‥‥‥‥‥‥‥‥‥‥‥‥‥‥‥‥‥‥‥‥‥‥‥‥‥‥‥‥‥‥

◇ 第1章

8ページ

「これからの学校教育を担う教員の資質能力の向上について（答申）」
【文部科学省のホームページより】

9ページ

「地方公務員法第34条」（秘密を守る義務）

第三十四条　職員は，職務上知り得た秘密を漏らしてはならない。その職を退いた後も，また，同様とする。

2　法令による証人，鑑定人等となり，職務上の秘密に属する事項を発表する場合においては，任命権者（退職者については，その退職した職又はこれに相当する職に係る任命権者）の許可を受けなければならない。

3　前項の許可は，法律に特別の定がある場合を除く外，拒むことができない。

◇ 第2章

22ページ

「学校教育法」
【文部科学省のホームページより】

30ページ

「群馬大学共同教育学部附属小学校」
【本校のホームページより】

◇ 第3章

40ページ

「学校保健の推進」
【文部科学省のホームページより】

47ページ

「生徒指導リーフ（Leaf.5）」
【国立教育政策研究所のホームページより】

◇ 第4章

54 ページ
「人権教育の指導方法等の
　　　　　　　在り方について」
【文部科学省のホームページより】

54 ページ
「群馬県人権教育充実指針」
【群馬県のホームページより】

57 ページ
「幼稚園教育要領」
【文部科学省のホームページより】

58 ページ
「プログラミング教育実践例集」
【本校のホームページより】

60 ページ
「食に関する指導の手引き
　　　　　　　—第二次改訂版—」
【文部科学省のホームページより】

60 ページ
「栄養教諭を中核とした
　　　　　　　これからの学校の食育」
【文部科学省のホームページより】

60 ページ
「小学生用食育教材『たのしい食事　つながる食育』」
【文部科学省のホームページより】

◇ 第5章

66 ページ
「小学校学習指導要領解説」
【文部科学省のホームページより】

66 ページ
「はばたく群馬の指導プランⅡ」
【群馬県総合教育センターのホームページより】

66 ページ
「OECD Education 2030
　　　　　　プロジェクトについて」
【経済協力開発機構のホームページより】

72 ページ
「『指導と評価の一体化』のための
　　　　　　学習評価に関する参考資料」
【国立教育政策研究所のホームページより】

74 ページ
「学習の基盤となる資質・能力と
　　　　しての情報活用能力の育成」
【文部科学省のホームページより】

74 ページ
「提案授業・部内授業の様子」
【本校のホームページより】

あ と が き

　本校は群馬大学共同教育学部の附属小学校であり，群馬大学共同教育学部の学生の教育実習を充実させることは，本校の大きな使命であります。

　教育実習を通して，学生のみなさんは，授業や児童理解など，教師としての基本的な資質を身に付け，教師になることへの希望を深めていくことになります。みなさんが目指す教師という職への社会からの期待は大きく，それゆえに対応しなければならない喫緊の教育課題も多いのが現代の学校です。

　このような教育の場を目指し，教育実習に取り組むみなさんに学んでほしいことを体系的にまとめ作成した『新　教師へのとびら　－小学校教師の基礎・基本－』を今回改訂し，令和２年度より完全実施された新しい学習指導要領及び使用される新教科書等も踏まえ，教科指導の内容を見直して充実させるとともに，プログラミング教育やスタートカリキュラムにかかる内容も新たに加えました。

　また，学習指導案の形式についても，本校の研究の成果を踏まえ，育成を目指す資質・能力をより明確にした上で，簡潔で分かりやすい形式に改善しました。

　本書は，本校の諸先輩が長年の教育実践の中から学びえた小学校教育にかかわる貴重な理論や実践を集大成した「学習指導と学級経営」「教育実践の基本とその展開」「小学校教師のための基礎・基本」「教師へのとびら　－小学校教師の基礎・基本－」「新　教師へのとびら　－小学校教師の基礎・基本－」を基盤としています。

　これらの45年以上の実績の上に最新の教育情報等を踏まえて編集したものであり，教師を目指しているみなさんの学びを支える「手引書」として，また，学習指導の在り方や学級経営について，より充実した教育活動を進めようとしている先生方の「教育書」として活用することができるものと思います。

　本書が，これから教師を目指すみなさんや，自らの実践や自校の教育実践を深めていこうとする先生方の参考になれば幸いです。

副校長　木口　卓哉

執筆同人

内原　祐一郎
田口　圭太
樋口　晃
糸井　允子
関口　伸介
髙橋　桜乃
曲沢　洋
鈴木　綾子
金井　真佐子

◎長嶋　愛香
井上　俊介
狩野　葵
桐生　直也
北浦　佑基
芹澤　嘉彦
関口　雄基
藤井　有美
○佐藤　真樹
根岸　恵子

吉田　秀文
木口　卓哉
○中里　真一
谷田部　喜博
稲森　稚明
根岸　徹
下田　崇之
○針谷　尚志
栗原　和馬
大塚　裕貴

◎は改訂委員長，
○は改訂委員

215

教師へのとびら（第3版）　小学校教師の基礎・基本

2021年（令和3年）4月15日　初版発行

編　著　者　群馬大学共同教育学部附属小学校教育研究会
発　行　者　佐々木秀樹
発　行　所　日本文教出版株式会社
　　　　　　https://www.nichibun-g.co.jp/
　　　　　　〒558-0041　大阪市住吉区南住吉4-7-5　TEL：06-6692-1261

デ ザ イ ン　日本ハイコム株式会社ほか
印刷・製本　日本ハイコム株式会社

©2021 gunmadaigakukyoudoukyouikugakubu
fuzokusyougakkoukyouikukenkyuukai All Rights Reserved.　　Printed in Japan
ISBN978-4-536-60125-2

定価はカバーに表示してあります。本書の無断転載・複製を禁じます。
乱丁・落丁本は購入書店を明記の上，小社大阪本社業務部（TEL：06-6695-1771）あてに
お送りください。送料小社負担にてお取り替えいたします。